胡适文集

HU SHI WEN JI

容忍与自由

胡适◎著

吉林出版集团股份有限公司

图书在版编目（CIP）数据

容忍与自由 / 胡适著 . —长春：吉林出版集团股份有限公司，2017.9

（昨日芳菲：近现代名家经典作品丛刊）

ISBN 978-7-5581-2911-7

Ⅰ . ①容… Ⅱ . ①胡… Ⅲ . ①胡适（1891–1962）—文集 Ⅳ . ① C52

中国版本图书馆 CIP 数据核字（2017）第 195806 号

容忍与自由

著　　者　胡　适
策划编辑　杜贞霞
责任编辑　王昌凤
封面设计　老　刀
开　　本　650mm × 960mm　1/16
字　　数　217 千字
印　　张　18
版　　次　2018 年 3 月第 1 版
印　　次　2021 年 6 月第 2 次印刷

出　　版　吉林出版集团股份有限公司
电　　话　总编办：010-63109269
　　　　　发行部：010-69584388
印　　刷　天津雅泽印刷有限公司

ISBN 978-7-5581-2911-7　　　　定价：46.00 元

目 录 Contents

容忍与自由

十七八年前，我最后一次会见我的母校康耐儿大学的史学大师布尔先生（George Lincoln Burr）。我们谈到英国文学大师阿克顿（Lord Acton）一生准备要著作一部《自由之史》，没有完成他就死了。布尔先生那天谈话很多，有一句话我至今没有忘记。他说，“我年纪越大，越感觉到容忍（Tolerance）比自由更重要。”

布尔先生死了十多年了，他这句话我越想越觉得是一句不可磨灭的格言。我自己也有“年纪越大，越觉得容忍比自由还更重要”的感想。有时我竟觉得容忍是一切自由的根本：没有容忍，就没有自由。

我十七岁的时候（1908）曾在《竞业旬报》上发表几条《无鬼丛话》，其中有一条是痛骂小说《西游记》和《封神榜》的，我说：

> 《王制》有之：“假于鬼神时日卜筮以疑众，杀。”吾独怪夫数千年来之排治权者，之以济世明道自期者，乃懵然不之注意，惑世诬民之学说得以大行，遂举我神州民族投诸极黑暗之世界！

这是一个小孩子很不容忍的“卫道”态度。我在那时候已是一个无鬼论者、无神论者，所以发出那种摧除迷信的狂论，要实行《王制》（《礼记》的一篇）的“假于鬼神时日卜筮以疑众，杀”的一条经典！

我在那时候当然没有梦想到说这话的小孩子在十五年后（1923）会很热心的给《西游记》作两万字的考证！我在那时候当然更没有想到那个小孩子在二三十年后还时时留心搜求可以考证《封神榜》的作者的材料！我在那时候也完全没有想想《王制》那句话的历史意义。那一段《王制》的全文是这样的：

> 析言破律，乱名改作，执左道以乱政，杀。作淫声异服奇技奇器以疑众，杀。行伪而坚，言伪而辩，学非而博，顺非而泽以疑众，杀。假于鬼神时日卜筮以疑众，杀。此四诛者，不以听。

我在五十年前，完全没有懂得这一段话的“诛”正是中国专制政体之下禁止新思想、新学术、新信仰、新艺术的经典的根据。我在那时候抱着“破除迷信”的热心，所以拥护那“四诛”之中的第四诛：“假于鬼神时日卜筮以疑众，杀。”我当时完全没有想到第四诛的“假于鬼神……以疑众”和第一诛的“执左道以乱政”的两条罪名都可以用来摧残宗教信仰的自由。我当时也完全没有注意到郑玄注里用了公输般作“奇技异器”的例子；更没有注意到孔颖达《正义》里举了“孔子为鲁司寇七日而诛少正卯”的例子来解释“行伪而坚，言伪而辩，学非而博，顺非而泽以疑众，杀”。故第二诛可以用来禁绝艺术创作的自由，也可以用来“杀”许多发明“奇技异器”的科学家。故第三诛可以用来摧残思想的自由，言论的自由，著作出版的自由。

我在五十年前引用《王制》第四诛，要“杀”《西游记》《封神榜》的作者。那时候我当然没有梦想到十年之后我在北京大学教书时就有一些同样“卫道”的正人君子也想引用《王制》的第三诛，要“杀”我和我的朋友们。当年我要“杀”人，后来人要“杀”我，动机是一样的：都只因为动了一点正义的火气，就都失掉容忍的度量了。

我自己叙述五十年前主张“假于鬼神时日卜筮以疑众，杀”的故事，为的是要说明我年纪越大，越觉得“容忍”比“自由”还更重要。

我到今天还是一个无神论者，我不信有一个有意志的神，我也不信灵魂不朽的说法。

我自己总觉得，这个国家，这个社会，这个世界，绝大多数人是信神的，居然能有这雅量，能容忍我的无神论，能容忍我这个不信神也不信灵魂不灭的人，能容忍我在国内和国外自由发表我的无神论的思想，从没有人因此用石头掷我，把我关在监狱里，或把我捆在柴堆上用火烧死。我在这个世界里居然享受了四十多年的容忍与自由。我觉得这个国家，这个社会，这个世界对我的容忍度量是可爱的，是可以感激的。

所以我自己总觉得我应该用容忍的态度来报答社会对我的容忍。所以我自己不信神，但我能诚心地谅解一切信神的人，也能诚心的容忍并且敬重一切信仰有神的宗教。

我要用容忍的态度来报答社会对我的容忍，因为我年纪越大，我越觉得容忍的重要意义。若社会没有这点容忍的气度，我决不能享受四十多年大胆怀疑的自由，公开主张无神论的自由了。

在宗教自由史上，在思想自由史上，在政治自由史上，我们都可以看见容忍的态度是最难得，最稀有的态度。人类的习惯总是喜同而恶异的，总不喜欢和自己不同的信仰、思想、行为。这就是不容忍的根源。不容忍只是不能容忍和我自己不同的新思想和新信仰。一个宗教团体总相信自己的宗教信仰是对的，是不会错的，所以它总相信那些和自己不同的宗教信仰必定是错的，必定是异端，邪教。一个政治团体总相信自己的政治主张是对的，是不会错的，所以它总相信那些和自己不同的政治见解必定是错的，必定是敌人。

一切对异端的迫害，一切对“异己”的摧残，一切宗教自由的禁止，一切思想言论的被压迫，都由于这一点深信自己是不会错的心理。因为深信自己是不会错的，所以不能容忍任何和自己不同的思想信仰了。

试看欧洲的宗教革新运动的历史。马丁路德和约翰高尔文等人起来革新宗教，本来是因为他们不满意于罗马旧教的种种不容忍，种种不自由。但是新教在中欧、北欧胜利之后，新教的领袖们又都渐渐走上了不容忍的路上去，也不容许别人起来批评他们的新教条了。高尔文在日内瓦掌握了宗教大权，居然会把一个敢独立思想，敢批评高尔文的教条的学者塞维图斯定了“异端邪说”的罪名，把他用铁链锁在木桩上，堆起柴来，慢慢地活烧死。这是 1553 年 10 月 23 日的事。

这个殉道者塞维图斯的惨史，最值得人们的追念和反省。宗教革新运动原来的目标是要争取“基督教的人的自由”和“良心的自由”。何以高尔文和他的信徒们居然会把一位独立思想的新教徒用慢慢的火烧死呢？何以高尔文的门徒（后来继任高尔文为日内瓦的宗教独裁者）柏时竟会宣言“良心的自由是魔鬼的教条”呢？

基本的原因还是那一点深信我自己是“不会错的”的心理。像高尔文那样虔诚的宗教改革家，他自己深信他的良心确是代表上帝的命令，他的口和他的笔确是代表上帝的意志，那么他的意见还会错吗？他还有错误的可能吗？在塞维图斯被烧死之后，高尔文曾受到不少人的批评。1554 年，高尔文发表一篇文字为他自己辩护，他毫不迟疑的说，“严厉惩治邪说者的权威是无可疑的，因为这就是上帝自己说话。……这工作是为上帝的光荣战斗。”

上帝自己说话，还会错吗？为上帝的光荣作战，还会错吗？这一点“我不会错”的心理，就是一切不容忍的根苗。深信我自己的信念没有错误的可能，我的意见就是“正义”，反对我的人当然都是“邪说”了。我的意见代表上帝的意旨，反对我的人的意见当然都是“魔鬼的教条”了

这是宗教自由史给我们的教训：容忍是一切自由的根本；没有容忍“异己”的雅量，就不会承认“异己”的宗教信仰可以享自由。但因为不容忍的态度是基于“我的信念不会错”的心理习惯，所以容忍“异己”是最难得，最不容易养成的雅量。

在政治思想上，在社会问题的讨论上，我们同样地感觉到不容忍是常见的，而容忍总是很稀有的。我试举一个死了的老朋友的故事作例子。四十多年前，我们在《新青年》杂志上开始提倡白话文学的运动，我曾从美国寄信给陈独秀，我说：

> 此事之是非，非一朝一夕所能定，亦非一二人所能定。甚愿国中人士能平心静气与吾辈同力研究此问题。讨论既熟，是非自明。各辈已张革命之旗，虽不容退缩，然亦决不敢以吾辈所主张为必是而不容他人之匡正也。

独秀在《新青年》上答我道：

> 鄙意容纳异议，自由讨论，固为学术发达之原则，独于改良中国文学当以白话为正宗之说，其是非甚明，必不容反对者有讨论之余地；必以吾辈所主张者为绝对之是，而不容他人之匡正也。

我当时看了就觉得这是很武断的态度。现在在四十多年之后，我还忘不了独秀这一句话，我还觉得这种“必以吾辈所主张者为绝对之是”的态度是很不容忍的态度，是最容易引起别人的恶感，是最容易引起反对的。

我曾说过，我应该用容忍的态度来报答社会对我的容忍。我现在常常想我们还得戒律自己：我们若想别人容忍谅解我们的见解，我们必须先养成能够容忍谅解别人的见解的度量。至少至少我们应该戒约自己决不可“以吾辈所主张者为绝对之是”。我们受过实验主义的训练的人，本来就不承认有“绝对之是”，更不可以“以吾辈所主张者为绝对之是”。

四八，三，十二晨

哲学与人生

前次承贵会邀我演讲关于佛学的问题，我因为对于佛学没有充分的研究，拿浅薄的学识来演讲这一类的问题，未免不配；所以现在讲“哲学与人生”，希望对于佛学也许可以贡献点参考。不过我所讲的有许多地方和佛家意见不合，佛学会的诸君态度很公开，大约能够容纳我的意见的！讲到“哲学与人生”，我们必先研究它的定义：什么叫哲学？什么叫人生？然后才知道他们的关系。

我们先说人生。这六月来，国内思想界，不是有玄学与科学的笔战么？国内思想界的老将吴稚晖先生，就在《太平洋杂志》上发表一篇《一个新信仰的宇宙观及人生观》。其中下了一个人生定义。他说：“人是哺乳动物中的有二手二足用脑的动物。”人生即是这种动物所演的戏剧，这种动物在演时，就有人生，停演时就没人生。所谓人生观，就是演时对于所演之态度，譬如，有的喜唱花面，有的喜唱老生，有的喜唱小生，有的喜摇旗呐喊，凡此种种两脚两手在演戏的态度，就是人生观。不过单是登台演剧，红进绿出，有何意义？想到这层，就发生哲学问题。哲学的定义，我们常在各种哲学书籍上见到，不过我们尚有再找一个定义的必要。我在《中国哲学史大纲》上卷上所下的哲学的定义说："哲学是研究人生切要的问题，从根本上着想，去找根本的解决。"但是根本两字意义欠明，现在略加修改，重新下了一个定义说："哲学是研究人生切要的问题，从意义上着想，去找一个比较可普遍适用的意义。"现在举两个例来说明它：要晓得哲学的起点是由于人生切要的问题，哲学的结果，是对于人生的适用。人生离了哲学，是无意义的人生；哲学离了人生，是想入非非的哲学。现在哲学家多凭空臆说，离得人生问题太远，真是上穷碧落，愈闹愈糟！

现在且说第一个例：二千五百年前在喜马拉雅山南部有一个小国——迦叶——里，街上倒卧着一个病势垂危的老丐，当时有一个王太子经过，在别人看到，将这老丐赶开，或是毫不经意地走过去了；但是那王太子是赋有哲学的天才的人，他就想人为什么逃不出老、病、死，这三个大关头，因此他就弃了他的太子爵位、妻孥、便嬖、皇宫、财货，遁迹入山，去静想人生的意义。后来忽然在树下想到一个解决，就是将人生一切问题拿主观去看，假定一切多是空的，那么，老、病、死，就不成问题了。这种哲学的合理与否，姑不具论，但是那太子的确是研究人生切要的问题，从意义上着想去找他以为比较普遍适用的意义。

我们再举一个例：譬如我们睡到夜半醒来，听见贼来偷东西，我那就将他捉住，送县究办。假如我们没有哲性，就这么了事，再想不到"人为什么要作贼"等等的问题；或者那贼竟苦苦哀求起来，说他所以作贼的原故，因为母老，妻病，子女待哺，无处谋生，迫于不得已而为之。假如没哲性的人，对于这种吁求，也不见有甚良心上的反动。至于富于哲性的人就要问了，为什么不得已而为之？天下不得已而为之的事有多少？为什么社会没得给他做工？为什么子女这样多？为什么老病死？这种偷窃的行为，是由于社会的驱策，还是由于个人的堕落？为什么不给穷人偷？为什么他没有我有？他没有我有是否应该？拿这种问题，逐一推思下去，就成为哲学。由此看来，哲学是由小事放大，从意义着想而得来的，并非空说高谈能够了解的。推论到宗教哲学、政治哲学、社会哲学等，也无非多从活的人生问题推衍阐明出来的。

我们既晓得什么叫人生，什么叫哲学，而且略会看到两者的关系，现在再去看意义在人生上占的什么地位？现在一般的人饱食终日，无所用心。思想差不多是社会的奢侈品。他们看人生种种事实，和乡下人到城里未看见五光十色的电灯一样。只看到事实的表面，而不了解事实的意义。因为不能了解意义的原故，所以连事实也不能了解了。这样说来，人生对于意义，极有需要，不知道意义，人生是不能了解的。宋朝朱子这班人，终日对物格物，终于找不到着落，就是不从意义上着想的原故。又如平常人看见病人种种病象，他单看见那些事实而不知道那些事实的意义，所以莫名其妙。至于这些病象一到医生眼里，就能对症下药，因为医生不单看病象，还要晓得病象的意义的原故。因此，了解人生不单靠事实，还要知道意义！

那么，意义又从何来呢？有人说，意义有两种来源：一种是从积累得来，是愚人取得意义的方法；一种是由直觉得来，是大智取得意义的方法。积累的方法，是走笨路；用直觉的方法是走捷径。据我看来，欲求意义唯一的方法，只有走笨路，就是日积月累地去做刻苦的工夫，直觉不过是熟能生巧的结果，所以直觉是积累最后的境界，而不是豁然贯通的。大发明家爱迪生有一次演说，他说，天才百分之九十九是汗，百分之一是神，可见得天才是下了番苦功才能得来，不出汗绝不会出神的。所以有人应付环境觉得难，有人觉得易，就是日积月累的意义多寡而已。哲学家并不是什么，只是对于人生所得的意义多点罢了。

欲得人生的意义，自然要研究哲学史，去参考已往的死的哲理。不过还有比较重要的，是注意现在的活的人生问题，这就是做人应有的态度。现在我举两个可模范的大哲学家来做我的结论，这两大哲学家一个是古代的苏格拉底，一个是现代的笛卡尔。

苏格拉底是希腊的穷人，他觉得人生醉生梦死，毫无意义，因此到公共市场，见人就盘问，想借此得到人生的解决。有一次，他碰到一个人去打官司，他就问他，为什么要打官司？那人答道，为公理。他复问道，什么叫公理？那人便瞠目结舌不能作答。苏氏笑道：我知道我不知你，却不知道你不知呵！后来又有一个人告他的父亲不信国教，他又去盘问，那人又被问住了。因此希腊人多恨他，告他两大罪，说他不信国教，带坏少年，政府就判他的死刑。他走出来的时候，对告他的人说："未经考察过的生活，是不值得活的。你们走你们的路，我走我的路罢！"后来他就从容就刑，为找寻人生的意义而牺牲他的生命！

笛卡尔旅行的结果，觉到在此国以为神圣的事，在他国却视为下贱；在此国以为大逆不道的事，在别国却奉为天经地义，因此他觉悟到贵贱善恶是因时因地而不同的。他以为从前积下来的许多观念知识是不可靠的，因为他们多是趁他思想幼稚的时候侵入来的。如若欲过理性生活，必得将从前积得的知识，一件一件用怀疑的态度去评估他们的价值，重新建设一个理性的是非。这怀疑的态度，就是他对于人生与哲学的贡献。

现在诸君研究佛学，也应当用怀疑的态度去找出它的意义，是否真正比较得普遍适用？诸君不要怕，真有价值的东西，绝不为怀疑所毁；而能被怀疑所毁的东西，绝不会真有价值。我希望诸君实行笛卡尔的怀疑态度，牢记苏格拉底所说的"未经考察过的生活，是不值得活的"这句话。那么，诸君对于明阐哲学，了解人生，不觉其难了。

自由主义

孙中山先生曾引一句外国成语："社会主义有五十七种，不知哪一种是真的。"其实"自由主义"也可以有种种说法，人人都可以说他的说法是真的，今天我说的"自由主义"，当然只是我的看法，请大家指教。

自由主义最浅显的意思是强调的尊重自由，现在有些人否认自由的价值。同时又自称是自由主义者。自由主义里没有自由，那就好像长坂坡里没有赵子龙，空城计里没有诸葛亮，总有点叫不顺口罢！据我的拙见，自由主义就是人类历史上那个提倡自由，崇拜自由，争取自由，充实并推广自由的大运动。"自由"在中国古文里的意思是："由于自己"，就是不由于外力，是"自己做主"。在欧洲文字里，"自由"含有"解放"之意，是从外力裁制之下解放出来，才能"自己做主"。在中国古代思想里，"自由"就等于自然，"自然"是"自己如此"，"自由"是"由于自己"，都有不由于外力拘束的意思。陶渊明的诗："久在樊笼里，复得返自然"，这里"自然"二字可以说是完全同"自由"一样。王安石的诗："风吹瓦堕屋，正打破我头……我终不嗔渠，此瓦不自由。"这就是说，这片瓦的行动是被风吹动的，不是由于自己的力量。中国古人太看重"自由"、"自然"的"自"字，所以往往看轻外面的拘束力量，也许是故意看不起外面的压迫，故意回向自己内心去求安慰，求自由。这种回向自己求内心的自由，有几种方式，一种是隐遁的生活——逃避外力的压迫，一种是梦想神仙的生活——行动自由，变化自由——正如庄子说，列子御风而行，还是“有待”。“有待”还不是真自由，最高的生活是事人无待于外。道教的神仙，佛教的西天净土，都含有由自己内心去寻求最高的自由的意义。我们现在讲的“自由”，不是那种内心境界，我们现在说的“自由”，是不受外力拘束压迫的权利，是在某一方面的生活不受外力限制束缚的权利。

在宗教信仰方面不受外力限制，就是宗教信仰自由；在思想方面就是思想自由；在著作出版方面，就是言论自由，出版自由。这些自由都不是天生的，不是上帝赐给我们的，是一些先进民族用长期的奋斗努力争出来的。

人类历史上那个自由主义大运动实在是一大串解放的努力。宗教信仰自由只是解除某个宗教威权的束缚，思想自由只是解除某派某派正统思想威权的束缚。在这些方面……在信仰与思想的方面，东方历史上也有很大胆的批评者与反抗者。从墨翟、杨朱，到桓谭、王充，从范缜、傅奕、韩愈，到李贽、颜元、李塨，都可以说是为信仰思想自由奋斗的东方豪杰之士，很可以同他们的许多西方同志齐名比美。我们中国历史上虽然没有抬出“争自由”的大旗子来做宗教运动、思想运动或政治运动，但中国思想史与社会政治史的每一个时代都可以说含有争取某种解放的意义。

我们的思想史的第一个开山时代，就是春秋战国时代——就有争取思想自由的意义。

古代思想的第一位大师老子，就是一位大胆批评政府的人。他说：“天下多忌讳，而民弥贫。”“法令滋彰，盗贼多有。”“民之饥，以其上食税之多，是以饥。”“民之难治，以其上之有为，是以难治。”“民之轻死，以其求生之厚，是以轻死。”“天之道损有余，而补不足。”“人之道则不然，损不足以奉有余。”老子同时的邓析是批评政府而被杀的。另一位更伟大的人就是孔子，他也是一位偏向左的“中间派”，他对于当时的宗教与政治，都有大胆的批评。他的最大胆的思想是在教育方面：

有教无类：“类”是门类，是阶级民族，“有教无类”，是说：“有了教育，就没有阶级民族了。”

从老子、孔子打开了自由思想的风气，二千多年的中国思想史、宗教史，时时有争自由的急先锋，有时还有牺牲生命的殉道者。孟子的政治思想可以说是全世界的自由主义的最早一个倡导者。孟子提出的“大丈夫”是“贫贱不能移，富贵不能淫，威武不能屈”。这是中国经典里自由主义的理想人物。在二千多年历史上，每到了宗教与思想走进了太黑暗的时代，总有大思想家起来奋斗，批评，改革。

汉朝的儒教太黑暗了，就有桓谭、王充、张衡起来，作大胆的批评。后来佛教势力太大了，就有齐梁之间的范缜，唐朝初年的傅奕，唐朝后期的韩愈出来，大胆地批评佛教，攻击那在当时气焰熏天的佛教。大家都还记得韩愈攻击佛教的结果是：“一封朝奏九重天，夕贬潮阳路八千”。佛教衰落之后，在理学极盛时代，也曾有多少次批评正统思想或反抗正统思想的运动。王阳明的运动就是反抗朱子的正统思想的。李卓吾是为了反抗一切正宗而被拘捕下狱，他在监狱里自杀的。他死在北京，葬在通州。这个七十六岁的殉道者的坟墓，至今存在，他的书经过多少次禁止，但至今还是很流行的。北方的颜李学派，也是反对正统的程朱思想的。当时，这个了不得的学派很受正统思想的压迫，甚至于不能公开的传授。这三百年的汉学运动，也是一种争取宗教自由、思想自由的运动。汉学是抬出汉朝的书做招牌，来掩护一个批评宋学的大运动。这就等于欧洲人抬出圣经来反对教会的权威。

但是东方自由主义运动始终没有抓住政治自由的特殊重要性，所以始终没有走上建设民主政治的路子。西方的自由主义绝大贡献正在这一点，他们觉悟到只有民主的政治方才能够保障人民的基本自由，所以自由主义的政治意义是强调的拥护民主。一个国家的统治权必须放在多数人民手里。近代民主政治制度是安格罗撒克逊民族的贡献居多，代议制度是英国人的贡献，成文而可以修改的宪法是英美人的创制，无记名投票是澳洲人的发明，这就是政治的自由主义应该包含的意义。我们古代也曾有“天视自我民视，天听自我民听”，“民为邦本”，“民为贵，社稷次之，君为轻”的民主思想。我们也曾在二千年前就废除了封建制度，做到了大一统的国家，在这个大一统的帝国里，我们也曾建立一种全世界最久的文官考试制度，使全国才智之士有参加政府的平等制度。但，我们始终没有法可以解决君主专制的问题，始终没有建立一个制度来限制君主的专制大权，世界只有安格罗撒克逊民族在七百年中逐渐发展出好几种民主政治的方式与制度。这些制度可以用在小国，也可以用在大国。（1）代议政治，起源很早，但史家指1295年为正式起始。（2）成文宪，最早的1215年的大宪章，近代的是美国宪法（1789）。（3）无记名投票（政府预备选举票，票上印各党候选人的姓名，选民秘密填记）是1856年South Australia最早采用的。自由主义在这两百年的演进史上，还有一个特殊的空前的政治意义，就是容忍反对党，保障少数人的自由权利。向来政治斗争不是东风压了西风，就是西风压了东风，被压的人是没有好日子过的，但近代西方的民主政治却渐渐养成了一种容忍异己的度量与风气。因为政权是多数人民授予的，在朝执政权的党一旦失去了多数人民的支持，就成了在野党了，所以执政权的人都得准备下台时坐冷板凳的生活，而个个少数党都有逐渐变成多数党的可能。甚至于极少数人的信仰与主张，“好像一粒芥子，在各种种子里是顶小的，等到他生长起来，却比各种菜蔬都大，竟成了小树，空中的飞鸟可以来停在他的枝上。”（《新约·马太福音十四章》，圣地的芥菜可以高到十英尺）人们能这样想，就不能不存容忍别人的态度了，就不能不尊重少数人的基本自由了。在近代民主国家里，容忍反对党，保障少数人的权利，久已成了当然的政治作风，这是近代自由主义里最可爱慕而又最基本的一个方面。我做驻美大使的时期，有一天我到费城去看我的一个史学老师白尔教授，他平生最注意人类争自由的历史，这时候他已八十岁了。他对我说：“我年纪越大，越觉得容忍比自由还更重要。”这句话我至今不忘记。为什么容忍比自由还更要紧呢？因为容忍就是自由的根源，没有容忍，就没有自由可说了。至少在现代，自由的保障全靠一种互相容忍的精神，无论是东风压了西风，是西风压了东风，都是不容忍，都是摧残自由。多数人若不能容忍少数人的思想信仰，少数人当然不会有思想信仰的自由，反过来说，少数人也得容忍多数人的思想信仰，因为少数人要时常怀着“有朝一日权在手，杀尽异教方罢休”的心理，多数人也就不能不行“斩草除根”的算计了。最后我要指出，现代的自由主义，还含有“和平改革”的意思。

和平改革有两个意义，第一就是和平的转移政权；第二就是用立法的方法，一步一步地做具体改革，一点一滴地求进步。容忍反对党，尊重少数人权利，正是和平的政治社会改革的唯一基础。反对党的对立，第一是为政府树立最严格的批评监督机关，第二是使人民可以有选择的机会，使国家可以用法定的和平方式来转移政权。严格的批评监督，和平的改换政权，都是现代民主国家做到和平革新的大路。近代最重大的政治变迁，莫过于英国工党的执掌政权，英国工党在五十多年前，只能选择出十几个议员，三十年后，工党两次执政，但还站不长久，到了战争胜利之年（1945），工党得到了绝对多数的选举票，故这次工党的政权，是巩固的，在五年之内，谁都不能推翻他们，他们可以放手改革英国的工商业，可以放手改革英国的经济制度，这样重大的变化，——从资本主义的英国变到社会主义的英国，——不用流一滴血，不用武装革命，只靠一张无记名的选举票，这种和平的革命基础，只是那容忍反对党的雅量，只是那保障少数人自由权利的政治制度，顶顶小的芥子不曾受摧残，在五十年后居然变成大树了。自由主义在历史上有解除束缚的作用，故有时不能避免流血的革命，但自由主义的运动，在最近百年中最大成绩。例如英国自从1832年以来的政治革新，直到今日的工党政府，都是不流血的和平革新，所以在许多人的心目中自由主义竟成了“和平改革主义”的别名，有些人反对自由主义，说它是“不革命主义”，也正是如此。我们承认现代的自由主义正应该有“和平改革”的含义，因为在民主政治已上了轨道的国家里，自由与容忍铺下了和平改革的大路，自由主义者也就不觉得有暴力革命的必要了。这最后一点，有许多没有忍耐心的年青人也许听了不满意。他们要“彻底改革”，不要那一点一滴地立法；他们要暴力革命，不要和平演讲。我要很诚恳地指出：近代一百六七十年的历史，很清楚地指示我们，凡主张彻底改革的人，在政治上没有一个不走上绝对专制的路，这是很自然的，只有绝对的专制政权可以铲除一切反对党，消灭一切阻力；也只有绝对的专制政治可以不择手段，不惜代价，用最残酷的方法做到他们认为根本改革的目的。他们不承认他们的见解会有错误，他们也不能承认反对的人会有值得考虑的理由，所以他们绝对不能容忍异己，也绝对不能容许自由的思想与言论。所以我很坦白地说，自由主义为了尊重自由与容忍，当然反对暴力革命与暴力革命必然引起来的暴力专制政治。

总结起来，自由主义的第一个意义是自由，第二个意义是民主，第三个意义是容忍——容忍反对党，第四个意义是和平的渐进的改革。

漫游的感想

一、东西文化的界线

我离了北京，不上几天到了哈尔滨，在此地我得了一个绝大的发现：我发现了东西文明的交界点。

哈尔滨本是俄国在远东侵略的一个重要中心。当初俄国人经营哈尔滨的时候，早就预备要把此地辟作一个二百万居民的大城，所以一切文明设备，应有尽有；几十年来，哈尔滨就成了北中国的上海。这是哈尔滨的租界，本地人叫作“道里”，现在租界收回，改为特别区。

租界的影响，在几十年中，使附近的一个村庄逐渐发展，也变成了一个繁盛的大城。这是“道外”。

“道里”现在收归中国管理了，但俄国人的势力还是很大的，向来租界时代的许多旧习惯至今还保存着。其中的一种遗风就是不准用人力车（东洋车）。“道外”的街道上都是人力车。一到了“道里”，只见电车与汽车，不见一部人力车。“道外”的东洋车可以拉到“道里”，但不准再拉客，只可拉空车回去。

我到了哈尔滨，看了“道里”与“道外”的区别，忍不住吹口气，自己想道：这不是东方文明与西方文明的交界点吗？东西洋文明的界线只是人力车文明与摩托车文明的界线——这是我的一大发现。

人力车又叫作东洋车，这真是确切不疑。请看世界之上，人力车所至之地，北起哈尔滨，西至四川，南至南洋，东至日本，这不是东方文明的区域吗？

人力车代表的文明就是那用人作牛马的文明，摩托车代表的文明就是用人的心思才智做出机械来代替人力的文明。把人作牛马看待，无论如何，够不上叫作精神文明。用人的智慧造出机械来，减少人类的苦痛，便利人类的交通，增加人类的幸福，——这种文明却含有不少的理想主义，含有不少的精神文明的可能性。

我们坐在人力车上，眼看那些圆颅方趾的同胞努起筋肉，弯着背脊梁，流着血汗，替我们做牛做马，拖我们行远登高，为的是要挣几十个铜子去活命养家，——我们当此时候不能不感谢那发明蒸汽机的大圣人，不能不感谢那发明电力的大圣人，不能不祝福那制作汽船汽车的大圣人：感谢他们的心思才智节省了人类多少精力，减除了人类多少苦痛！你们嫌我用“圣人”一个字吗？孔夫子不说过吗？“制而用之谓之器。利用出入，民咸用之，谓之神。”孔老先生还嫌“圣”字不够，他简直要尊他们为“神”呢！

二、摩托车的文明

去年8月17日的伦敦晚报（Evening Standard）有下列的统计：

全世界的摩托车共24 590 000辆。

全世界人口平均每七十一人有一辆摩托车。

美国每六人有车一辆。

加拿大与纽西兰每十二人有车一辆。

澳洲每二十人有车一辆。

今年1月16日纽约的《国民周报》(The Nation)有下列的统计:

全世界摩托车 27 500 000

美国摩托车 22 330 000

美国摩托车数占全世界百分之八十一。

美国人口平均每五人有车一辆。

去年(1926)美国造的摩托车凡四百五十万辆,出口五十万辆。美国的路上,无论是大城里或乡间,都是不断的汽车。《纽约时报》上曾说一个故事:有一个北方人驾着摩托车走过 Miami 的一条大道,他开的速度是每点钟三十五英里。后面一个驾着两轮摩托车的警察赶上来问他为什么挡住大路。他说,“我开的已是三十五里了。”警察喝道:“开六十里!”

今年3月里我到费城(Philadelphia)演讲,一个朋友请我到乡间 Haverford 去住一天。我和他同车往乡间去,到了一处,只见那边停着一二百辆摩托车。我说:“这里开摩托车赛会吗?”他用手指道:“那边不在造房子吗?这些都是木匠、泥水匠坐来做工的摩托车。”

这真是一个摩托车的国家!木匠、泥水匠坐了摩托车去做工,大学教员自己开着摩托车去上课,乡间儿童上学都有公共汽车接送,农家出的鸡蛋、牛乳每天都自己用摩托车送上火车或直送进城。十字街头,向来总有一两家酒店的;近年酒禁实行了,十字街头往往建着汽油的小站。车多了,停车的空场遂成为都市建筑的一个大问题。此外还发生了许多连带的问题,很能使都市因此改观。例如我到丹佛城(Denver),看见墙上都没有街道的名字,我很诧异。后来才看见街名都用白漆写在马路两边的“行道”（Pavement or Side Walk）的底下，为的是要使夜间摩托车灯光容易照着。这一件事便可以看出摩托车在都市经营上的影响了。

摩托车的文明的好处真是一言难尽。汽车公司近年通行“分月付款”的法子，使普通人家都可以购买摩托车。据最近统计，去年一年之中美国人买的摩托车有三分之二是分月付钱的。这种人家向来是不肯出远门的。如今有了摩托车，旅行便利了，所以每日工作完毕之后，回家带了家中妻儿，自己开着汽车，到郊外去游玩；每星期日，可以全家到远地旅行游览。例如旧金山的“金门公园”，远在海滨，可以纵观太平洋上的水光岛色；每到星期日，四方男女来游的真是人山人海！这都是摩托车的恩赐。这种远游的便利可以增进健康，开拓眼界，增加知识，——这都是我们在轿子文明与人力车文明底下想象不到的幸福。

最大的功效还在人的官能的训练。人的四肢五官都是要训练的；不练就不灵巧了，久不练就迟钝麻木了。中国乡间的老百姓，看见汽车来了，往往手足失措，不知道怎样回避；你尽着呜呜地压着号筒，他们只听不见；连街上的狗与鸡也只是懒洋洋地踱来摆去，不知避开。但是你若把这班老百姓请到上海来，请他们从先施公司走到永安公司去，他们便不能不用耳目手足了。走过大马路的人，真如《封神传》上黄天化说的“须要眼观四处，耳听八方”。你若眼不明，耳不听，手足不灵动，必难免危险。这便是摩托车文明的训练。

美国的汽车大概都是个人自己驾驶的。往往一家里，父母子女都会开车。人工贵了，只有顶富的人家可以雇人开车。这种开车的训练真是“胜读十年书”！你开着汽车，两手各有职务，两脚也各有职务，眼要观四处，耳要听八方，还要手足眼耳一时并用，同力合作。你不但要会开车，还要会修车；随你是什么大学教授、诗人诗哲，到了半路车坏的时候，也不能不卷起袖管，替机器医病。什么书呆子、书踱头、傻瓜，若受了这种训练，都不会四体不勤，五官不灵了。你们不常听见人说大学教授“心不在焉”的笑话吗？我这回新到美国，有些大学教授如孟禄博士等请我坐他们自己开的车。我总觉得有点栗栗危惧，怕他们开到半路上忽然想起什么哲学问题或天文学问题来，那才危险呢！但是我经过几回之后，才觉得这些大学教授已受了摩托车文明的洗礼，把从前的“心不在焉”的呆气都赶跑了，坐在轮子前便一心在轮子上，手足也灵活了，耳目也聪明了！猗欤休哉！摩托车的教育！

三、一个劳工代表

有些自命“先知”的人常常说：“美国的物质发展终有到头的一天；到了物质文明破产的时候，社会革命便起来了。”

我可以武断地说：美国是不会有社会革命的，因为美国天天在社会革命之中。这种革命是渐进的，天天有进步，故天天是革命。如所得税的实行，不过是十四年来的事，然而现在所得税已成了国家税收的一大宗，巨富的家私有纳税百分之五十以上的。这种“社会化”的现象随地都可以看见。从前马克思派的经济学者说资本愈集中则财产所有权也愈集中，必做到资本全归极少数人之手的地步。但美国近年的变化却是资本集中而所有权分散在民众。一个公司可以有一万万的资本，而股票可以由雇员与工人购买，故一万万的资本就不妨有一万人的股东。近年移民进口的限制加严，贱工绝迹，故国内工资天天增涨；工人收入既丰，多有积蓄，往往购买股票，逐渐成为小资本家。不但白人如此，黑人的生活也逐渐抬高。纽约城的哈伦区，向为白人居住的，十年之中土地房屋全被发财的黑人买去了，遂成了一片五十万人的黑人区域。人人都可以做有产阶级，故阶级战争的煽动不发生效力。

我且说一件故事。

我在纽约时，有一次被邀去参加一个“两周讨论会”（Fortnightly Forum）。这一次讨论的题目是“我们这个时代应该叫什么时代?”18 世纪是“理智时代”，19 世纪是“民治时代”，这个时期应该叫什么？究竟是好是坏?

依这个讨论会规矩，这一次请了六位客人作辩论员：一个是俄国克伦斯基革命政府的交通总长；一个是印度人；一个是我；一个是有名的“效率工程师”（Efficiency Engineer），是个老女士；一个是纽约有名的牧师 Holmes；一个是工会代表。

有些人的话是可以预料的。那位印度人一定痛骂这个物质文明的时代，那位俄国交通总长一定痛骂布尔什维克，那位牧师一定是很悲观的，我一定是很乐观的，那位女效率专家一定鼓吹她的效率主义。一言表过不提。

单说那位劳工代表 Frahne 先生。他站起来演说了。他穿着晚餐礼服，挺着雪白的硬衬衫，头发苍白了。他站起来，一手向里面衣袋抽出了一卷打字的演说稿，一手向外面袋中摸出眼镜盒，取出眼镜戴上。他高声演说了。

他一开口便使我诧异。他说我们这个时代可以说是人类有历史以来最好的最伟大的时代，最可惊叹的时代。

这是他的主文。以下他一条一条地举例来证明这个主旨。他先说科学的进步，尤其注重医学的发明；次说工业的进步；次说美术的新贡献，特别注重近年的音乐与新建筑。最后他叙述社会的进步，列举资本制裁的成绩，劳工待遇的改善，教育的普及，幸福的增加。他在十二分钟之内描写世界人类各方面的大进步，证明这个时代是人类有史以来最好的时代。

我听了他的演说，忍不住对自己说道：这才是真正的社会革命。社会革命的目的就是要做到向来被压迫的社会分子能站在大庭广众之中歌颂他的时代为人类有史以来最好的时代。

四、往西去

我在莫斯科住了三天，见着一些中国共产党的朋友，他们很劝我在俄国多考察一些时。我因为要赶到英国去开会，所以不能久留。那时冯玉祥将军在莫斯科郊外避暑，我听说他很崇拜苏俄，常常绘画列宁的肖像。我对他的秘书刘伯坚诸君说：我很盼望冯玉祥先生从俄国向西去看看。即使不能看美国，至少也应该看看德国。

我的老朋友李大钊先生在被捕之前一两月曾对北京朋友说："我们应该写信给适之，劝他仍然从俄国回来，不要让他往西去打美国回来。"但他说这话时，我早已到了美国了。

我希望冯玉祥先生带了他的朋友往西去看看德国、美国，李大钊先生却希望我不要往西去。要明白此中的意义，且听我再说一件有趣味的故事。

我在日本时，同了马伯援先生去访问日本最有名的经济学家福田德三博士。我说："福田先生，听说先生新近到欧洲游历回来之后，先生的思想主张颇有改变，这话可靠吗？"

他说："没有什么大的改变。"

我问："改变的大致是什么？"

他说："从前我主张社会政策；这次从欧洲回来之后，我不主张这种妥协的、缓和的社会政策了。我现在以为这其间只有两条路：不是纯粹的马克思派社会主义，就是纯粹的资本主义。没有第三条路。"

我说："可惜先生到了欧洲不曾走的远点，索性到美国去看看，也许可以看见第三条路，也未可知。"

福田博士摇头说："美国我不敢去，我怕到了美国会把我的学说完全推翻了。”

我说：“先生这话使我颇失望。学者似乎应该尊重事实。若事实可以推翻学说，那么我们似乎应该抛弃那学说，另寻更满意的假设。”

福田博士摇头说：“我不敢到美国去。我今年五十五了，等到了六十岁时，我的思想定了，不会改变了，那时候我要往美国看看去。”

朋友们，不要笑那位日本学者。他还知道美国有些事实足以动摇他的学说，所以他不敢去。我们之中却有许多人决不承认世上会有事实足以动摇我们的迷信的。

五、东方人的“精神生活”

我到纽约后的第十天——1月21日——《纽约时报》上登出一条很有趣的新闻：

> 昨天下午一点钟。纽吉赛邦的恩格儿坞（Englewood，N. J.）的山郎先生住宅面前，围了许多男男女女，小孩子，小狗，等着要看一位埃及道人（Fakir）名叫哈密（Hamid Bey）的被活埋的奇事。
>
> 哈密道人站在那掘好的坑坑的旁边，微微的雨点滴在他的飘飘的长袍上。他身边站着两个同道的助手。
>
> 人越来越多了。到了一点一分的时候，哈密道人忽然倒在地下，不省人事了。两个请来的医生同了三个报馆访员动手把他的耳朵、鼻子、嘴，都用棉花塞好。随后便有人来把哈密道人抬下坟坑，放在坑里的内穴中。他脸上撒了一层薄层的沙。内穴上面用木板盖好。
>
> 内穴上面还有三尺深的空坑，他们也用泥土填满

了。填满了后。活埋的工作算完了。

到场的许多人都走进山郎先生的家中去吃茶点。山郎夫人未嫁之前就是那位绰号“千眼姑娘”的李麻小姐。她在那边招待来宾，大家谈着“人生无涯”一类的问题，静候那活埋道人的复活。

一点钟过去了。……一点半过去了。……两点钟过去了。……

到了下午四点，三个爱尔兰的工人动手把坑掘开。三个黑种工人站在旁边陪着，——也许是给那三个白种同伴镇压邪鬼吧。

四点钟敲过不久，哈密道人扶起来了。扶到了空气中，他便颤动了，渐渐活过来了。他低低地喊了一声“胡帝尼”，微微一笑，他回生了。

他未埋之先，医生验过他的脉跳是七十二，呼吸是十八。复活之后，脉跳与呼吸仍是七十二与十八。他在坑中足足埋了两点五十二分。

这回的安排布置全是勒乌公司（Loew’s）的杜纳先生办理的。杜纳先生说。本想同这位埃及道人订一个“杂耍戏”的契约，不过还得考虑一会，因为看戏的人等不得三个钟头就会跑光了。

哈密道人却很得意，他说他还可以活埋三天咧。

美国是个有钱的地方，世界各国的奇奇怪怪的宗教掮客都赶到这里来招揽信徒，炫卖花样。前一年，有个埃及道人名叫拉曼（Rahman）的，自称能收敛心神，停止呼吸。他当大众试验，闭在铁棺内，沉在赫贞河中，过一点钟之久。当时美国有大幻术家胡帝尼（Harry Houdini）研究此事，说这不是停止呼吸，乃是一种“浅呼吸”，是可以操练出来的。胡帝尼自己练习，到了去年夏间，他也公开试验：睡在铁棺中，叫人沉在纽约谢尔敦大旅馆的水池中，过了一点半钟，方才捞起来。开棺之后，依然复生，不过脉跳增加至一百四十二跳而已。胡帝尼的成绩比拉曼加长半点钟，颇能使人明白这种把戏不过是一种技术上的训练，并没有什么精神作用。

胡帝尼死后，这班东方道人还不服气，所以有今年1月20日哈密道人的公开试验。哈密的成绩又比胡帝尼加长了八十二分钟，应该够得上和勒乌公司订六个月的“杂耍戏”的契约了，然而杜纳先生又嫌活埋三点钟太干燥无味了，怕不能号召看戏的群众！可惜，可惜！大概哈密先生和他的道友们后来仍然回到东方去继续他们的“内心生活”了罢。

胡帝尼的试验的精神是很可佩服的。其实即使这班东方道人真能活埋三点钟以至三天，完全停止呼吸，这又算得什么精神生活？这里面哪有什么“精神的份子”？泥中的蚯蚓，以至一切冬天蛰伏的爬虫，不是都能这样吗？

六、麻将

前几年，麻将牌忽然行到海外，成为出口货的一宗。欧洲与美洲的社会中，很有许多人学打麻将的；后来日本也传染到了。有一个时期，麻将竟成了西洋社会中最时髦的一种游戏：俱乐部中差不多桌桌都是麻将，书店中出了许多种研究麻将的小册子，中国留学生没有钱的可以靠教麻将吃饭挣钱。欧美人竟发了麻将狂热了。

谁也梦想不到东方文明征服西洋的先锋队却是那一百三十六个麻将军！

这回我从西伯利亚到欧洲，从欧洲到美洲，从美洲到日本，十个月之中，只有一次在日本京都的一个俱乐部中看见有人打麻将。在欧美简直看不到麻将了。我曾问过欧洲和美国的朋友，他们说，“妇女俱乐部中，偶然还可以看见一桌两桌打麻将的，但那是很少的事了。”我在美国人家中，也常看见麻将牌盒子——雕刻装潢很精致的——陈列在室内，有时一家竟有两三副的。但从不见主人主妇谈起麻将，他们从不向我这位麻将国的代表请教此中的玄妙！麻将在西洋已成了架上的古玩了，麻将的狂热已退凉了。

我问一个美国朋友，为什么麻将的狂热过去得这样快？他说：“女太太们喜欢麻将，男子们却很反对，终于是男子们战胜了。”

这是我们意想得到的。西洋的劳动奋斗的民族决不会做麻将的信徒，决不会受麻将的征服。麻将只是我们这种好闲爱荡，不爱惜光阴的“精神文明”的中华民族的专利品。

当明朝晚年，民间盛行一种纸牌，名为“马吊”。马吊只有四十张牌。有一文至九文，一千至九千，一万至九万等，等于麻将牌的筒子、索子、万子。还有一张“零”，即是“白板”的祖宗。还有一张“千万”，即是徽州纸牌的“千万”。马吊牌上每张上书有《水浒传》的人物。徽州纸牌上的“王英”即是矮脚虎王英的遗迹。乾隆嘉庆间人汪师韩的全集里收有几种明的人马吊牌（在《丛睦汪氏丛书》内）。

马吊在当日风行一时，士大夫整日整夜地打马吊，把正事都荒废了。所以明亡之后，吴梅村作《绥寇纪略》说，明之亡是亡于马吊。

三百年来，四十张的马吊逐渐演变，变成每样五张的纸牌，近七八十年中又变为每样四张的麻将牌（马吊三人对一人，故名“马吊脚”，省称“马吊”；“麻将”为“麻雀”的音变，“麻雀”为“马脚”的音变）。越变越繁复巧妙了，所以更能迷惑人心，使国中的男男女女，无论富贵贫贱，不分日夜寒暑，把精力和光阴葬送在这一百三十六张牌上。

英国的“国戏”是 Cricket，美国的国戏是 Baseball，日本的国戏是角抵。中国呢？中国的国戏是麻将。

麻将平均每四圈费时约两点钟。少说一点，全国每日只有一百万桌麻将，每桌只打八圈，就得费四百万点钟，就是损失十六万七千日的光阴，金钱的输赢，精力的消磨，都还在外。

我们走遍世界，可曾看见哪一个长进的民族，光明的国家，肯这样荒时废业的吗？一个留学日本的朋友对我说：“日本人的勤苦真不可及！到了晚上，登高一望，家家板屋中都是灯光；灯光之下，不是少年人跪着读书，便是老年人跪着翻书，或是老妇人跪着做活计。到了天明，满街上，满电车上都是上学去的儿童。单只这一点勤苦就可以征服我们了。”

其实何止日本？凡是长进的民族都是这样的。只有咱们这种不长进的民族以“闲”为幸福，以“消闲”为急务，男人以打麻将为消闲，女人以打麻将为家常，老太婆以打麻将为下半生的大事业！

从前的革新家说中国有三害：鸦片，八股，小脚。鸦片虽然没禁绝，总算是犯法的了。虽然还有做“洋八股”与更时髦的“党八股”的，但八股的四书文是过去的了。小脚也差不多没有了。只有这第四害，麻将，还是日兴月盛，没有一点衰歇的样子，没有人说它是可以亡国的大害。新近麻将先生居然大摇大摆地跑到西洋去招摇一次，几乎做了鸦片与杨梅疮的还敬礼物。但如今它仍旧缩回来了，仍旧回来做东方精神文明的国家的国粹，国戏！

十九，三，十

中国哲学的线索

我平日喜欢做历史的研究，所以今天讲演的题目，是《中国哲学的线索》。这个线索可分两层讲。一时代政治社会状态变迁之后，发生了种种弊端，则哲学思想也就自然发生，自然变迁，以求改良社会上、政治上种种弊端。所谓时势生思潮，这是外的线索。外的线索是很不容易找出来的。内的线索，是一种方法——哲学方法，外国名叫逻辑（Logic，中国原把逻辑翻作论理学或名学。逻辑原意不是名学和论理学所能包含的，故不如直译原字的音为逻辑）。外的线索只管变，而内的线索变来变去，终是逃不出一定的径路的。今天要讲的，就专在这内的方法。

中国哲学到了老子和孔子时候，才可当得“哲学”两个字。老子以前，不是没有思想，没有系统的思想，大概多是对于社会上不安宁的情形，发些牢骚语罢了。如《诗经》上说：“苕之华，其叶青青。知我如此，不如无生。”这种语是表示对于时势不满意的意思。到了西历前第6世纪时，思想家才对于社会上和政治上，求根本弊端所在。而他们的学说议论终是带有破坏的、批评的、革命的性质。老子根本上不满意当时的社会、政治、伦理、道德。原来人人多信“天”是仁的，而他偏说：“天地不仁，以万物为刍狗。”天是没有意思的，不为人类做好事的。他又主张废弃仁义，人于“无为而无不为”的境界。这种极破坏的思想，自然要引起许多反抗。孔子是老子的门徒或是朋友。他虽不满意于当时风俗制度以及事事物物，可是不取破坏的手段，不主张革命。他对于第一派是调和的、修正的、保守的。老子一派对于社会上无论什么政治、法律、宗教、道德，都不要了，都要推翻他，取消他。孔子一派和平一点，只求修正当时的制度。中国哲学的起点，有了这两个系统出来之后，内的线索——就是方法——继续变迁，却逃不出这两种。

老子的方法是无名的方法。《老子》第一句话就说：“名可名，非常名；道可道，非常道。”他知道“名”的重要，亦知道“名”的坏处，所以主张“无名”。名实二字在东西各国哲学史上都很重要。“名”是共相（Universal），亦就是普通性。“实”是“自相”，亦就是个性。名实两观念代表两大问题。从思想上研究社会的人，一定研究先从社会下手呢，还从个人下手？换句话讲，是先决个性，还是先决普遍之问题？“名”的重要可以举例明之。譬如诸君现在听讲，忽然门房跑来说——张先生，你的哥哥来了。这些代表思想的语言文字就是“名”。——倘使没有这些“名”，他不能传达他的意思，诸君也无从领会他的意思，彼此就很觉困难了。简单的知识，非“名”无从表他，复杂的格外要借“名”来表示他。“名”是知识上的问题，没有“名”便没有“共相”。而老子反对知识，便反对“名”，反对言语文字，都要一个个地毁灭他。毁灭之后，一切人都无知无识，没有思想。没有思想，则没有欲望。没欲望，则不“为非作恶”，返于太古时代浑朴状态了。这第一派的思想，注重个性而毁弃普遍。所以他说：“天下皆知美之为美，斯恶矣；皆知善之为善，斯不善矣。”美和不美都是相对的，有了这个，便有那个。这个那个都不要，都取消，便是最好。这叫作“无名”的方法。

孔子出世之后，亦看得“名”很重要。不过他以为与其“无名”，不如“正名”。《论语·子路》篇说：

> 子路曰：卫君待子而为政，子将奚先？子曰：必也正启乎。子路曰：有是哉！子之迂也！奚其正！子曰：野哉由也！君子于其所不知，盖阙如也。名不正，则言不顺。言不顺，则事不成。事不成，则礼乐不兴。礼乐不兴，则刑罚不中。刑罚不中，则民无所措手足。

孔子以为“名”——语言文字——是不可少的，只要把一切文字、制度，都回复到他本来的理想标准，例如：“政者，正也。”“仁者，人也。”他的理想的社会，便是“君君、臣臣、父父、子子”。做父亲的要做到父亲的理想标准，做儿子的亦要做到儿子的理想标准。社会上事事物物，都要做到这一步境地。倘使君不君、臣不臣、父不父、子不子，则君、臣、父、子都失掉本来的意义了。怎样说“名不正，则言不顺”呢？“言”是“名”组成的，名字的意义，没有正当的标准，便连话都说不通了。孔子说：“觚不觚，觚哉觚哉！”觚是有角的形，故有角的酒器，叫作“觚”。后来把觚字用泛了，没有角的酒器亦叫作“觚”。所以孔子说：“现在觚没有角了，这还是觚吗？这还是觚吗？”不是觚的都叫作觚，这就是“言不顺”。现在通用的小洋角子，明明是圆的，偏叫他“角”，也是同样的道理。语言文字（名）是代表思想的符号。语言文字没有正确的意义，便没有公认的是非真假的标准。要建设一种公认的是非真假的标准，所以他主张“正名”。老子主“无名”，孔子主“正名”。此后思想，凡属老子一派的，便要推翻一切制度，便要讲究制度文物，压抑个人。

第三派的墨子，见于前两派太趋于极端了，一个注重“名”，一个不注重“名”，都在“名”上面用功夫。“名”是实用的，不是空虚的，口头的。他说：

> 今瞽者曰：“巨者，白也。黔者，黑也。”虽明目者无以易之。兼白黑，使瞽取焉，不能知也。故我曰：“瞽者不知白黑者，非以其名也，以其取也。”

“取”就是实际上的去取，辨别，瞎子虽不曾见过白黑，亦会说白黑的界限。要到了实际上应用的时候，才知道口头的界说，是没有用的。许多高谈仁义道德的人也是如此。分别义利，辨人毫末，及事到临头，则便手足无措。所以墨子不主张空虚的“名”，而注重实际的应用。墨子这一派，不久就灭了。而他的思想和主义则影响及于各家。遗存下来的，却算孔子一派是正宗。老子一派亦是继续不断。如杨朱有“名无实，实无名。名者伪而已”等话，亦很重要。到了三国魏晋时代，便有嵇康那一般人，提倡个人，推翻礼法。宋明陆象山和王阳明那班人，无形中都要取消“名”。就是清朝的谭嗣同等思想，亦是这样，亦都有无名的趋向。正统派的孔子重“名”，重礼制，所以后来的孟子、荀子和董仲舒这一班人，亦是要讲礼法、制度。内部的线索有这两大系统。

还有一派近代的思想。九百多年前，宋朝的儒家，想把历代的儒家相传的学说，加上了佛家、禅宗和道家的思想，另成一种哲学。他们表面上要挂孔子的招牌，不得不在儒家的书里头找些方法出来。他们就找出来一本《大学》。《大学》是本简单的书，但讲的是方法。他上面说：“致知在格物。”格物二字就变为中国近世思想的大问题。程朱一派解“格物”是到物上去研究物理。

物必有理，要明物理，须得亲自到物的本身上去研究。今天格一物，明天格一物，今天格一事，明天格一事，天下的事物，都要一个个地去格他。等到后来，知识多了，物的理积得多了，便一旦豁然贯通。陆象山一派反对这种办法，以为这种办法很笨。只要把自己弄好了，就是“格物”。所以他主张：“吾心即是万物，万物即是吾心。”物的理都在吾的心中，能明吾心，就是明万物。吾心是万物的权衡，不必要像朱子那么样支支离离的格物。这种重视个性自我发展的思想，到了王阳明格外的明了。阳明说：他自己本来信格物是到物上去格的。他有一位朋友去格一枝竹，格了五天，病起来了。他就对这位朋友讲：你不能格，我自己去格。格了七天，也病了。因此，他不信格物是到物上去格。物的理在心中，所以他特别地揭出“良知”二字来教人。把良知弄好了，弄明白了，善的就是善，恶的就是恶，是的还他是，非的还他非，天下事物都自然明白了。程朱和陆王这两派支配九百余年的思想，中间“格物”的解说有七八十种；而实际上还是“名”和“实”的嫡派，不过改变他们的方向罢了——格物还是从内起呢，还是从外起？

思想必依环境而发生，环境变迁了，思想一定亦要变迁。无论什么方法，倘不能适应新的要求，便有一种新方法发生，或是调和以前的种种方法，来适应新的要求。找出方法的变迁，则可得思想的线索。思想是承前启后，有一定线索，不是东奔西走，全无纪律的。

考试与教育

我在民国二十三年，曾在考试院住过几天，也在此会场讲过话，所以这次重来，非常愉快。尤其看到考试院的建筑没有被破坏，并知道今年参加高考的人数超过以前任何时期，现在交通如此不方便，而全国各大城市参加高考的人数，竟达万人以上（就在我们北大的课室中，也有不少的人在应试）。我感觉到，自民国二十年举行第一次考试以来，这十六年间，考试制度的基础已相当巩固。我是拥护考试制度的一个人，目睹考试制度的巩固，与应考人数的增多，至为高兴。

今天考试院的几位朋友，要我来谈谈考试与教育的问题。当然考试与教育，与学校，都有很深的关系。中国的考试制度，可算有二千多年历史。在汉朝初开国的几十年，本来没有书生担负政治上的重要责任。后来汉武帝的宰相公孙弘，向武帝建议两件大事：其一是“予博士以弟子”，因过去只有博士，而没有学生，公孙弘主张给博士收学生。每个博士给予学生十人，后来学生数目逐渐增加，至王莽时代，增至一万人。迨东汉中期，更增至三万人。

其二就是考试制度，公孙弘因见国家的法令与皇帝的诏书，不但百姓不能了解，甚至政府的官吏亦多不懂。故献议武帝，采用考试的办法，即指定若干经典为范围，凡能背诵一部的，便予以官吏职位。这是最早的考试制度，约在纪元前124年开始实行，到现在已经二千一百年。有了这种考试制度，便可以吸收学校训练出来的人才。风气一开，就另外产生一种私人创办的学校。在后汉时，此种学校达一百余所。各校学生有五六百人的，也有一二千人的。但因私人住宅无法容纳，所以在学校附近，就有许多做小买卖的商店应运而生，以供应学生的衣着和食宿。

其后学校的开办，主要的便是为适应此种考试制度而设。学校学生根据政府订定的标准，大家去努力竞争。最初应考的人，还有阶级的限制，就是只有士大夫阶级才能应试。后来这种阶级观念也打破了，只问是否及格，而不问来历。考试制度其后也逐渐改进，在唐朝时，还有人到处送自己的卷子，此种办法易影响主考人的观念，所以大家觉得不妥当，而加以禁止。到宋朝真宗时代，更采用密封糊名的办法，完全凭客观的成绩来录取人才。

由于考试制度的渐趋严密和阶级制度逐渐打破，所以无论出身如何寒微的人，都有应考的机会和出任官吏的可能。

以前我在外国，有人要我讲中国的考试制度，我便引用一个戏台上的故事，就是《鸿鸾禧》所描写的“金玉奴棒打薄情郎”。这个戏也许大家都看过，是叙述一个乞丐头儿金松的女儿金玉奴，在一个寒冷的冬天打开大门看见有人僵倒在地上，便和他父亲把这个人救活了。那个人是一位来京应试的穷书生，因为没有钱，又饥又饿，所以冻僵在门前。后来金玉奴请他父亲把他收留了，这个书生不久便做了金松的女婿，并且考中了进士，还不能做知县，只在县中做县尉县丞之类的小官。但是他做了官之后，总觉得当一个乞丐头的女婿没有面子，所以在上任的路上，便要设法解决他的太太。在一个月明星稀的晚上，他叫她走出船头，硬把她推下水去，但想不到金玉奴却被后面一只船的人救起来，这个船上的主人，便是那书生的上司。他询明情由，就收金玉奴为养女，等到那书生到差之后，仍将她嫁回给他。于是在洞房之夜，金玉奴便演出了棒打薄情郎这幕喜剧。

这个故事是说明那个时候的人，谁都可以参加考试和有膺选的机会，完全没有阶级的限制。这种以客观的标准和公开竞争的考试制度，打破了社会阶级的存在，同时也是保持中国两千多年来的统一安定的力量。

我认为中国到现在还是没有阶级存在的。穷富并不是阶级，因为有钱的人，可能因一次战争或投机失败而破产，贫穷的人，亦可以积累奋斗而致富，不像印度那样，有许多明显的阶级存在。我国的阶级观念，已为考试制度所打破。

再说考试制度对于国家的统一，也有很大的关系。从前的交通非常不便，不像现在到甘肃，到四川，坐飞机只花几个小时就可到，并且还有火车、汽车和轮船等交通工具。在古时那种阻塞的情形下，中央可以不用武力而委派各地以至边疆的官吏，来维持国家的统一达两千多年，这实在有其内在的原因，就是由于考试制度的公开和公平。当时中央派至各地的官吏（现在称之为封建制度，我却认为并不怎样封建，因为不是带了许多兵马去的）皆由政府公开考选而来。政府考选人才，固然注意客观的标准，同时也顾及到各地的文化水准，因此录取的人员，并不偏于一方或一省，而普及全国。在文化水准低的地方，也可以发现天才。有天才的人，便可以考中状元，所以当选的机会各地是平等的。

同时还有一种回避的制度，就是本省的人不能任本省的官吏，而必须派往其他省份服务。有时候江南的人，派到西北去，有时候西北的人派到东南来。这种公道的办法，大家没有理由可以反对抵制。所以政府不用靠兵力和其他工具来统治地方，这是考试制度影响的结果。

今天我到考试院来，班门弄斧地说了一套关于考试制度的话，一定很多人不愿意听，所以我向大家告罪。

再说到本题来，即从汉朝以后，考试和教育的关系，那时候的学校，差不多都是为文官考试制度而设。迄至隋唐，流于以文取士的制度。本来考试内容，包含多种，除进士外，有天文、医学、法律、武艺，等等。不过进士却成为特别注重的一科。进士是考诗经、词赋的，即是以创作文学为标准。社会的眼光，也特别重视这一科。有女儿的人家要选进士为女婿，女子的理想丈夫，就是状元进士。这种社会方气，改变了考试的内容。本来古代考试，不单纯是做诗词或八股文章，不过因为后来大家看不起学法律和医药的人，觉得这种学问，并不是伟大的创作，而进士却能在严格的范围内来创作文学，当然应看作是天才了。社会这种要求，并不是没有道理，不过因为太看重进士，所以就偏于以进士科为考试制度的标准。

至王安石时，他想变更这种风气而提倡法治，研究法律。但是他失败以后，便依然回复到做八股文章，走上错误的道路。但这种错误是基于当时的社会背景的。

因为考试内容的改变，便影响到学校的教育。考试要用诗赋，学堂教育便要讲诗赋；考试要用八股文章，学堂教育便要讲八股文章。社会的要求和小姐们的心理，影响了考试制度，考试制度也影响了学校教育的内容。

由于进士科考取的人才，多数是天才，天才除了做诗赋和八股之外，当然还可以发挥其天才做其他的事业。所以这并不是完全失败的制度，此处并非说我同情进士制（我是最反对做律诗和八股文的），不过我们要知道这是有历史背景的。

我近年来，在国外感觉到，中国文化对世界有一很大的贡献，就是这种文官考试制度。没有其他的民族和国家，其考试制度会有二千多年的历史的。我们即以隋唐到现在来说，已有一千四百年，唐朝迄今，有一千三百年，宋朝迄今，也有九百多年，没有别的国家，能有这样早的考试制度。我国以一个在山东牧豕出身的公孙弘先生，能于二千年前有这种见地，实在是件了不起的事。

再从世界的眼光来看，中国考试制度，也影响了别的国家。哈佛大学的《亚洲研究杂志》，前年刊登一篇北京大学教授丁士仪先生写的文章，题为《中国文官考试制度影响英国文官考试制度的研究》。丁先生特别搜寻英国国会一百多年来赞成和反对采用中国文官制度的历次讨论纪录，用作引证。并说明 18 世纪（其实早在 17 世纪）便有耶稣会的传教士介绍中国的历史文化和政治制度到欧洲，其中便曾有人提到中国的考试制度。首先在法国革命时（纪元 1791 年），法国政府宣布要用考试制度，这思想是受了中国的影响的。不过后来革命政府失败，所以没有实现这个制度。其后这种思想，由欧洲大陆传入英国，英国当时有所谓“公理学派”，主张改革政治，改革社会，以谋取最大多数人类的最大幸福为目标（这个学派也可称为幸福主义学派）。他们同样看重了中国的文官制度，主张英国也应加以采用。

后来英国议会讨论这个问题时，有赞成和反对两派的意见。赞成派的理由，是中国能维持几千年的统一局面，主要的是因为政府采用这种公开的客观的考试制度；反对派则认为中国自鸦片战争以来，历次对外打败仗，所以不应仿效中国的制度。由此可知无论赞成的和反对的，都承认这是中国发明的制度。

后来英国先生在印度和缅甸试行这种制度，到 19 世纪以后，再在国内施行。

其后德国也采用考试制度，不久复传到美国。这都是直接或间接受到中国的影响的。

在太平天国时代（19 世纪中叶），英国出版的一本书叫作《中国人与中国革命》，这本书前面，有个附录，是一个英国官员向英政府及人民写的条陈，要求英国采用中国的文官制度。

由这些事例，可以看出中国文官制度影响之大，及其价值之被人重视，这也是我们中国对世界文化贡献的一件可以自夸的事。

现在我们的考试，已经不采用诗词了（考试院的各位先生平常作诗作词，不过是一种余兴），考试的内容已和世界各国相差无多。比之古代，虽然进步了很多，但是我们回过头看，现在却缺少了上面所讲过的社会上的心理期望。

现在人家择女婿，不以高考及格为条件的，小姐们的理想丈夫，也不是高考第一名的先生！现在大家所仰慕的，高考还不够，要留学生，顶好是个博士，而且是研究工程的，这是一个显明的事实。

尽管现在社会对考试制度已较民国二十年时，认识得清楚，参加考试人数也已增多，但是小姐们并不很看重高考及格的人员。我们不可忽视，小姐是有影响考试制度的相当权力的。

怎样才能使社会人士和小姐们养成对考试制度的重视呢？我还没有方案来答复大家这个问题。

我曾和戴院长谈过北京大学一个学生的故事。这个学生，今年毕业，是学法律的，中英文都很好，他的毕业论文，全篇用英文写成的，故被目为该系成绩最优的一个。学校要留他当助教，他说“谢谢，我不干”。北平地方法院的首席检查官在学校兼课，也邀他到法院去帮忙，他也说：“谢谢。我不干。”后来一查，他的毕业论文虽作了，却没有参加毕业考试，原来他到一个私立银行当研究生去了，他的薪津比敝校的校长还要多。他用不着参加考试，因为这个私立银行是不用铨叙的。

我有三十二张博士文凭（有一张是自己用功得来，另外三十一张是名誉博士），又当了大学校长，但是我所拿的薪津，和一个银行练习生相差不多。我并不是拿钱做标准来较量，但是在这种状态之下，如何能使社会的人士对考试及格的人起一种信仰呢？

我希望各位在研究国内外各种高深学问之余，再抽时间看明朝以来三百年间流行的才子佳人小说，研究一下怎样才可以恢复过去社会上对考试制度敬重的心理，就算我出这个题目来考考大家。

学生与社会

今天我同诸君所谈的题目是《学生与社会》。这个题目可以分两层讲：（一）个人与社会；（二）学生与社会。现在先说第一层。

一、个人与社会

（一）个人与社会有密切的关系，个人就是社会的出产品。我们虽然常说“人有个性”，并且提倡发展个性，其实个性于人，不过是千分之一，而千分之九百九十九全是社会的。我们的说话，是照社会的习惯发音；我们的衣服，是按社会的风尚为式样；就是我们的一举一动，无一不受社会的影响。

六年前我作过一首《朋友篇》，在这篇诗里我说：“清夜每自思，此身非吾有；一半属父母，一半属朋友。”如今想来，这百分之五十的比例算法是错了。此身至少有千分之九百九十九是属于广义的朋友的。我们现在虽在此地，而几千里外的人，不少的同我们发生关系。我们不能不穿衣，不能不点灯，这衣服与灯，不知经过多少人的手才造成功的。这许多为我们制衣造灯的人，都是我们不认识的朋友，这衣与灯就是这许多人不认识的朋友给与我们的。

再进一步说，我们的思想、习惯、信仰……都是社会的出产品，社会上都说“吃饭”，我们不能改转来说“饭吃”。我们所以为我们，就是这些思想、信仰、习惯……这些既都是社会的，那么除开社会，还能有我吗？

这第一点内要义：我之所以为我，在物质方面，是无数认识与不认识的朋友的；在精神方面，是社会的，所谓“个人”差不多完全是社会的出产品。

（二）个人——我——虽仅是千分之一，但是这千分之一的“我”是很可宝贵的。普通一班的人，差不多千分之千都是社会的，思想、举动、言语、服食都是跟着社会跑。有一二特出者，有千分之一的我——个性，于跟着社会跑的时候，要另外创作，说人家未说的话，做人家不做的事。社会一班人就给他一个浑号，叫他“怪物”。

怪物原有两种：一种是发疯，一种是个性的表现。这种个性表现的怪物，是社会进化的种子，因为人类若是一代一代地互相仿照，不有变更，那就没有进化可言了。唯其有些怪物出世，特立独行，做人不做的事，说人未说的话，虽有人骂他打他，甚而逼他至死，他仍是不改他的怪言、怪行。久而久之，渐渐地就有人模仿他了，由少数的怪，变为多数，更变而为大多数，社会的风尚从此改变，把先前所怪的反视为常了。

宗教中的人物，大都是些怪物，耶稣就是一个大怪物。当时的人都以为有人打我一掌，我就应该还他一掌。耶稣偏要说：“有人打我左脸一掌，我应该把右边的脸转送给他。”他的言语、行为，处处与当时的习尚相反，所以当时的人就以为他是一个怪物，把他钉死在十字架上。但是他虽死不改其言行，所以他死后就有人尊敬他，爱慕、模仿他的言行，成为一个大宗教。

怪事往往可以轰动一时，凡轰动一时的事，起先无不是可怪异的。比如缠足，当初一定是很可怪异的，而后来风行了几百年。近来把缠小的足放为天足，起先社会上同样以为可怪，而现在也渐风行了。可见不是可怪，就不能轰动一时。社会的进化，纯是千分之一的怪物，可以牺牲名誉、性命，而做可怪的事、说可怪的话以演成的。

社会的习尚，本来是革不尽，而也不能够革尽的，但是改革一次，虽不能达完全目的，至少也可改革一部分的弊习。譬如辛亥革命，本是一个大改革，以现在的政治社会情况看，固不能说是完全成功，而社会的弊习——如北京的男风，官家厅的公门……——附带革除的，实在不少。所以在实际上说，总算是进化得多了。

这第二点的要义：个人的成分，虽仅占千分之一，而这千分之一的个人，就是社会进化的原因。人类的一切发明，都是由个人一点一点改良而成功的。唯有个人可以改良社会，社会的进化全靠个人。

二、学生与社会

由上一层推到这一层，其关系已很明白。不过在文明的国家，学生与社会的特殊关系，当不大显明，而学生所负的责任，也不大很重。唯有在文明程度很低的国家，如像现在的中国，学生与社会的关系特深，所负的改良的责任也特重。这是因为学生是受过教育的人，中国现在受过完全教育的人，真不足千分之一，这千分之一受过完全教育的学生，在社会上所负的改良责任，岂不是比全数受过教育的国家的学生，特别重大吗？

教育是给人戴一副有光的眼镜，能明白观察；不是给人穿一件锦绣的衣服，在人前夸耀。未受教育的人是近视眼，没有明白的认识、远大的视力；受了教育，就是近视眼戴了一副近视镜，眼光变了，可以看明清楚远大。学生读了书，造下学问，不是为要到他的爸爸面前，要吃肉菜，穿绸缎，是要认他爸爸认不得的，替他爸爸说明，来帮他爸爸的忙。他爸爸不知道肥料的用法、土壤的选择，他能知道，告诉他爸爸，给他爸爸制肥料、选土壤，那他家中的收获，就可以比别人家多出许多了。

从前的学生都喜欢戴平光的眼镜，那种平光的眼镜戴如不戴，不是教育的结果。教育是要人戴能看从前看不见，并能看人家看不见的眼镜。我说社会的改良，全靠个人，其实就是靠这些戴近视镜，能看人所看不见的个人。

从前眼镜铺不发达，配眼镜的机会少，所以近视眼，老是近视看不远。现在不然了，戴眼睛的机会容易得多了，差不多是送上门来，让你去戴。若是我们不配一副眼镜戴，那不是自弃吗？若是仅戴一副看不清、看不远的平光镜，那也是可耻的事呀。

这是一个比喻，眼镜就是知识，学生应当求知识，并应当求其所要的知识。

戴上眼镜，往往容易招人家厌恶。从前是近视眼，看不见人家脸上的麻子，戴上眼镜，看见人家脸上有麻子，就要说："你是个麻子脸"。有麻子的人，多不愿意别人说他的麻子。要听见你说他是麻子，他一定要骂你，甚而或许打你。这一改意思，就是说受过教育，就认识清社会的恶习，而发不满意的批评。这种不满意社会的批评，最容易引起社会的反感。但是人受教育，求知识，原是为发现社会的弊端，若是受了教育，而对于社会仍是处处觉得满意，那就是你的眼镜配错了光了，应该返回去审查一审查，重配一副光度合适的才好。

从前格里林因人家造的望远镜不适用，他自己造了一个扩大几百倍的望远镜，能看木星现象。他请人来看，而社会上的人反以为他是魔术迷人，骂他为怪物，革命党，几乎把他弄死。他惟其不屈不挠，不可抛弃他的学说，停止他的研究，而望远镜竟成为今日学问上、社会上重要的东西了。

总之，第一要有知识，第二要有图书。若是没有骨子便在社会上站不住。有骨子就是有奋斗精神，认为是真理，虽死不畏，都要去说去做。不以我看见我知道而已，还要使一班人都认识，都知道。由少数变为多数，由多数变为大多数，使一班人都承认这个真理。譬如现在有人反对修铁路，铁路是便利交通，有益社会的，你们应该站在房上喊叫宣传，使人人都知道修铁路的好处。若是有人厌恶你们，阻挡你们，你们就要拿出奋斗的精神，与他抵抗，非把你们的目的达到。不止你们的喊叫宣传，这种奋斗的精神，是改造社会绝不可少的。

二十年前的革命家，现在哪里去了？他们的消灭不外两个原因：（1）眼镜不适用了。二十年前的康有为是一个出风头的革命家，不怕死的好汉子。现在人都笑他为守旧、老古董，都是由他不去把不适用的眼镜换一换的缘故。（2）无骨子。有一班革命家，骨子软了，人家给他些钱，或给他一个差事，教他不要干，他就不敢干了。没有一种奋斗精神，不能拿出“你不要我干，我偏要干”的决心，所以都消灭了。

我们学生应当注意的就是这两点。眼镜的光若是不对了，就去换一副对的来戴；摸着脊骨软了，要吃一点硬骨药。

我的话讲完了，现在讲一个故事来作结，易卜生所作的《国民公敌》一剧，写一个医生司铎门发现了本地浴场的水里有传染病菌，他还不敢自信，请一位大学教授代为化验，果然不错。他就想要去改良他。不料浴场董事和一般股东因为改造浴池要耗费资本，拼死反对，他的老大哥与他的老丈人也都多方地以情感利诱，但他总是不可软化。他于万分困难之下设法开了一个公民会议，报告他的发明。会场中的人不但不听他的老实话，还把他赶出场去，裤子撕破，宣告他为国民公敌。他气愤不过，说："出去争真理，不要穿好裤子"。他是真有奋斗精神，能够特立独行的人，于这种逼迫之下还是不少退缩。他说："世界最有强力的人就是那最孤立的人"。我们要改良社会，就要学这"争真理不穿好裤子"的态度，相信这"最孤立的人是最有强力的人"的明言。

大学的生活

校长，主席，各位同学：

我刚才听见主席说今天大家都非常愉快和兴奋，我想大家一定会提出抗议的，在这大热的天气，要大家挤在一起受罪，我的内心感到实在不安，我首先要向各位致百分之百的道歉。回来后一直没有做公开演讲，有许多团体来邀请，我都谢绝了，因为每次演讲房子总是不够用。以前在三军球场有过一次演说，我也总以为房子是没问题了，但房子仍是不够。今天要请各位原谅，实在不是我的罪过，台大代联会邀请了几次，我只好勉强地答应下来。

前两天我就想究竟要讲些什么？我问了钱校长和好几位朋友，他们都很客气，不给我出题，就是主席也不给我出题。今天既是台大代联会邀请，那么，我想谈谈大学生的生活，把我个人的或者几位朋友的经验，贡献给大家，也许可作各位同学的借镜，给各位一点暗示的作用。

记得在民国三十八年应傅斯年校长之请，在中山堂作一次公开演讲。我也总以为房子够用了，谁知又把玻璃窗弄破了不少。从民国三十八年到今天已有八九年的工夫了，这九年来，看到台大的进步和发展，不仅在学生人数方面已增加到七千多，设备、人才和学科方面也进步很多，尤其是医农两学院的进步，更得国外来参观过的教育家很大的赞誉。这是我要向校长、各位同学道贺的。

不过，我又听见许多朋友讲，目前很多学生选择科系时，从师长的眼光看，都不免带有短见，倾向于功利主义方面。天才比较高的都跑到医工科去，而且只走入实用方面，而又不选择基本学科，譬如学医的，内科、外科、产科、妇科，有很多人选，而基本学科譬如生物化学、病理学，很少青年人去选读，这使我感到今日的青年不免短视，带着近视眼镜去看自己的前途与将来。我今天头一项要讲的，就是根据我们老一辈的对选科系的经验，贡献给各位。我讲一段故事。

记得四十八年前，我考取了官费出洋，我的哥哥特地从东三省赶到上海为我送行，临行时对我说，我们的家早已破坏中落了，你出国要学些有用之学，帮助复兴家业，重振门楣，他要我学开矿或造铁路，因为这是比较容易找到工作的，千万不要学些没用的文学、哲学之类没饭吃的东西。我说好的，船就要开了。那时和我一起去美国的留学生共有七十人，分别进入各大学。在船上我就想，开矿没兴趣，造铁路也不感兴趣，于是只好采取调和折中的办法，要学有用之学，当时康奈尔大学有全美国最好的农学院，于是就决定进去学科学的农学，也许对国家社会有点贡献吧！那时进康大的原因有二。一是康大有当时最好的农学院，且不收学费，而每个月又可获得八十元的津贴；我刚才说过，我家破了产，母亲待养，那时我还没结婚，一切从俭，所以可将部分的钱拿回养家。另一是我国有百分之八十的人是农民，将来学会了科学的农业，也许可以有益于国家。

入校后头一星期就突然接到农场实习部的信，叫我去报到。那时教授便问我："你有什么农场经验？"我答："没有。""难道一点都没有吗?”“要有嘛，我的外公和外婆，都是地道的农夫。”教授说:“这与你不相干。”我又说:“就是因为没有，才要来学呀!”后来他又问:“你洗过马没有?”我说:“没有。”我就告诉他中国人种田是不用马的。于是老师就先教我洗马，他洗一面，我洗另一面。他又问我会套车吗，我说也不会。于是他又教我套车，老师套一边，我套一边，套好跳上去，兜一圈子。接着就到农场做选种的实习工作，手起了泡，但仍继续地忍耐下去。农复会的沈宗瀚先生写一本《克难苦学记》，要我和他作一篇序，我也就替他做一篇很长的序。我们那时学农的人很多，但只有沈宗瀚先生赤过脚下过田，是唯一确实有农场经验的人。学了一年，成绩还不错，功课都在八十五分以上。第二年我就可以多选两个学分，于是我选种果学，即种苹果学。分上午讲课与下午实习。上课倒没有什么，还甚感兴趣；下午实验，走人实习室，桌上有各色各样的苹果三十个，颜色有红的、有黄的、有青的……形状有圆的、有长的、有椭圆的、有四方的……要照着一本手册上的标准，去定每一苹果的学名，蒂有多长?花是什么颜色?肉是甜是酸?是软是硬?弄了两个小时。弄了半个小时一个都弄不了，满头大汗，真是冬天出大汗。抬头一看。呀!不对头，那些美国同学都做完跑光了，把苹果拿回去吃了。他们不需剖开，因为他们比较熟习，查查册子后面的普通名词就可以定学名，在他们是很简单。我只弄了一半，一半又是错的。回去就自己问自己学这个有什么用?要是靠当时的活力与记性，用上一个晚上来强记，四百多个名字都可记下来应付考试。但试想有什么用呢?那些苹果在我国烟台也没有，青岛也没有，安徽也没有……我认为科学的农学无用了，于是决定改行，那时正是民国元年，国内正在革命的时候，也许学别的东西更有好处。

那么，转系要以什么为标准呢?依自己的兴趣呢，还是看社会的需要？我年轻时候《留学日记》有一首诗，现在我也背不出来了。我选课用什么做标准？听哥哥的话？看国家的需要？还是凭自己？只有两个标准：一个是“我”，一个是“社会”。看看社会需要什么？国家需要什么？中国现代需要什么？但这个标准——社会上三百六十行，行行都需要，现在可以说三千六百行，从诺贝尔得奖人到修理马桶的，社会都需要，所以社会的标准并不重要。因此，在定主意的时候，便要依着自我的兴趣了，即性之所近，力之所能。我的兴趣在什么地方？与我性质相近的是什么？问我能做什么？对什么感兴趣？我便照着这个标准转到文学院了。但又有一个困难，文科要缴费，而从康大中途退出，要赔出以前二年的学费，我也顾不得这些。经过四位朋友的帮忙，由八十元减到三十五元，终于达成愿望。在文学院以哲学为主，英国文学、经济、政治学之门为副。后又以哲学为主，经济理论、英国文学为副科。到哥伦比亚大学后，仍以哲学为主，以政治理论、英国文学为副。我现在六十八岁了，人家问我学什么？我自己也不知道学些什么。我对文学也感兴趣，白话文方面也曾经有过一点小贡献。在北大，我曾做过哲学系主任、外国文学系主任、英国文学系主任。中国文学系也做过四年的系主任，在北大文学院六个学系中，五系全做过主任。现在我自己也不知道学些什么。我刚才讲过现在的青年太倾向于现实了，不凭性之所近，力之所能去选课。譬如一位有作诗天才的人，不进中文系学做诗，而偏要去医学院学外科，那么文学院便失去了一个一流的诗人，而国内却添了一个三四流甚至五流的饭桶外科医生，这是国家的损失，也是你们自己的损失。

在一个头等，第一流的大学，当初日本筹划帝大的时候，真的计划远大、规模宏伟，单就医学院就比当初日本总督府还要大。科学的书籍都是从第一号编起。基础良好，我们接收已有十余年了，总算没有辜负当初的计划。今日台大可说是国内唯一最完善的大学，各位不要有成见，带着近视眼镜来看自己的前途，看自己的将来。听说入学考试时有七十二个志愿可填，这样七十二变，变到最后不知变成了什么，当初所填的志愿，不要当作最后的决定，只当作暂时的方向。要在大学一、二年的时候，东摸摸西摸摸地瞎摸。不要有短见，十八九岁的青年仍没有能力决定自己的前途、职业。进大学后第一年到处去摸、去看，探险去，不知道的我偏要去学。如在中学时候的数学不好，现在我偏要去学，中学时不感兴趣，也许是老师不好。现在去听听最好的教授的讲课，也许会提起你的兴趣。好的先生会指导你走上一个好的方向，第一二年甚至于第三年还来得及，只要依着自己“性之所近，力之所能”的做去，这是清代大儒章学诚的话。

现在我再说一个故事，不是我自己的，而是近代科学的开山大师——伽利略（Galileo）。他是意大利人，父亲是一个有名的数学家。他的父亲叫他不要学他这一行，学这一行是没饭吃的，要他学医。他奉命而去。当时意大利正是文艺复兴的时候，他到大学以后曾被教授和同学捧誉为“天才的画家”，他也很得意。父亲要他学医，他却发现了美术的天才。他读书的佛劳伦斯地方是一工业区，当地的工业界首领希望在这大学多造就些科学的人才，鼓励学生研究几何，于是在这大学里特为官儿们开设了几何学一科，聘请一位叫 Ricci 氏当教授。有一天，他打从那个地方过，偶然地定脚在听讲，有的官儿们在打瞌睡，而这位年轻的伽利略却非常感兴趣。于是不断地一直继续下去，趣味横生，便改学数学，由于浓厚的兴趣与天才，就决心去东摸摸西摸摸，摸出一条兴趣之路，创造了新的天文学、新的物理学，终于成为一位近代科学的开山大师。

大学生选择学科就是选择职业。我现在六十八岁了，我也不知道所学的是什么。希望各位不要学我这样老不成器的人。勿以七十二志愿中所填的一愿就定了终身，还没有的，就是大学二、三年也还没定。各位在此完备的大学里，目前更有这么多好的教授人才来指导，趁此机会加以利用。社会上需要什么，不要管它，家里的爸爸、妈妈、哥哥、朋友等，要你做律师、做医生，你也不要管他们，不要听他们的话，只要跟着自己的兴趣走。想起当初我哥哥要我学开矿、造铁路，我也没听他的话，自己变来变去变成一个老不成器的人。后来我哥哥也没说什么。只管我自己，别人不要管他。依着“性之所近，力之所能”学下去，其未来对国家的贡献也许比现在盲目所选的或被动选择的学科会大得多，将来前途也是无可限量的。下课了！下课了！谢谢各位。

书院制史略

我为何讲这个题目？因为古时的书院与现今教育界所倡的“道尔顿制”精神大概相同。一千年以来，书院实在占教育上一个重要位置，国内的最高学府和思想的渊源，唯书院是赖。盖书院为我国古时最高的教育机关。所可惜的，就是光绪变政，把一千年来书院制完全推翻，而以形式一律的学堂代替教育。要知我国书院的程度，足可以比外国的大学研究院。譬如南菁书院，它所出版的书籍，等于外国博士所做的论文。书院之废，实在是吾中国一大不幸事。一千年来学者自动的研究精神，将不复现于今日了。所以我今日要讲这个书院的问题。本题计分两节：第一，书院的历史；第二，书院的精神。兹分别言之。

一、书院的历史

（一）精舍与书院。书院在顶古的时候，无史可考；因古代的学校，都是私家设立，不甚出名。周朝学制，亦无书院的名称。战国时候，讲学风起，私家学校渐为人所器重。汉时私家传授之盛，为古所未有。观汉朝的国子监太学生，多至数万人，即可见学风之盛。六朝时候，除官学外，复有精舍。此精舍系由少数的贵族或士大夫在郊外建屋数椽，以备他们春夏射御，秋冬读书的处所。唯此精舍，仍由私家学塾蝉蜕而来，其教授方法，与佛家讲经相同。佛家讲经只许和尚沉思默想，倘和尚不明经理而欲请教于大和尚，此时大和尚就以杖叩和尚之头，在问者虽受重击，毫无怨言，仍俯首思索如故。有时思索不得，竟不远千里朝拜名山，俾一旦触机觉悟，此法系启发学者思想。不借外界驱策而能自动学习，所以精舍也采取佛家方法。其后道家讲经，也和佛家相同。到唐明皇的时候，始有书院的名称。书院之有学校的价值，固自唐始，但至宋朝更进步了。

（二）宋代四大书院。书院名称，至宋朝时候才完全成立。当时最负盛名的书院，如石鼓、岳麓、应天、白鹿洞，世人称为四大书院。这些书院，都系私人集资建造，请一个学者来院主教，称他叫山长。书院大半在山水优秀的地方，院内广藏书籍，使学生自修时候，不致无参考书。此藏书之多，正所以引起学生自由研究的兴趣。此四大书院，不独藏书很多，并且请有学者在院内负指导责任。来兹学者，如有困难疑惑之处，即可向指导者请教，犹如今日道尔顿制的研究室。所以宋朝的书院，就是为学者自修的地方。

（三）宋代书院制度。宋代书院制度，很可研究。每一个书院，有山长一人，系学识丰富的人充任。书院里藏书极多，有所谓三舍制，就如湖南潭州书院，分县学、书院、精舍三种。在州府县学里读书，都是普通之才，优者升入书院。当时书院的程度，犹如今日大学本科，倘在书院里考得成绩很好，就升入精舍。此时犹如今日入大学研究院了。又当时又有所谓大学三舍制，就是在宋仁宗的时候，大兴学校，令天下皆设官学，自己复于京师设立大学。考他的组织方法，也有三种阶级，在州县学读书，称曰外舍，等于大学预科；经一种考试升入内舍，等于今日大学本科；再经严格的考试，就升入精舍，等于今日大学研究院。这种制度，已在浙江书院实行了。

（四）宋代讲学之风与书院。宋代讲学之盛，古所未有。当时所谓州学、县学、官学，只有其名，而无其实。此等学校，吾无以名之，只得叫它曰抽象的学校，大概一位老师就是一个学校，老师之责任，就在讲经。当时入官学者甚少，国子监太学生都可花钱捐得。然而尊崇一派奉为名师，日趋听讲者亦甚多。听讲时大半笔记，不用书籍，如《朱子语录》，即学生所做的笔记。教法亦大半采佛家问答领悟之法，至于讲学之风，迨南宋时可谓登峰造极。当时学生所最崇拜的，只有二人，因此分为二派：一派当推朱子，而另一则为陆象山派。朱陆既殁，其徒散居各处，亦复以讲学为号召，所以私立的书院，就从此增多了，

（五）会讲式的书院。会讲式的书院，起自明朝，如无锡东林书院，每月订有开会时间。开会之先，由书院散发请帖，开会时由山长主讲一段，讲毕，令学生自由讨论，各抒意见，互相切磋，终以茶点散会。

（六）考课式的书院。考课式的书院，亦起自明朝。此式定每月三六九日或朔望两日，由山长出题，凡合于应试资格的人，即可往书院应试。书院并订津贴寒士膏火办法，供寒士生活之用。此等书院，仅在考试时非常忙碌，平时无须开门，考课者亦不必在场内，只要备抒说论而已。

（七）清代的书院。清时学术思想，多不尊重理学一派，只孜孜研究考据实用的学问。学者贵能就性之所近，分门研究，研究所得，以笔记之。有时或做极长的卷折，以示造诣。所有书院，概系公立。山长由州府县官聘请富有学识者充之。山长薪水很大，书院经费，除山长薪水外，又有经临等费。学生除不收学费外，又有膏火津贴奖赏等。所以在学足供自给，安心读书，并

可以膏火等费赡养家室，不致有家室之累。每一书院，藏书极多，学生可以自由搜求材料，并有学识丰富之山长，加以指导。其制度完备，为亘古所未有，而今则不复见了！

二、书院的精神

（一）代表时代精神。一时代的精神，只有一时代的祠祀，可以代表。因某时之所尊奉者，列为祠祀，即可觇某时代民意的趋向。古时书院常设神祠祀，带有宗教的色彩，其为一千年来民意之所寄托，所以能代表各时代的精神。如宋朝书院，多崇拜张载、周濂溪、邵康节、程颐、程颢诸人，至南宋时就崇拜朱子，明时学者又改崇阳明，清时偏重汉学。而书院之祠祀，不外供许慎、郑玄的神像。由此以观，一时代精神，即于一时代书院所崇祀者足以代表了。

（二）讲学与议政。书院既为讲学的地方，但有时亦为议政的机关。因为古时没有正式代表民意的机关；有之，仅有书院可以代行职权了。汉朝的太学生，宋朝朱子一派的学者，其干涉国家政治之气焰，盛极一时；以致在宋朝时候，政府立党籍碑，禁朱子一派者应试，并不准起复为官。明朝太监专政，乃有无锡东林书院学者出而干涉，鼓吹建议，声势极张。此派在京师亦设有书院，如国家政令有不合意者，彼辈虽赴汤蹈火，尚仗义执言，以致为宵小所忌，多方倾害，死者亦多，政府并名之曰东林党。然而前者死后者继，其制造舆论，干涉朝政，固不减于昔日。于此可知书院亦可代表古时候议政的精神，不仅为讲学之地了。

（三）自修与研究。书院之真正的精神唯自修与研究，书院里的学生，无一不有自由研究的态度，虽旧有山长，不过为学问上之顾问；至研究发明，仍视平日自修的程度如何。所以书院与今日教育界所倡道尔顿制的精神相同。在清朝时候，南菁、诂经、钟山、学海四书院的学者，往往不以题目甚小，即淡漠视之。所以限于一小题或一字义，竟终日孜孜，究其所以，参考书籍，不惮烦劳，其自修与研究的精神，实在令人佩服！

三、结论

本题拟举二例，作为结论：（一）譬如南菁书院，其山长黄梨洲先生，常以八字告诫学生，即“实事求是，莫作调人”。因为研究学问，遇困难处若以调人自居，则必不肯虚心研究，而近乎自暴自弃了。（二）又如上海龙门书院，其屏壁即大书“读书先要会疑，学者须于无疑中寻找疑处，方为有得”，即可知古时候学者的精神，唯在刻苦研究与自由思索了。其意以学问有成，在乎自修，不在乎外界压迫。这种精神，我恐今日学校中多轻视之。又当声明者，即书院并不拒绝科学，如清代书院的课程，亦有天文、算学、地理、历史、声、光、化、电等科学。尤以清代学者如戴震、王念孙等都精通算学为证。惜乎光绪变政，将一千年来的书院制度，完全推翻，而以在德国已行一百余年之学校代替此制，诩为自新。使一千年来学者自动的研究精神，将不复现于今日。吾以今日教育界提倡道尔顿制，注重自动的研究，与书院制不谋而合，不得不讲这书院制度的略史了。

思想的方法

一个人的思想，差不多是防身的武器，可以批评什么主义，可以避免一切纷扰。我们人总以为思想只有智识阶级才有，可是这是不尽然的。有的时候，思想不但普通人没有，就是学者也没有，普通人每天做事，吃饭，洗脸，漱口……都是照着习惯做去，没有思想的必要，所以不能称为有思想。就是关着窗子，闭着门户，一阵子的胡思乱想，也绝对不是思想的本义。原来思想是有条理、有系统、有方法的。

我们遇着日常习惯的事，总是马马虎虎的过去，及至有一个异于平常的困难发生，才用思想去考虑和解决。譬如学生每天从宿舍到课堂，必须经过三叉路和电车站，再走过二行绿荫荫的柳树，和四层楼的红房子，然后才至课堂。这在每天来往的学生，是极平常而不注意的事；但要是一个新考进来的学生，当他到了三叉路口的辰光，一定有一个问题发生：就是在这三条路中，究竟打哪一条路走能到目的地？那个时候，要解决这个困难，思想便发生了。

要管理我们的思想，照心理学上讲，须要用五种步骤：

(1) 困难的发生。人必遇有歧路的环境或疑难问题的时候，才有思想发生。倘无困难，绝不会发生思想。

（2）指定困难的所在。有的困难是很容易解决的，那就没有讨论和指定困难的所在的必要。要是像医生的看病，那就有关人命了。我们遇着一个人生病的时光，往往自己说不出病之所在；及至请了医生来，他诊了脉搏，验了小便，就完了事；后来吃了几瓶药水，就能够恢复原状。他所以能够解决困难，和我们所以不能解决困难的不同点，就在能否指定和认清困难之所在罢了。

（3）假设解决困难的方法。这就是所谓出主意了。像三叉路口的困难者，他有了主意，必定向电车站杨柳树那边跑。这种假说的由来，多赖平日的知识与经验。语云："养兵千日，用在一朝。"我们求学亦复如此。这一步实是最重要的一步。要是在没有思想的人，他在脑袋中，东也找不到，西也找不到，虽是他在平常，能够把书本子倒背出来，可是没有观察的经验和考虑的能力，一辈子的胡思乱想，终是不能解决困难的啊。

但是也有人，因为学识太足了，经验太富了，到困难来临的时候，脑海中同时生了许多不同的解决方法；有的时候，把对的主意，给个人的感情和嗜好压了下去，把不对的主意，反而实行了。及后铸成大错，追悔莫及。所以思想多了，一定还要用精密谨慎的方法，去选定一个最好的主意。

（4）判断和选定假设之结果。假若我脑海中有了三种主意：第一主意的结果是 A · B · C · D，第二主意的结果是 E · F · G，第三主意的结果是 H · I，那个时候，就要考虑他三个结果的价值和利害，然后把其中最容易而准确的结果设法证明。

还有我们做事，往往用主观的态度，而不用客观的态度，这就是我们常说的："某人说话，不负责任"的解释了。

此次五卅惨案，也有许多激烈的青年，主张和英国宣战，他们没有想到战争时和战争后，政治上、商业上、交通上、经济上、军事上的一切设备和结果。他们只知唱高调，不负责任的胡闹，只被成见和一时感情的冲动所驱使，没有想到某种条件有某种结果，和某种结果有没有解决某种条件的可能。

（5）证实结果。既已择定一个解决困难的方法，再要实地实验，看他实效的如何以定是非与价值。遇有事实不易在自然界发生的，则用人力造成某种条件以试验之。例如欲知水是否为氢氧二原素所构成，此事在自然界不易发生，于是以人力合二原质于一处，加以热力，考察是否能成水。更以水分析之，看能否成氢氧二原素，即从效果上来证实水的成分。

从前我的父亲有一次到满洲去勘界。一天到了一个大森林，走了多天，竟迷了路。那个时候干粮也吃完了，马也疲乏了，在无可如何的时光，他爬上山顶，登高一望，只见翠绿的树叶，弥漫连续，他用来福枪放起来，再把枯树焦叶烧起来，可是等了半天，连救援人的影踪也找不到。他便着急起来了，隔一回儿，他想起从前古书里有一句话，叫作“水必出山”。他便选定了这个办法，找到了河，遵了河道，走了一日夜，竟达到了目的地。

又有一例。禅宗中有一位烧饭的，去问他的大法师道：“佛法是什么?”那大法师算了半天，才回答道：“上海的棉花，二个铜子一斤。”烧饭的便说道：“我问你的是佛法，你答我的是棉法，这真是牛头不对马面了。”隔了三年，他到了杭州的灵隐寺去做烧饭，他又乘便问那主持的和尚道：“佛法是什么?”那主持和尚道：“杭州的棉花，也是二个铜子一斤。”他更莫名其妙。于是他便跑到普陀山、峨眉山……途中饱尝了饥渴盗匪之苦，问了许多和尚法师，竟没有得到一个圆满的解决。有一天，他到了一个破庙房，碰到一个老年的女丐，口中咿唔地在自语着，他在不知不解间，听得一句不相干的话，忽然间竟觉悟了世界上怎样的困难，他也就明白了“佛法是什么”。他在几十年中所怀的闷葫芦，一旦竟明白了，不是偶然的。这就是孟子所说“资之深，则取之左右逢其源”，只要把自己的思想运用，把自己的脑筋锻炼，那么，什么东西都可以迎刃而解了！

在宋朝有一个和尚，名叫法贤，人家称他作五祖大师，他最喜欢讲笑话。他讲：从前有一个贼少爷，问贼老爷道：“我的年纪也大了，也不能天天玩耍了，爹爹也可以教我一点立身之道吗？”那贼老爷并不回答他，到了晚上，导他到一座高大的屋宇，进了门，便把自己身边的钥匙，开了一个很大的衣橱，让他的儿子进去，待到贼少爷跨进衣橱，贼老爷把橱门拍的关上，并且锁着；自己连喊“捉贼，捉贼”的逃了。那时候，贼少爷在衣橱里是急极了，他想，“我的爹爹叫我来偷东西，那么他为什么把我锁在里边，岂不是叫他们活剥剥地把我捉住，送我到牢狱里去，尝铁窗风味吗？”可是他既而一想，“怎么样我可以出去？”便用嘴作老鼠咬衣服的声音，孜孜地一阵乱叫，居然有人给他开门了，他便乘着这个机会，把开门的人打倒，把蜡烛吹灭，等他仆人们来追赶他，他早已一溜烟地跑回家了。他看见父亲之后，第一声便问道：“你为什么把我关在橱里呢？”那贼老爷道：“我先要问你，你是怎么样出来的？”他便把实情一五一十地讲给贼老爷听。他听了之后，眉开眼笑地说道：“你也干得了！”要是这位贼少爷，在困难发生的时候，不用思想，他早已大声地喊道：“爹爹啊！不要关门啊”了。

我们读书不当死读，要讲合用；在书本之外，尤其要锻炼脑力，运用思想，和我的父亲，禅宗中的烧饭者和贼少爷一般无二。他们是能用有条理、有系统、有方法的思想，去解决他们的困难的。

我记得前几天有一个日本新闻记者问我：“现在中国青年的思想是什么？”我便很爽快地答道：“中国的青年，是没有思想的。”这一句话，我觉得有一点武断，并且很对不起我国的青年，可是我也有不得已的苦衷。当我在北京大学教论理学的时光，我出了三个问题：

（1）照你自己经验上讲，有何可称为思想的事实？

（2）在福尔摩斯的侦探案中，用科学方法分析出来有何可称为思想的事实？

（3）在科学发明史上，有何可称为思想的事实？

到了后来，第二第三都能回答得很对，第一问题简直回答的不满十分之二，而他们所回答的，完全是答非所问，这便因为他们平时不注意于运用思想的缘故。

中国古代政治思想史的一个看法

我很感觉到不安。在大陆上的时候，我也常常替找我演讲的机构、团体增加许多麻烦：不是打碎玻璃窗，便是挤破桌椅。所以后来差不多二三十年当中，我总避免演讲。像在北平，我从来没有公开演讲过；只有过一次，也损坏了人家的椅窗。在上海有一次在八仙桥青年会大礼堂公开演讲，结果也增加他们不少损害。所以以后我只要能够避免公开演讲，就尽量避免。今天在台湾大学因为预先约定是几个学会邀约的学术演讲，相信不会太拥挤。但今天的情形——主席沈先生已向各位道歉——我觉得很不安。我希望今天不会讲得太长，而使诸位感觉得太不舒服。

那天台湾大学三个学会问我讲什么题目，当时我就说讲《中国古代政治思想史的一个看法》，而报纸上把下面的“一个看法”丢掉了。如果要我讲《中国古代政治思想史》，这个范围似嫌太大，所以我今天还只能讲《中国古代政治思想史的一个看法》。

今年是我的母校哥伦比亚大学创立二百周年纪念。他们在去年准备时，就决定要举行二百周年纪念的典礼。典礼节目中的一部分，有十三个讲演。这十三个讲演广播到全美洲；同时将广播录音送到全世界，凡是有哥伦比亚大学毕业生的地方都要广播。所以这十三个广播演讲，在去年十一二月间就已录音，全部总题目叫作“人类求知的权利”。这里边又分作好几个部分：第一部分（第一至第四个演讲）是讲“人类对于人的见解”，第二部分（第五至第八个演讲）是讲“人类对于政治社会的见解”，第三部分（第九至第十三个演讲）是讲“近代自由制度的演变”。他们要我担任第六个演讲，也就是第五至第八个演讲“人类对于政治社会的见解”中的一部分。我担任的题目是《亚洲古代威权与自由的冲突》。所谓亚洲古代，当然要把巴比伦、波斯、印度古代同中国古代都包括在内。但限定每个演讲只有二十五分钟录音。这样大的题目，只限定二十五分钟的演讲，使我得到一个很大的经验与教训。因为这个题目，要从亚洲西部到东部，讲好几百年甚至一二千年古代亚洲的政治思想史，讲起来是很费时的。因此我先把这些国家约略地研究了一下；但研究结果，认为限定二十五分钟时间，无论如何是不够的。我觉得限定二十五分钟时间的演讲，只能限于中国，同时对于这些亚洲西部古代国家关系政治、宗教、社会、哲学等方面的文献甚少，所以最后我自己只选择了中国古代，并且对于《中国古代政治思想史》这个题目又不能不加以限制。同时我因为这是一个很难得、很重要的机会，所以把中国古代政治思想的几种观念——威权与自由冲突的观念——特别提出四点（也可说是四件大事）来讲。结果就成为二十五分钟的演讲。哪四件大事呢？

第一，是无政府的抗议，以老子为代表。这是对于太多的政府、太多的忌讳、太多的管理、太多的统治的一种抗议。这种中国古代的政治思想，能在世界上占有一个很独立的、比较有创见的地位。这一次强迫我花了四十多天时间，来预备一个二十五分钟的演讲。经我仔细地加以研究，感到中国政治思想在世界上有一个最大的、最有创见的贡献，恐怕就是我们的第一位政治思想家——老子——的主张无政府主义。他对政府抗议，认为政府应该学“天道”。“天道”是什么呢？“天道”就是无为而无不为。

这可说是一个很重要的观念。他认为用不着政府；如其有政府，最好是无为、放任、不干涉。这是一种无政府主义的政治理想：有政府等于没有政府；如果非要有政府不可，就是无为而治。所以第一件大事，就是中国政治思想史上第一个放大炮的——老子——的无政府主义。他的哲学学说，可说是无政府的抗议。

第二件大事，是孔子、孟子一班人提倡的一种自由主义的教育哲学。孔子与孟子首先揭橥这种运动。后世所谓“道家”（其实中国古代并没有“道家”的名词，此是后话，不在此论例），也可以说是这个自由主义运动的一部分。后来的庄子、杨朱，都是承袭这种学说的。这种所谓个人主义、自由主义的教育哲学和个人主义的起来，是由于他们把人看得特别重，认为个人有个人的尊严。《论语》中说“不降其志，不辱其身”，就是这个道理。个人主义、自由主义的教育哲学，教育人参加政治，参加社会；这种人要有一种人格的尊严，要自己感觉到自己有一种使命，不能随便忽略他自己。这个个人主义、自由主义的教育哲学，是第二件值得我们纪念的大事。

第三件大事，可算是中国古代极权政治的起来，也就是集体主义（极权主义）的起来。在这个期间，墨子“上同”的思想，（这个“上”字，平常是用高尚的“尚”字，其实是上下的“上”字。）就是下面一切要上同，所谓“上同而不下比者”，——就是一种极权主义。以现在的新名词说，就叫“民主集权”。墨子的这种理论，影响到纪元前4世纪出来了一个怪人——商鞅。他在西方的秦国，实行这种“极权政治”。后来商鞅被清算死了，但这种极权制度还是存在，而且在一百年之内，把当时所谓天下居然打平，用武力来统一中国，建立所谓“秦帝国”。帝国成立以后，极权制度仍继续存在，焚书坑儒，毁灭文献，禁止私家教育。这就是第三件大事。所谓极权主义的哲学思想：极权国家不但起来了，而且是大成功。

第四件大事是，这个极权国家的打倒，无为政治的试行。秦王政统一天下之后，称他自己为秦始皇，以后他的儿子为二世，孙子为三世，以至于十世、百世、千世、万世、无穷世。殊不知非特没有到万世、千世、百世，所谓“秦帝国”，只到了二世就完了。这一个以最可怕的武力打成功的极权国家，不到十五年就倒下去了。第一个“秦帝国”没有安定，第二个帝国的汉朝却安定了。什么力量使他安定的呢？在我个人的看法，就要回到我说的第一件大事。我以为这是那个无政府主义、无为的政治哲学思想来使他安定的。秦始皇的帝国只有十五年，汉朝的帝国有四百二十年：为什么那个帝国站不住而这个帝国能安定呢？最大的原因，就是汉朝的开国领袖能运用几百年以前老子的无为的政治哲学。汉朝头上七十年工夫，就是采用了这种无为而治的哲学。秦是以有为极权而亡；而汉朝以有意地、自觉地实行无为政治，大汉帝国居然能安定四百二十年之久。不但安定了四百二十年，可说二千年来到现在。今天我们自己称“汉人”，这个“汉”字就是汉朝统治四百二十年后留给我们的。在汉朝以前，只称齐人、楚人、卫人，没有“中国人”这个名词。汉朝的四百二十年，可说是规定了以后二千多年政治的规模，就是无为而治这个观念。这可说是两千多年前祖先留下来的无穷恩惠。这个大帝国，没有军备，没有治安警察，也没有特务，租税很轻（讲到这里，使我想起我在小时，曾从安徽南部经过浙江到上海。到了杭州，第一天才看到警察；以前走了七天七夜并没有看到一个警察或士兵，路上一样很太平）。所以第四件大事，可说是打倒极权帝国而建立一个比较安定的国家；拿以前提倡了而没有实行的无为而治的政治哲学，来安定四百二十年大汉帝国，安定几千年来中国的政治。

现在我就这四点来姑妄言之，诸位姑妄听之。

第一件大事是老子的无为主义。最近几十年来，我的许多朋友，从梁任公先生到钱穆、顾颉刚、冯友兰诸先生，都说老子这个人恐怕靠不住，《老子》这部书也恐怕靠不住。他们主张要把《老子》这部书挪后二三百年。关于这个问题，我也发表过一篇文章，批评这几位先生考定老子年代的方法。我指出他们提出来的证据都站不住（现在台湾版《胡适文存》第四集第二篇，就是讨论考证老子这个人的年代和《老子》这本书的年代的）。但这二三十年来中国学者的提倡，居然影响到外国学者。外国学者也在对老子年代发生怀疑。你看西洋最近出版的几种书，差不多老子的名字都不提了。在我个人的看法，这个问题很复杂；如果将来有机会，可再和各位详细地讨论。今天简单地说，我觉得老子这个人的年代和《老子》这本书的年代，照现在的材料与根据来说，还是不必更动。老子这个人恐怕要比孔子大二三十岁，他是孔子的先生。所谓“孔子问礼于老聃”是大家所不否认的，同时在《礼记·曾子问》中有明白的记载。那时孔子做老子的学徒，在我那篇很长的文章《说儒》里，老子是“儒”，孔子也是“儒”。“儒”的职业是替人家主持丧礼、葬礼、祭礼的。有人认为“儒”是到孔子时才有的，这是错误的观念。我为了一个“儒”字，写了五万多字的文章。我的看法，凡是“儒”，根据《檀弓》里所说，就是替人家主持婚丧祭祀的赞礼的。现在大家似乎都看不起这种赞礼。其实你要是看看基督教和回教，如基督教的牧师，回教的阿洪，他们也是替人家主持婚丧祭祀的。在古代二千五百年时，“儒”也是一种职业。在《礼记·曾子问》中都讲到孔子的大弟子和孔子的老师都是替人家“相”丧的。《礼记·曾子问》中记：孔子自说有一天跟着老子替人家主持丧礼，出丧到半路上，遇到日蚀。老子就发命令，要大家把棺材停在路旁，等到日蚀过去后再往前抬。下面老子又解释为什么送丧时遇到日蚀应该等到太阳恢复后再往前抬。各位先生想一想：送丧碰到日蚀，这是很少见的事；而孔子跟着老子为人家主持丧礼，在路上遇见日蚀，也是一件很少见的事，记载的人把这话记载下来，我相信这是不致于会假的。从前阎百诗考据老子到周去问礼到底是哪一年，就是根据这段史实来断定的。同时《檀弓》并不是一本侮蔑孔子的书，这是一本儒家的书。孔子的学生如曾子等，都是替人家送丧的。替人家送丧是当时的一种吃饭工具，是一种正当的职业。至于《老子》这部书，约有五千字左右，里边有四五个真正有创造的基本思想，后来也没有人能有这样透辟的观念。这部只有五千字左右的书，在我个人看起来，从文字上来看，我们也没有理由把他放得太晚。在思想上他的好几个观念，可说是影响了孔子。譬如老子说“无为”，孔子受其影响甚大。如《论语》中的“无为而治者，其舜也欤!”“为政以德，譬如北辰，居其所而众星拱之!”这些话都是受了老子“无为而治”的影响的。还有孔子说，我话说得太多，我要“无言”。这也是老子的思想。孔子说：“天何言哉？四时行焉，百物生焉，天何言哉？”这就是自然主义的哲学。我们考证一部书的真假，从一个人的著作中考据另一个人，并不是我一个人的办法。譬如希腊古代在哲学方面有许多著作，后来的人考据哪几部著作是真的，哪几部著作是假的，用什么标准呢？文字当然是一种标准；但是重要的，就是如果要辨别柏拉图著作的真伪，须看柏拉图的学生亚里士多德是否曾经引过他老师的话，或者看亚里士多德是否曾提到柏拉图某一部书里的话。这是考据的一种方法。我们再看孔子说的“以德报怨”。这完全是根据老子所说的“报怨以德”。诸如此类的话多得很，如“以能问于不能，以多问于寡，有若无，实若虚，犯而不校”等都可以说是老子的基本观念；尤其“犯而不校”，就是老子提倡的一个很基本的观念，所谓“不争主义”，亦即是“不抵抗主义”（我就是犯了这个毛病：说不考据，现在又谈考据了。不过我现在说这些话，只是替老子伸伸冤而已）。

老子的主张，所谓无政府的抗议，是中国政治思想史上第一件大事。他的抗议很多。大家总以为老子是一位拱起手来不说话的好好先生，绝对不像个革命党、无政府党。我们不能太污蔑他。你只要看他的书，就知道老子不是好好先生。他在那里抗议，对于当时的政治和社会抗议。他说："民之饥，以其上食税之多，是以饥。民之难治，以其上之有为，是以难治。民之轻死，以其求生之厚，是以轻死。""民不畏死，奈何以死惧之。""天下多忌讳，而民弥贫。民多利器，国家滋昏。人多伎巧，奇物滋起。法令滋彰，盗贼多有。"这就是提倡无政府主义的老祖宗对于当时政治和社会管制太多、统制太多、政府太多的一个抗议。所以大家不要以为老子是一位什么事都不管的好好先生，太上老君；他是一位对于政治和社会不满而要提出抗议的革命党。而且他仅仅抗议还不够，他还提出一种政治基本哲学。就是说，在世界政治思想史上，自由中国在二千五百年以前产生了一种放任主义的政治哲学，无为而治的政治哲学，不干涉主义的政治哲学。在西方恐怕因为直接间接地受了中国这种政治思想的影响，到了18世纪才有不干涉政治思想哲学的起来。近代的民主政治，最初的一炮都是对于政府的一个抗议：不要政府，要把政府的力量减轻到最低，最好做到无为而治。我想全世界人士不会否认：在全世界的政治思想史上，中国提出无为而治的思想、不干涉主义，这个政治哲学，比任何一个国家要早二千三百年。这是很重要的一件大事。老子说：我们不要自己靠自己的聪明；我们要学学天，学学大自然。"自然"这两个字怎样解释呢？"然"是如此，"自然"就是自己如此。天地间的万物，都不是人造出来的，也不是由玉皇大帝造一个男的再造一个女的，而都是无为，都是自己如此。一切的花，不管红黄蓝白各种颜色的花，绝不是一个万能的上帝涂上了各种颜色才这样的，都是自己如此。也就是老子的所谓"天道"，孔子所谓"天何言哉？四时行焉，百物生焉，天何言哉？""天道"就是无为，无为而无不为。老子说："故圣人云：我无为而民自化，我好静而民自正，我无事而民自富，我无欲而民自朴。”这就是无为的政治。而老子最有名的一句话，就是“太上，下知有之”。就是说：最高的政府，使下面的人仅仅知道这个政府。另外一个本子把这句话多加了一个字，作“太上下不知有之”。就是说：上面有个政府，下面的人民还不知道有政府的存在。下面又说：“其次，亲之誉之；其次，畏之；其次，侮之。”就是，比较次一等的政府，人民亲近他，称誉他；第三等政府，人民畏惧他；第四等政府，人民看不起他。所以第一句“太上，下知有之”六个字是很了不得的，是人类政治思想史上最早有这个观念。这种政治思想，比世界上任何一个有思想文化的民族都还要早；同时，由这个观念而影响到我们后来的思想。所以我们中国在政治思想上舍不得把《老子》这部书抹煞掉，我们历史上第一个政治思想家，就是提倡无政府主义、不干涉主义的老子。同时，我颇疑心18世纪的欧洲哲学家已经有老子的书的拉丁文翻译本：因为那时他们似乎已经受到老子学说的影响。

第二件大事是孔子以下的自由思想、个人主义。孔子与老子不同。孔子是教育家，而老子反对文化，认为五音、五色、五味的文化是太复杂了，最好连车船等机器都不用，文字也不必要。这种反文化的观念，在欧洲18世纪时的卢梭，19世纪时的托尔斯泰也曾提出；而老子的反文化观念要比任何世界上有文化的民族为早。老子不但反文化，而且反教育，认为文明是代表人民的堕落。而孔子恰恰相反。他是一个教育家、历史家。虽然做老子的学生，受无为思想的影响，孔子在政治思想上的成就比较平凡，并没有什么创造的见解。但是孔子是一个了不得的教育家。他提出的教育哲学可以说是民主自由的教育哲学，将人看作是平等的。《论语》中有“性相近也，习相远也，唯上智与下愚不移。”就是说，除了绝顶聪明与绝顶笨的人没有法教育以外，其他都是平等的，可教育的能力一样。孔子提出四个字，可以说是中国的民主主义教育哲学，就是："有教无类"。"类"是种类，是阶级。若是看了墨子讲的"类"和荀子讲的"类"，然后再来解释孔子的"有教无类"，可以知道此处的"类"就是种类，就是阶级。有了教育就没有种类，就没有阶级。后世的考试制度，可以说是根据这种教育哲学为背景的。

孔子的教育哲学是"有教无类"，但他的教育"教"什么呢？孔子提出一个很重要的字，就是"仁"字。孔子的着重"仁"字，可以说前无古人后无来者。这是了不得的地方。这个"仁"就是人的人格，人的人性，人的尊严。孔子说："修己以敬。"孔子的学生问"这就够了吗？"孔子又说："修己以安人。"孔子的学生又问："这就够了吗？"孔子又说："修己以安百姓。"这句话就是说教育并不是要你去做和尚，去打坐念经那一套。"修己"是做教育自己的工作；但是还有一个社会目标，就是"安人"。"安人"是给人类以和平、快乐。这一个教育观念是新的。教育并不是为自己，不是为使自己成为菩萨、罗汉、神仙。修己是为了教育自己，为的社会目标。所以后来儒家的书《大学》的"格物、致知、诚意、正心、修身"，是修身的工作；而后面的"齐家、治国、平天下"，都是社会的目标。所以孔子时代的这种"修己以安人"、"修己以安百姓"的观念就是将教育个人与社会贯连起来。教育的目标不是为自己自私自利，不是为升官发财，而是为"安人"、"安百姓"，为齐家、治国、平天下。因为有这个使命，就感觉到"仁"——受教育的"人"，尤其是士大夫阶级，格外有一种尊严。人本来有人的尊严，到了做到自己感觉有"修己以安人"、"修己以安百姓"的使命时，就格外感觉到有一种责任。所以《论语》中说："志士仁人，无求生以害仁，有杀身以成仁。"就是说，遇必要时，宁可杀身以完成人格。这就是《论语》中的"不降其志，不辱其身"。孔子的大弟子曾子说：

“士不可以不弘毅，任重而道远。仁以为己任，不亦重乎！死而后已，不亦远乎！”就是说受教育的人要有大气魄，要有毅力。为什么呢？因为“任重而道远”。“任”就是担子。把“仁”拿来做担子，担子自然很重；到死才算是完了，这个路程还不远吗？这一个观念，是我们所谓有孔孟学派的精神的：就是将个人人格看得很重，要自己挑起担子来，“修己以安人”、“修己以安百姓”。孟子常说：“自任以天下之重。”曾子说：“仁以为己任。”以整个人类视为我们的担子，这是两千五百年以来的一个了不得的传统。后来宋朝范仲淹也说：“先天下之忧而忧，后天下之乐而乐。”这就是因为“修己以安人”而感觉到“任重而道远”的缘故。明末顾亭林以为：“天下兴亡，匹夫有责”，也是这个道理。

所以自由民主的教育哲学产生了健全的个人主义。个人主义就是将自己看作一个有担子的人，不要忘了自己有使命，有责任。不但孔子如此，孟子也讲得很清楚：“富贵不能淫，贫贱不能移，威武不能屈：此之谓大丈夫。”就是说大丈夫的人格要自己感觉到自己有“修己以安人”的使命。再讲到杨、朱、庄子所提倡的个人主义，也不过是个人人格的尊严。庄子主要的是说：“举世誉之而不加劝，举世非之而不加沮。”这就是最健全的个人主义。老子、庄子都是如此。到了汉朝才有人勉强将他们跟孔、孟分了家，称为道家。秦以前的古书中都没有“道家”这个名字（哪一位先生能在先秦古书里找到“道家”这个名字的，我愿意罚钱）。所以韩非子在秦末年时说：“天下显学二，儒、墨而已。”他只讲到儒、墨，没有提及道家。杨、朱的学说也是个人主义。这个个人主义的趋势是一个了不得的趋势；以健全的民主自由教育哲学作基础，要做到“不降其志，不辱其身”；提倡人格，要挑得起人类的担子，挑得起天下的担子。宁可“杀身以成仁”，不可“求生以害仁”。这个健全的个人主义，是第二个重要的运动。

第三件大事发生在纪元前五世纪以后，在孔子以后，自四世纪起到三世纪时，正是战国时代。原来春秋时代有一个大国——晋。晋国文化很高，但在西历纪元前 403 年即被权臣分裂为韩、赵、魏三国。这一年历史家算作战国的第一年。那时南方的楚也很强大。因为晋国三分，亦便没有可畏的强邻了。当时的秦孝公是一个英主，用了一个大政治家商鞅。两人合作而造成了一个极权国家。不过极权主义的思想原则远在商鞅之前就已发生，在《墨子》的《上同》篇中已有这个思想。关于中国古代思想的三个大老——老子、孔子、墨子，我在《中国哲学史》上卷，提倡百家平等，认为他们受了委屈，为被压迫了几千年的学派打抱不平。现在想想，未免矫枉过正。当时认为墨家是反儒家的；儒家是守旧的右派，而墨家是革新的左派。但这几十年来——三十五年来的时间很长，头发也白了几根，当然思想也有点进步——我看墨子的运动是替民间的宗教辩护，认为鬼是有的，神是有的。这种替民间宗教辩护的思想，在当时我认为颇倾向于左；但现在看他，可以算是一个极右的右派——反动派。尤其是讲宗教政治的部分，所说的话是右派的话。在政治思想上，只要看他的《上同》篇。《上同》篇中说：

> 古者民始生未有政长之时，盖其语人异义。是以一人则一义，二人则二义，十人则十义。其人兹众，其所谓义者亦兹众。是以人是其义以非人之义，故交相非也。……天下之乱。若禽兽然。

义就是对的；一个人认为自己是对的，十个人认为他们各是对的。结果互相吵起来而“交相非也”。拿我的“义”打人家的“义”，结果天下大乱而“若禽兽然”。有了政府时，政府中，上面是天子，有三公、诸侯——乡长、里长，政府成立了。然后由天子发布命令给天下百姓，说你们凡是听见好的或不好的事都要报告到上面来。这是民主集权制。《上同》篇中说：

> 夫明乎天下之所以乱者生以无政长，是故选天下之贤可者立以为天子。天子立，以其力为未足，又选择天下之贤可者置立之以为三公。……政长既已具，天子发政于天下之百姓，言曰，闻善而不善（王引之读“而”为“与”），皆以告其上。上之所是，必皆是之；所非，必皆非之。……上同而不下比者，此上之所赏而下之所誉也。

只要上面说是对的，下面的人都要承认是对的：这就是“上同”，“上同而不下比”。

> 里长发政里之百姓，言曰，闻善而不善，必以告其乡长。乡长之所是，必皆是之；乡长之所非，必皆非之。……乡长唯能壹同乡之义，是以乡治也。……乡长发政乡之百姓，言曰，闻善而不善者，必以告国君。国君之所是，必皆是之；国君之所非，必皆非之。……国君唯能壹同国之义，是以国治也。

天子的功用就是能够壹同天下之义。但是这还不够，天子上面还有上帝。所以

> 国君发政国之百姓，言曰，闻善而不善，必以告天子。天子之所是，皆是之；天子之所非，皆非之。……天子唯能壹同天下之义，是以天下治也。……天下之百

姓，皆上同于天子，而不上同于天，则灾犹未去也。

这才算是真正的上同。但是怎样才能达到上同呢？拿现代的名词讲，就是用“特务制度”，也就是要组织起来。这样才能够收到在数千里外有人做好事坏事，他的妻子邻人都不知道，而天子已经知道。《上同》篇中有一段说：

古者圣王唯能审以尚同以为政长，是故上下情通（依毕王诸家校）。上有隐事遗利，下得而利之；下有蓄怨积害，上得而除之。是以数千万里之外，有为善者，其室人未遍知，乡里未遍闻，天子得而赏之。数千万里之外，有为不善者，其室人未遍知，乡人未遍闻，天子得而罚之。是以举天下之人皆恐惧振动，惕栗不敢为淫暴，曰，“天子之视听也神！”

就是说天子的看与听都是神。然后又说：

非神也，夫唯能使人之耳目助己视听，使人之［唇］吻助己言谈，使人之心思助己思虑，使人之股肱助己动作。助之视听者众，则其德音之所抚循者博矣；助之思虑者众，则其举事速成矣。故古者圣人之所以济事成功垂名于后世者，无他故异物焉，曰唯能以上同为政者也。

这就是一种最高的民主集权制度。这种思想真正讲起来也可以说是一种神权政治，也是极权政治的一种哲学。所以我们从政治方面讲，老子是站在左派，而墨子是站在极右派。不过后来墨子并没有机会实行他的政治哲学。

秦孝公的西方国家本来是一个贫苦的国家，但是经过商君变法，提倡“农”、“战”，这是一种政治上、经济上、军事制度上的大改革、大革新。这个革新有两大原则：一是提倡“农”，生产粮食；一是提倡“战”。有许多古代的哲学，古代的书籍，因为离开我们太久远了，我们对它的看法有时看不大懂。在三十五年前我写《中国哲学史大纲》时，就很不注意《商君书》和韩非子的书。这种书因为在那时候，没有能看得懂，觉得有许多东西好像靠不住。等到这几十年来，世界上有几个大的极权政府，有几个已经倒了，有的还没有倒。因为这个缘故，我们再回头看墨子、商君的书，懂了。这是经过三十多年的变化而生的转移。举例来说：譬如关于“战”，关于极权政治，在《商君书》第十七章里有一节：“圣人之为国也，一赏、一刑、一教。一赏则民无敌，一刑则令行，一教则下听。”这个“一赏、一刑、一教”，真正是极权的国家主义。最重要的是一教。一教之义，就是无论什么学问，无论什么行为，都比不了富贵；而富贵的得来，并不靠你的知识，也不靠你的行为，也不是因为名誉，靠什么呢？靠战争。“所谓一教者，博闻辩慧，信廉礼乐，修行群党，任誉清浊，不可以富贵。……富贵之门，要存战而已矣。”能够作战的才能践富贵之门。因为这个缘故，父兄、子弟、朋友、婚姻的谈话中最重要的事是战争。“彼能战者，践富贵之门。……是父兄昆弟知识婚姻合同者，皆曰，务之所加，存战而已矣。故当壮者务于战，老弱者务于守。死者不悔，生者务劝。此……所谓一教也。”“民之欲富贵也，共阖棺而后出。而富贵之门必出于兵。是故民闻战而相贺也。起居饮食所歌谣者，战也。……圣人治国也，审一而已矣。”像这样使人认为战争是可贺的，在家中在外面所唱的歌都是战争；这样才能做到使百姓听到战争的名字，看到战争，有如饿狼看见了肉。这样老百姓才可以用了。“民之见战也，如饿狼之见肉，则民用矣。凡战者，民之所恶也。能使民乐战者，王。”这些书籍，我们在当时看不懂；到了最近几十年来，回头看一看《史记》《商君书》，才都懂了。那时的改革政治是怎样呢？就是将人民组织起来，分为什伍的组织，要彼此相纠发。《史记·商君列传》：

> 令民为什伍，而相收司（相纠发）连坐（一家有罪而九家连举发。若不纠举，则十家连坐）。不告奸者腰斩。告奸者，与斩敌首同赏。匿奸者与降敌同罚。……有军功者，各以率受上爵。……大小僇力本业耕织；致粟帛多者，复其身。事末利及怠而贫者，举以为收孥。

这是西方的秦建设了一个警察国家，一个极权的国家，而且成绩特别好。在不到一百年之内，居然用武力统一了当时的所谓天下。始皇二十六年统一天下，过了八年后又发生了问题。就是当时还有许多人保留了言论自由。于是三十四年丞相李斯议曰：“……古者天下散乱，莫之能一，是以诸侯并作，语皆道古以害今，饰虚言以乱实。人善其私学，以非上之所建立。”就是百姓以批评来反对政府所建立的政策。接着又说：

> 令皇帝并有天下，别黑白而定一尊，私学而（乃）相与非法教。人闻令下，则各以其所学议之。入则心非，出则巷议。夸主以为名，异取以为高，率群下以造谤。如此弗禁，则主势降乎上，党羽成乎下。禁之便。

主张还是禁止言论自由为对。于是就具体建议：“臣请史官非秦纪皆烧之；非博士官所职，天下敢有藏诗书百家语者，悉诣守尉杂烧之。”将书烧了以后，如果还有人敢批评政府的就杀头。“有敢偶语诗书，弃市。”“吏见知不举者与同罪。”“所不去者，医药卜筮种树之书。……”这是秦始皇三十四年的大烧书。

总而言之，第三件大事就是秦朝创立一个很可怕的极权国家，而且大成功，用武力统一了全中国，建立了统一的帝国。

第四件大事就是极权国家的打倒，与无为政治的试行。汉高祖是百姓出身，项燕、项羽与张耳一班人都是贵族。汉高祖是一个地地道道的百姓，知道民间的疾苦，所以当他率领的革命军到达咸阳时，就召集父老开大会，将所有秦代所定的法律都去掉，只留约法三章。其实只有两章：“杀人者死，伤人及盗抵罪。”汉朝的几个大领袖都能继续汉高祖的这种政策。当时的曹参是战功最高的，比韩信的战功还高。汉高祖将项羽打倒后，立私生子做齐王，派曹参去做相国。曹参当时就说，我是军人，而齐国的文化程度最高，经济程度也高。情形很复杂，我干不了。还是请一班读书人去吧！于是大家告诉他，山东有一个人叫盖公，可以请他指导。于是曹参就去请教盖公。盖公说：我相信老子的哲学。要治理齐国很容易，只要“无为”就可以治好齐国。于是曹参就实行“无为之治”。在齐国做了九年宰相，实行无为的结果，齐国大治，政治成绩为全国第一。所以在萧何死后，朝廷又请曹参回到中央政府做宰相。曹参到了中央任丞相以后，也还是喝酒不管国事。当时的惠帝就遣曹参的儿子去问曹参。曹参打了儿子一顿。及曹参上朝，惠帝向他说，你为什么打你的儿子？是我叫他问的。曹参便脱帽谢罪，向惠帝说：“陛下比高皇帝何如?”惠帝说：“我哪可以比高皇帝!”参又问：“陛下看我比萧何哪个能干?”惠帝说：“君似乎不及萧何。”参曰：“陛下说得是。既然陛下比不上高祖，我比不上萧何，我们谨守他们的成规，无为而治岂不好?”惠帝就说“很好”。不但如此，以后吕后闹了一个小政变，结果一班大臣请高祖的一个小儿子代王恒来做皇帝，这就是汉文帝。文帝的太太窦后是一个了不得的皇后。文帝死后，景帝登位，窦后是皇太后。景帝死后，武帝登位，窦后是太皇太后。

前后三度，当权四十五年。窦太后最相信老子的哲学，她命令刘家、窦家全家大小都以老子的书作必修教科书。所以汉朝在这四十五年中实行无为而治的政治。对外方面，北对匈奴，南对南越，都是避免战争。对内是减轻租税，减轻刑罚；废止肉刑，废止什伍连坐罪；租税减轻至三十分之一，这是从古以来没有的，以后也没有的。人民经过战国时代的多少战争，又经过楚汉的革命战争，在汉高祖以后，七十年的无为政治使人民得了休息的机会。无为而治的政治使老百姓觉得统一的帝国有好处而没有害处。为什么有好处呢？这样大的一个帝国，没有战事，没有常备军队，没有警察，租税又轻：这自然是老百姓第一次觉得这个政策是值得维持、值得保存的。

由于汉朝这七十年的有意实行的无为而治，才造成了四百年的汉帝国，才留下无为而治的规模，使我们中国两千多年来的政治思想、政治制度、政治行为都受了这“无为而治”的恩典。这是值得我们想想的。这是我对于中国古代政治思想的一个看法。

今天因为广播公司控制得不严格，所以超过了时间，要向诸位道歉。

中国历史的一个看法

历史可有种种的看法，有唯心的，唯物的，唯人的，唯英雄的……各种看法，我现在对于中国历史的看法，是从文学方法的，文学的名词方面的，是要把它当作英雄传、英雄诗、英雄歌，一幕英雄剧，而且是一幕英雄悲剧来看。

民族主义是爱国的思想，英国有名的先哲曾说过："一个国家要觉得它可爱时，是要看这个国家在历史上是否有可爱之点"，中国立国五千年，时时有西北的蛮族——匈奴、鲜卑……不断地侵入，可说是无时能够自主的，鸦片战争又经过百年，而更有最近空前的危急，在此不断的不光荣的失败历史中，有无光荣之点，它的失败是否可以原谅，在此失败当中，是否可得一教训。

这一出五千年的英雄悲剧，我们看见我们的老祖宗继续和环境奋斗，经过了种种失败与成功，在此连台戏中，有时叫我们高兴，有时叫我们着急，有时叫我们伤心叹气，有时叫我们掉泪悲泣，有时又叫我们看见一线光明、一线希望、一点安慰，有时又失败了，有时又小成功了，有时竟大失败了，这戏中的主人翁，是一位老英雄——中华——他的一生是长期的奋斗，吃尽了种种辛苦，经了种种磨难，好像姜子牙的三十六路伐西岐，刚刚平了一路，又来了一路，又好像唐三藏西天取经，经过了八十一大难，刚脱离了一难，又遭一难似的，这样继续不断奋斗，所以是一篇英雄剧，磨难太多，失败太惨，所以是一篇悲剧。

本来在中国的文字中——戏剧中、小说中，悲剧作品很少，即如《红楼梦》一书，原是一个悲剧，而好事者偏要作些圆梦、续梦、复梦等出来，硬要将林黛玉从棺材里拿起来和贾宝玉团圆，而认为以前的不满意，这真不知何故，或者他们觉得人类生活本来是悲剧的，历史是悲剧的，因此却在理想的文学中，故意来作一段团圆的喜剧。

在这老英雄悲剧中，我们把他分作几个剧目，先说到剧中的主人，主人是姓中名华——老中华，已如上述，舞台是“中国”，是一座破碎的舞台，——穷中国，老天给我们祖宗的，实在不是地大物博，而是一块很穷的地方，金银矿是没有的，除东北黑龙江和西南的云贵一部分外，都是要用丝茶到外国去换的，煤铁古代是不需要的，土地虽称广阔，然可耕之地不过百分之二十，而丝毫无用的地却有三分之一，所以我们的祖宗生下来，就是在困难中。

这剧的开始，要算商周，以前的不讲，据安阳发掘出来的成绩，商代民族活动区域，只有河南、山东、安徽的北部，河北、山西南部的一块，也许到辽宁一部，他们在此建设文化时，北狄、南蛮不断地混入，民族成了复杂的民族，在此环境之下，他们居然能唱一出大剧，这是一件很了不得的事情。我们现在撇开了“跳加官”一类开台戏，专看后面的几幕大戏。

第一幕　老英雄建立大帝国

第二幕　老英雄受困两魔王

第三幕　老英雄死里逃生

第四幕　老英雄裹创奋斗

第五幕　老英雄病中困斗

第一幕　老英雄建立大帝国

中国有历史的时期自商周始，地域限于鲁豫，已如上述，在商代社会中迷信很发达，什么事情都问鬼，都要卜，如打猎、战争、祭祀、出门……事无大小，都要把龟甲或牛骨烧灰，看他的龟纹以定吉凶，在此结果，而发明了龟甲、牛骨原始象形的文字，这文字是很笨的图画，全不能表达抽象的意思，只能勉强记几个物事名词而已，在这正在建设文化的时候，西方的蛮族——周，侵犯过来了，他具强悍的天性，有农业的发明，不久把那很爱喝酒的、敬鬼的、文化较高的殷民族征服了，这一来，上面的——政治方面是属于周民族，下面的就是属于殷民族，二民族不断的奋斗：在上面的周民族很难征服下面的殷民族，孔子虽是殷人（宋国），至此很想建设一个现代文化，故曰“吾从周”，而周时，也有人见到两文化接触，致有民族之冲突，所以东方（淮水流域）派了周公去治理，南方（汉水流域）派了召公去治理，封建的基础，即于此时建设，但是北狄、南蛮在此政治之下经了长期的斗争，才将他们无数的小国家征服，把他们的文化同化，以后才成七个大国家，不久遂成一个大帝国。

至于文字方面，也是从龟甲上的、牛骨上的不达意的文字，经过充分的奋斗，而变为后代的文字，文学方面、哲学方面、历史方面，都得着可以达意的记载，这是一件很不容易的事情。

在周朝的时候，许多南蛮要想侵到北方来，北边的犬戎也要侵到南部去，酝酿几百年，犬戎居然占据了周地，再经几百年，南方也成了舞台的部分。

此时的建设期中，产生了一个“儒”的阶级，儒本是亡国的俘虏——遗老，他本是贵族阶级，是文化的保存者，亡国以后，他只得和人家打打官司，写写字，看看地，记记账，靠这类小本领混碗饭吃而已（根据《荀子》的《非十二子》篇），这班人——“儒”一出来，世界为之大变，因为他们是不抵抗者、是懦夫，我们从字义看，凡是和儒字同旁的字眼，都是弱的意思，如需（冥）字加车旁是软弱的輭（软）字，加心旁是懦字，加孑旁是孺字，是小孩子，他们是唱文戏的，但是力量很大，因为他们是文化传播者，是思想界。老子后世称他为道家，但他正是“儒”的阶级中之代表，他的哲学是儒的哲学。他的书中常把水打譬喻，因为水是最柔弱的、最不抵抗的，这就是儒的本身。他们一出，凡是唱武戏的，至此跟着唱起文戏来了，幸而在此当中，出来一个新派，这就是孔子，他的确不能谓之儒者，就是儒者也是“外江”派，他的主张是“杀身成仁”，他说：“志士仁人，有杀身以成仁，无求生以害仁”，又说：“士不可以不弘毅，任重而道远，仁以为己任，死而后已”，这完全和老子相反，老子是信天的，主自然的，而新派孔子，是讲要做人的，且要智仁勇三者都发达。他是奋斗的，“知其不可而为之”，这就是他的精神。新派唱的虽也是文戏，但他们以“有教无类”打破一切阶段，所以后来产生孟子、荀子、弟子李斯、韩非，韩非虽然在政治上失败，而李斯却成了大功，造成了一个大帝国。（第一幕完）

第二幕　老英雄受困两魔王

不久汉朝兴起来了，一班杀猪的，屠狗的，当衙役的……起来建设了一个四百年的帝国，他们可说得上是有为者，如果没有他们的奋斗，则绝不会有这四百年的帝国，但是基础究未稳固，而两个魔王就告来临！

第一个魔王——野蛮民族侵入，在汉朝崩溃的时候，夷狄

——羌、匈奴、鲜卑都起来，将中国北部完全占领（300 至 600），造成江左偏安之局。

第二个魔王——印度文化输入，前一个魔王来临，使我们的生活野蛮化，后一个魔王来临，就是使我们宗教非人化，这印度文化侵略过来，在北面是自中央亚细亚而进，在南方是由海道而入，两路夹攻，整个的将中国文化征服。

原来中国儒家的学说是要宗亲——“孝”，要不亏其体，因为“身体发肤，受之父母，不敢毁伤”，将个人看得很重。而印度文化一来呢？他是“一切皆空”，根本不要做人，要做和尚，做罗汉——要跳出“三界”，将身体作牺牲！如烧手、烧臂、烧全身——人蜡烛，以献贡于药王师，这风气当时轰动了全国，自王公以至于庶人，同时迎佛骨——假造的骨头，也照样的轰动，这简直是将中国的文化完全野蛮化！非人化！（第二幕完）

第三幕　老英雄死里逃生

这三百年中——隋、唐时代是很艰难的奋斗，先把北方的野蛮民族来同化他，恢复了人的生活。在思想方面，将从前的智识解放出来；在文学方面，充满了人间的乐趣、人的可爱、肉的可爱，极主张享乐主义，这于杜甫和白居易的诗中都可以看得出，故这次的文化可说是人的文化。再在宗教方面，发生了革命，出来了一个“禅”！禅就是站在佛的立场上以打倒佛的，主张无法无佛，“佛法在我”，而打倒一切的宗教障、仪式障、文字障，这都成功了，所以建设第二次帝国，建设人的文化和宗教革命，是老英雄死里逃生中三件大事实。（第三幕完）

第四幕　老英雄裹创奋斗

老英雄正在建设第三次文化的时候，北方的契丹、女真、金、元继续地侵过来了，这时老英雄已经是受了伤，——精神上受了伤（可说是中了精神上的鸦片毒，因为印度有两种鸦片输到中国，一是精神上的鸦片烟——佛，一是真鸦片），受了千年的佛化，所以此时是裹创奋斗，然而竟也建立第三次大帝国——宋帝国，全国虽是已告统一，但身体究未复元，而仍然继续人的文化，推翻非人的文化（这段历史自汉至明，中国和欧洲人相同，宗教革命也是一样），范文正公的"先天下之忧而忧，后天下之乐而乐"，和王荆公的变法，正与前"任重而道远"的学说相符合。

在唐代以前，北魏曾经辟过佛，反对过外国的文化，禁止胡服胡语即其例，但未见成功，而在唐代辟佛的，如韩愈，他曾说过："人其人，火其书，庐其居"，三个大标语，这风气虽也行过几十年，但不久又恢复原状，然在这一次，却用了一种软工夫来抵制这非人的文化，本来是要以"人的政治"、"人的法律"、"人的财政"来抗住它的，但还怕药性过猛，病人受纳不起，所以司马光、二程等，主张无为，创设"新的哲学"、"新的人生观"，在破书堆中找到一本一千七百几十个字的《大学》来打倒十二部大佛经，将此书中的"格物"、"致知"、"正心"、"诚意"、"修身"、"齐家"、"治国"、"平天下"这一套，来创造新的人的教育、新的哲学、新的人生观，这实在是老英雄裹创奋斗中的一个壮举，但到了蒙古一兴起，老英雄已筋疲力竭，实在不能抵抗了！（第四幕完）

第五幕 老英雄病中困斗

这位老英雄到明朝已经是由受创而得病了，他的病状呢？一是缠足，我们晓得在唐朝被称的小脚是六寸，到这时是三寸了，实在是可惊人！二是八股文章，三是鸦片由印度输入，这三种东西，使老英雄内外都得病症。

再有一宗，就是从前王荆公的秘诀已被人摒弃了，本来他的秘诀一是“有为”，一是“向外”，但一班的习静者，他们要将喜怒哀乐等，于静坐中思之，结果是无为，是无生气，而不能不使这老英雄在病中困斗。

清代的天下居然有二百余年，这实是程朱学说——君臣观念所致，因为此时的民族观念抵不住君臣的名分观念。不过老英雄在此当中，而仍有其成绩在，就是东北和西南的开辟，推广他的老文化，湖南在几十年前，在政治上占有极大势力，广东、广西于此时有学术上的大贡献，这都是老英雄在病中的功绩。他虽然在政治上失地位，然而在学术上却发生一种“实事求是”的精神——科学的精神，而成就了一种所谓的“汉学”。这种新的学术，是不主静而主动的，它的哲学是排除思想而求考据，考据一学发生，金石、历史、音韵，各方面都发达，顾亭林以一百六十二个证据，来证明“服”字读“逼”字音，这实在具有科学之精神，不过在建设这“人的学术”当中，老英雄已经是老了，病了！

尾 声

这老英雄的悲剧，一直到现在，仍是在奋斗中，他是从奋斗中滚爬出来，建设了人的文化，同化了许多蛮族，平了许多外患，同化了非人的文化，从一千余年奋斗到如今，实在是不易呀！这种的失败，可说是光荣的失败！在欧洲曾经和我们一样，欧洲过去的光荣，我们都具备着，但是欧洲毕竟是成功。这种原因，我认为我们是比他少了两样东西，就是少了一个大的和附带一个小的，大的是科学，小的是工业。我们素来是缺乏科学，文治教育看得太重，我们现在把孔子和其同时的亚里士多德、柏拉图来比一比。柏拉图是懂得数学的，“不懂数学的不要到他门下来”，亚里士多德同时是研究植物的，孔子较之，却未必然吧？与孟子同时的欧几里得，他的几何至今沿用，孟子未尝能如此吧？在清代讲汉学的时候，虽说是有科学的精神，却非加利莱用望远镜看天文，用显微镜看微菌，以及牛顿发明地心吸力可比，所以中西的不同，不自今日始，我们既明白了这个教训，比欧洲所缺乏的是什么？我们知道了，我们的努力就有了目标，我们这老英雄是奋斗的，希望我们以后给他一种奋斗的工具，那么，或者这出悲壮的英雄悲剧，能够成为一纯粹的英雄剧。

中国文化里的自由传统

各位朋友，同乡朋友：

今天我看见这么多朋友来听我说话，觉得非常感动，无论什么人，见到这样多人的欢迎，都一定会非常感动的。我应该向诸位抱歉。我本来早一个月来，因为有点小病，到今天才能来，并且很抱歉这次不能去台南、台东看看五十年前我住过的地方，只有希望等下次来时再去。万先生、游先生事先要我确定一个题目《中国文化里的自由传统》。这个题目也可改作《中国文化传统的自由主义》。“自由”这个意义，这个理想，“自由”这个名词，并不是外面来的，不是洋货，是中国古代就有的。

“自由”可说是一个倒转语法，可把它倒转回来为“由自”，就是“由于自己”，就是“由自己做主”，不受外来压迫的意思。宋朝王安石有首白话诗：

风吹屋顶瓦，
正打破我头。
我终不恨瓦，
此瓦不自由。

这可表示古代人对于自由的意义，就是“自己做主”的意思。

二千多年有记载的历史，与三千多年所记载的历史，对于自由这种权力，自由这种意义，也可说明中国人对于自由的崇拜，与这种意义的推动。世界的自由主义运动也是爱自由，争取自由，崇拜自由。世界的历史中，对这一运动的努力与贡献，有早有晚，有多有少，但对此运动都有所贡献。中国对于言论自由、宗教自由、批评政府的自由，在历史上都有记载。

中国从古代以来都有信仰、思想、宗教等自由，但是坐监牢而牺牲生命以争取这些自由的人，也不知有多多少少。在中国古代有一种很奇怪的制度，就是谏官制度，相当于现在的监察院。这种谏官制度，成立在中国政治思想、哲学思想之前。这种谏官为的是要监督政府，批评政府，都是冒了很大的危险，甚至坐监，牺牲生命。古时还有人借宗教来批评君主。在《孝经》中就有一章《谏诤章》，要人为“争臣”、“争子”。《孝经》本是教人以服从孝顺，但是君王父亲有错时，做臣子的不得不力争。古代这种谏官制度，可以说是自由主义的一种传统，就是批评政治的自由。此外，在中国古代还有一种史官，就是记载君王的行动，记载君王所行所为以留给千千万万年后的人知道。古代齐国有一个史官，为了记载事实写下“崔杼弑其君”，连父母均被君主所杀，但到了晋国，事实真相依然为史官写出，留传后世。所以古代的史官，正如现在的记者，批评政治，使为政者有所畏惧，这却充分表示言论的自由。

以上所说的一种谏官御史与史官制度，都可以说明在中国政治思想与哲学思想尚未成立时，就非常尊重批评自由与思想自由。

中国思想的先锋老子与孔子，也可以说是自由主义者。老子说："民不畏死，奈何以死惧之?"孔子说："三军可夺帅也，匹夫不可夺志也。"老子所代表的"无为政治"，有人说这就是无政府主义，反对政府干涉人民，让人民自然发展，这与孔子所代表的思想都是自由主义者。孔子所说的中庸之道，实在是一个中间偏左的态度，这可从孔子批评当时为政的人的态度而知道。孔子当时提出，"有教无类"，可解释为"有了教育就没有阶级，没有界限"。这与后来的科举制度，都能说明"教育的平等"。这种意见，都可以说是一种自由主义者的思想。

孟子说："民为贵，君为轻"，在二三千年前，这种思想能被提出，实在是一个重要的自由主义者的传统。孟子说："富贵不能淫，贫贱不能移，威武不能屈。"这是孟子给读书人一种宝贵的自由主义的精神。

在春秋时代，因为国家多，"自由"的思想与精神比较发达。秦朝统一以后，思想一尊，因为自由受到限制，追求自由的人，处于这"无所逃于天地之间"的环境中，要想自由实在困难，而依然有人在万难中不断追求。在东汉时，王充著过一部《论衡》，共八十篇，主要的用意可以一句说明"疾虚妄"。全书都以说老实话的态度，对当时儒教"灾异"迷信，予以严格的批评，对孔子与孟子都有所批评，可说是从帝国时代中开辟了自由批评的传统。再举一个例：在东汉到南北朝佛教极盛的时候，其中的一位君王梁武帝也迷信佛教。当时有个范缜，他著述几篇重要文章，其中一篇《神灭论》，就是驳斥当时盛行的灵魂不灭，认为"身体"与"灵魂"，有如"刀"之与"利"。假如刀不存在，则无所谓利不利。当时君王命七十位大学士反驳，君王自己也有反驳，他都不屈服，可说是一种思想自由的一个表现。再如唐朝的韩愈，他反抗当时疯狂的迷信。写了一篇《谏迎佛骨表》，痛骂当时举国为佛骨而疯狂的事，而被充军到东南边区。后又作《原道》，依然是反对佛教。在当时佛教如此极盛，他依然敢反对，这正是自由主义的精神。再以后如王阳明的批评《朱熹》，批评政治，而受到很多苦痛。清朝有“颜李学派”，反对当时皇帝提倡的“朱子学派”，都可以说明在一种极不自由的时代，而争取思想自由的例子。

在中国这二千多年的政治思想史、哲学思想史、宗教思想史中，都可以说明中国自由思想的传统。

今天已经到了一个危险的时代，已经到了“自由”与“不自由”的斗争，“容忍”与“不容忍”的斗争，今天我就中国三千多年的历史，我们老祖宗为了争政治自由、思想自由、宗教自由、批评自由的传统，介绍给各位，今后我们应该如何地为这自由传统而努力。现在竟还有人说风凉话，说“自由”是有产阶级的奢侈品，人民并不需要自由。假如有一天我们都失去了“自由”，到那时候每个人才真正会觉得自由不是奢侈品，而是必需品。

祝《白话晚报》

我的几位同事们，创办了这个《白话晚报》，要我说几句话。我且说我对于这个报的希望罢。

我希望这个报要做到两个地步：

第一，要值得一驳。

第二，要禁得起一驳。

怎么叫做“要值得一驳”呢？北京的报纸实在太多了，一个城里有七八十种日报，谁也看不了。有好几种报，谁也不要看。这个时候，何苦又去添出一种报呢？我以为此时在北京，别无办新报的理由，只有一个理由，就是要出一个有主张的报。说一句话，做一篇文章，办一个报，至少总要有点主张，至少总要值得人家一驳。若是添出一个不痛不痒，没有主张的报，给人家随手丢在纸篓里去，或是拿去抹桌子、包豆腐干，那种报便不值得一驳了。

怎么说“要禁得起一驳”呢？单有主张，倒也不难。我可以主张张弧做总理，他可以主张讨伐西南，你可以主张卖国。但没有理由的主张，不能“持之有故，言之成理”的主张，或是不敢公开讨论的主张，都禁不起人家的一驳。这个时代的报纸，不但应该有主张，还应该有学理与见解做主张的根据。根据正确的观察，参用相当的学理，加上公开的态度，发为公开的主张，那才是“禁得起一驳”的主张了。

我的几位同事办的这个报，一定可以做到这两个地步的。也许他们还嫌我太不长进，希望太小哩。

十一，三，七

黄梨洲论学生运动

去年在《晨报》的“五四纪念号”里，我曾说过：

> 在变态的社会国家里面，政府太卑劣腐败了，国民又没有正式的纠正机关（如代表民意的国会之类），那时候，干预政治的运动一定是从青年的学生界发生的。

我们这样承认学生干政的运动为“变态的社会里不得已的事”，当时已有许多人看了摇头，说我们做大学教授的人不应该这样鼓励学生的运动。

但是二百六十年前，有一位中国大学者，他不但认学生干预政治是变态的社会里不得已的事，他竟老实说这种举动是“三代遗风”！

这位学者就是明末清初的黄梨洲先生。他的《明夷待访录》中《学校篇》说：

> 学校所以养士也。然古之圣王其意不仅此也，必使治天下之具皆出于学校。……天子之所是未必是，天子之所非未必非，天子亦遂不敢自为非是，而公其是非于

学校。是故养士为学校之一事，而学校不仅为养士而设也。

这就是说，学校不仅是为造毕业生而设的，理想的学校应该是一个造成天下公是公非的所在。黄梨洲的理想国家里没有国会一类的制度，但他要使学校执行国会的职务。所以他说：

东汉太学三万人，危言深论，不隐豪强，公卿避其贬议。宋诸生伏阙捶鼓，请起李纲。三代遗风，惟此犹为相近。使当日之在朝廷者，以其所非是为非是，将见盗贼奸邪慑心于正气霜雪之下，君安而国可保也。乃论者目之为衰世之事。不知其所以亡者，收捕党人，编管陈欧，正坐破坏学校所致，而反咎学校之人乎？

可见他不但不认这种学生干政的事为“衰世之事”，他简直说“三代遗风，惟此犹为相近”！

他又说：

太学祭酒（即今之国立大学校长）推择当世大儒，其重与宰相等。……每朔日，天子临幸太学，宰相六卿谏议皆从之。祭酒南面讲学，天子亦就弟子之列。政有缺失，祭酒直言无讳。

这是黄梨洲理想中的国立大学。他真是一个乌托邦的理想家！他如何能料到他著书之后二百五十八年的某月朔日，“宰相六卿”都“巡狩”于天津去打一万元一底的麻雀牌呢！

黄梨洲不但希望国立大学要干预政治，他还希望一切学校都要做成纠弹政治的机关。国立的学校要行使国会的职权，郡县立的学校要执行郡县议会的职权。他说：

> 郡县朔望大会一邑之缙绅士子。学官讲学。郡县官就弟子列，北面再拜。师弟子各以疑义相质难。其以簿书期会不至者，罚之。郡县官政事缺失，小则纠绳，大则鸣鼓号于众。

这不是行使郡县议会的职权吗？

黄梨洲极力反对官府任命校长教员的制度，他主张校长教员都由公议推举。他又主张学生应该有权驱逐一切卑污腐败的校长与教员。他说：

> 郡县学官毋得出自选除。郡县公议，请名儒主之。
>
> 其人稍有干于清议，则诸生得共起而易之，曰，是不可以为吾师也！

以上略述黄梨洲关于学生运动的意见。我并不想借黄梨洲来替现在的学生吐气。我的意思只是因为黄梨洲少年时自己也曾做过一番轰轰烈烈的学生运动，他著书的时候已是近六十岁的人了，他不但不忏悔他少年时代的学生运动，他反正正经经的说这种活动是“三代遗风”，是保国的上策，是谋政治清明的唯一方法！这样一个人的这番议论，在我们今日这样的时代，难道没有供我们纪念的价值吗？

十，五，二

一个平庸的提议

——解决目前时局的计划

一　政治的

大家都说，目前第一件要事是财政。其实那是错的。政治不能解决，财政决不能解决：你要办新税，各省不睬你；你要大借款，大家要反对；你要节省政费，裁了一千个冗员，还禁不起山海关附近的一炮！所以我主张先从政治方面下手。我的计划是：

（1）由北京政府速即召集一个各省会议。

（甲）名称。如政府不爱“联省会议”之名，尽可叫他做“全国会议”，或“统一会议”。

（乙）组织。每省派会员四人（省议会举一人，省教育会与省商会各举一人，省政府派一人）。中央政府派三人。国会举三人。主席得由政府任命（以免纷争）。

（丙）地点。我主张在北京——因为北京虽在北京政府势力之下，然而比上海确实自由多了，文明多了。

（丁）权限。这个会议得讨论并议决关于下列各项问题：

（a）裁兵与军队的安插。

（b）财政。

（c）国宪制定后统一事宜。

（d）省自治的进行计划。

（e）交通事业的发展计划。

这五项问题，设有一项和国会的权限冲突的，国会不应该吃醋，政府也不应该因怕国会吃醋而不敢举行。况且此次政府召集的财政会议，岂不也是一种各省会议吗？既可以召集财政会议，何以不可以召集各省会议？况且我可以断定那单讨论财政的会议是无效的。

（2）由北京政府公开的调解奉、直的私斗，消除那逼人而来的大战祸。

（对于这一件事，全国赞成弭兵的人也应该加入。）

我这个提议，初看了似乎未免带孩子气，但是我这话是板起面孔来说的正经话。本年四五月间的奉、直战争固然是胜败太不彻底；但我们试问，奉、直若再开战，就能打出一个彻底的结果了吗？况且人民有什么罪过，必须忍受这一回一回的战祸吗？即使一时打不起来，而两方拼命的预备作战，搜括一切款项，作为军费，那么浩大的军费也是人民不能长久负担的。况且前次直、奉战争所以结束的快，大都是因为张作霖大举入关，故一败涂地；现在奉军若取守势，战祸便不知何日终了了。假使战事延长至两三个月——这是很稳健的计算——北中国的什么事业（教育、矿业、工商等）都不能不根本毁坏了。所以我们无论怎样推想，都回到一个同样的结论：直、奉的私斗决不可不消除。

如果王宠惠们只愿做大官，只愿做一个“无抵抗力的内阁”（这是前日某报的妙语），那也罢了。如果他们还想做个像样子的政治家，他们应该用公开的条件来调解消除奉、直的私斗。我主张的条件是：

（甲）双方减缩军备，克期同时裁兵。

（乙）东三省取消独立，交还盐税及车辆。直系各省也不得提取铁路收入。

（丙）任曹、张、吴三人为北方裁兵专使。

（丁）北方各省实行废督，废巡阅使。

（戊）其他事项，由上述之各省会议解决之。

我也知道这件事决不是王宠惠们干得了的。但是我们既谈大政方针，就不能不列这一条了。我很希望国民注意此事，养成舆论，作一个实际上弭兵的大运动！就是王宠惠们干不了，这件事总得有人干的。

二　财政的

财政的计划，说的最详细的是《努力》第八、第九两期 RT 的《中国财政的出路》。他说财政的“根本整顿方法”分两项：

第一，划分中央财政和地方财政的界限。

第二，力行裁兵减政。

第一条是要靠国宪和各省会议的。此时空谈“划分财政”，是没有用的。纸上的划分是早已有过的了。故单有国宪的规定还是不够的，各省会议的一关是逃不过的。第二条的裁兵一项也必须等各省会议和奉、直和议两事举行之后，方才可有把握。此时中央能行的只有减政一项。六七月间的减政计划，近来似乎又渐渐停顿了。大概欠薪太多是不能减政一个大原因。然而欠薪不能还而冗员又不能减，天天债台高上去，也终不成事体。如有相当时机，应该把陆军、海军、参谋三部并作一部，设一个总长，两个次长，名为“军事部”。国宪制定之后，教育权既归地方，教育部也可废去，改为内务部的一司。此类的例甚多，一时不必细举了。

RT君说的“目前过渡方法”也有两项：

第一，规定中央军政费之最大限度为每月五百五十万元。

第二，整理各项长短期内外债及垫款（包括欠薪），总数约四万万元。

他指出交通收入、盐余一部分、崇文门税、山西解款，四项每月不过三百万元。所以他主张等到适当的时期，举行大借款四万万元，以三万万四千万抵债，以三千万为一年军政费的补助，其余即作为裁兵基金，利息为六厘，担保为海关增率税。

他这两个过渡方法，其实只是大借款一个法子。前天报上登出芮恩施在顾维钧茶会席上发表的财政演说，似乎可以表示政府确也有大借款的希望。但芮恩施的一篇浅薄的演说是没有用处的。外款非不可借，但现在政治未统一之前，大借款是决不能成立的。即使如芮氏说的，外国资本家肯借款，中国的国民未必肯承认这笔借款。借款给军阀政客去分赃，是决通不过的。

所以我主张现在救急的财政办法是：

（1）从速解决政治的纠纷。先从上文说的两事下手——召集各省会议，消除直、奉的战祸。

总计中央名义上的收入，应有：

田　赋	八千余万元
厘金及杂捐	四千余万元
关　余	一千万元（依十一年度预测）
盐　税	八千万元
杂　税	五百万元
烟酒税	四千万元
印花税	六百万元

矿　税	八十万元
中央机关收入	一百万元
官产收入	一千万元

总计约二万九千万元。

假如各省都像山西那样忠顺（山西省每年解中央二百余万元），中央的财政问题早已解决大半了。现在中央的势力不能放一个湖北省长或山东省长，还有人希望用财政会议来解决财政问题，岂不是做梦吗？即如盐税一项，别说那四川的一千万元，东三省近在咫尺，现在也扣留盐税了。这岂是一个财政会议就能解决的吗？所以我主张第一步是政治纠纷的解决。

（2）为目前计，宜从速宣布财政的收支实况，约如下列各项：

（甲）收入尚有几项？

关余，

盐余，

省解款，

崇文关税，

中央机关收入：交通、农商、司法等。

（乙）负债实数：

（a）欠饷详数，

（b）临时军费，

（c）每月必需军饷总数，

（d）每月必需行政费（包括教育），

（e）各机关欠薪实数（包括国会），

（f）京师军警费，

(g) 京师军警积欠，

(h) 内外债到期应付利息，

(i) 内外债到期应付本，

(丙) 现在每月支出实数。

(a) 究竟各军发饷若干？

(b) 各机关发薪详报，

(c) 各种内外债基金已拨付若干？

(d) 其他实支。

(丁) 收支比较，总亏若干？

这种公布是不可少的。政府现在想用一纸“依法惩办”的命令来禁止索薪的举动，那是自欺欺人的政策。即使你能禁索薪团的包围，你还不能禁各机关的罢工，更不能禁军队的闹饷。只有开诚布公的把财政的状况宣布出来，大家也许还可原谅政府一点。

况且政府为什么总不肯公布财政的实况呢？岂不是因为军费太多，怕人不平吗？其实当此变态的时代，军费之多自是大家意中之事，又何必瞒人呢？况且政府越秘密，大家越猜疑，越不能心平，所以倒不如一切公开的好。

况且国民若不知道财政的实况，政府虽有救济的计划，也不能得大家的赞助。假如政府此时下令回到民国元年各机关人员一律支薪六十元的办法，大家能不要求先查账吗？假如政府此时大借外债，大家能不要求先报告用途吗？所以我们可以说：没有公布，什么财政计划都行不去。

(3) 公布财政实况之后，应通盘筹算，做一个目前救急的小计划，这个计划应分两个部分：

(甲) 分还积欠。发给债券，按月摊还。

（乙）均平现状。无论交通财政，应与其他机关一律均平待遇。或发半薪，或竟回复元年每人六十元的办法。

这个计划应包括维持北京地方治安的方法。北京举行地方税，专供地方之用，是应该办的。况且北京警察制度较完备，征收新税也不致有什么大困难。（北京中小学的经费也须由中央筹给，而北京市民不负一文钱的学校税，岂非怪事？）

（4）大借款如不可免，此时也只宜做计划，研究用途的分配，条件的磋商，而不能骤然实行，这时候若贸然做大借款，决没有不失败的！

以上计政治方面二条，财政方面四条，是我试做的对于目前时局的计划。此外尚有蒙古问题与承认俄国的问题，铁路问题与新银行团的问题，因不愿占《努力》太多的篇幅，此时只好不谈了。最后我要重引《努力》的话作结论：

一个平庸的计划，胜于没计划！

十一，九，十二

一年半的回顾

《努力》第一期出版的时候（五月七日），正当奉、直战争的时期。付印的时候，我们还以为那一次的战争至少有一两个月之久，所以我们请宗淹先生担任军事的调查和战事的纪叙。不料《努力》第一期出版时，奉军大败的消息已证实了，战事的结束似乎不远了。当日北方的政局骤然呈一大变态。横行关内的奉军，正在纷纷退出关去；安福的国会早已消沉了；安福的总统也快要倒了；新新国会似乎没有召集的希望了。

那时在北方的优秀分子都希望政治有比较清明的机会，《我们的政治主张》也就于五月十四日发表出来。在那篇宣言里，我们提出“好政府”三个字作为“现在政治改革的最低限度的要求”。我们并且加上三条子目：

（1）宪政的政府；

（2）公开的政府；

（3）有计划的政治。

我们主张，政治的清明全靠好人出来奋斗。以上是我们的原则。关于当日眼前的政治问题，我们也有六项提议：

（1）南北早日正式开和平会议。

（2）用“恢复六年解散的国会”等项为议和的条件。

（3）裁兵。

（4）裁官。实行“考试任官”的制度。

（5）改良选举制度。

（6）公开的、有计划的财政。

我们不赞成立刻恢复民二国会，只赞成用此事为解决南北纠纷的一个条件。我们注意在一个公开的南北和会，或各省会议。但当时北方的胜利者吴佩孚，挟战胜的余威，号召北方，拥戴黎元洪为总统，立即召集民二国会。那时我们认定这两件事是大错的，故于六月十八日提出两项补救的办法：

（1）希望黎元洪的政府自居于“事实上的临时政府”，他的任务是用公开的态度，和平的手段，做到南北的统一。

（2）希望那自行召集的旧国会也自居于“临时的国会”。

但这种提议，在当时简直是与虎谋皮。黎元洪的贪恋权势后来毕竟或为和平统一的大障碍，而国会的横行竟酿成今日龌龊无耻的政局。

去年五六两个月真是政局的一大关键。吴佩孚召集旧国会，本是想取消南方“护法”的旗帜。五月里孙文发表宣言，对北方将领要求裁军队为工兵；他的态度已很明显，很有和平解决的表示了。不幸六月中广州发生孙、陈之争，陈炯明推翻了孙文的势力，孙氏仓皇出走。这件事在当日确然是孙、陈两人主张不同、性情不同、久不相能的结果：当日大家的评论虽不一致，然而在当时就是最恨陈炯明的人也不信陈氏的行为是服从北方的指使。但事后看来，当日孙、陈的决裂确是一大不幸的事。一来因为孙文失去势力，更引起北方武人的武力统一的野心。二来因为孙、陈两人决裂后，陈氏怕孙派的报复，竟公然与直系军人联络。三来因为孙氏要报仇，竟至糜烂了广东，至于今日。

从此以后，吴佩孚一意布置武力统一的实行。当时也有人设法运动各方面开一个和平会议。但舆论的鼓吹，政客的奔走，终打不破吴佩孚的迷梦和黎元洪的热中。假使当日黎元洪与王宠惠能有政治的眼光，极力主张召集一个各省会议，至少也许可以避免一部分的糜烂，至少也许可以解决一部分的困难。但庸碌的黎元洪和糊涂的王宠惠都不肯反抗洛阳的意旨；闹到后来，王内阁终于被迫而去，而吴佩孚失势之后，黎元洪也终于被迫而去。当日一个可以和平解决的机会也就一去不复返了！

我们当日对于北方政府，确曾抱一点希望。一来呢，当日的阁员之中，有一部分颇负时望，虽是虚声，但虚声究竟远胜于恶名。二来呢，当日的阁员，多数都是不要钱的好人。三来呢，当时董康、高恩洪、罗文干的裁官政策，颇能实行，在北京的政治史上总算开一点新气象。

我们因此曾给王宠惠内阁出了一些主意。在《努力》二十期上，我用 WGT 的假名，发表了一个《解决目前时局的计划》，内容是：

（1）速即召集一个各省会议。

（2）由北京政府公开的调解奉、直的私斗，消除北方的战祸。

我们观察直系军人武力政策的结果，知道当日财政无办法，教育无办法，都由于他们亟亟备战，把钱花在军事的设备和捣乱南方两项上去了。所以我们说：

> 政治不解决，财政决不能解决。……裁了一千个冗员，还禁不起山海关附近的一炮！

这种话头在当日完全不发生效力，于是我们只好继续向国民宣传。我们在《努力》第二十八期上，曾说：

> 我们不信政治上有什么包医百病的良药。但我们深信现在这种坐而待毙的怪现状是不行的；支支节节的敷衍是不行的；狭义的大复仇主义是不行的；偷偷摸摸的接洽，鬼鬼祟祟的买卖，是不行的。我在这个沉闷可怜的空气里，回头看看我们老百姓受的痛苦，看看无数同胞忍泪吞声的受痛苦，我们不能不问问自己："究竟有什么救急的法子没有？究竟有什么可以一试的法子没有？"我们的答案是：从速召集一个各省会议。……

但这时候，天津派的无耻政客早已暗地进行作"先倒阁，次驱黎拥曹"的大运动了。（边守靖、吴景濂的政治阴谋起于黎元洪人京之先，《努力》第六号曾揭载他们阴谋的电报。）十一月十九晨，罗文干因奥款展期合同事被捕，不久王内阁也就倒了。罗案的结果，罗文干无罪；然而从那回以后，北京的政局遂成了吴景濂一班人横行无忌的世界。加之李根源、彭允彝等上台之后，私人走狗充塞了各机关，冗员增加了几十倍，去年夏间的政界一线光明——裁官的实行——从此也绝望了。

十二年一月十七日，国立北京大学校长蔡元培"痛心于政治清明之无望，不忍为同流合污之苟安"，借罗案提出抗议，愤然去职。那时正是国会议员在光园拜寿，红罗厂卖身的时候，蔡元培那种高洁的抗议，不但不发生什么效果，反教一班猪仔议员老羞成怒，把张绍曾的内阁一榜全赐及第了！

我们在那个时候，也就起了一种觉悟。我们那时曾说：

> 在这个猪仔世界里，民众固不用谈起，组织也不可靠，还应该先提倡蔡先生这种抗议的精神，提倡"不降

> 志，不辱身”的精神，提倡那为要做人而有所不为的牺牲精神。先要人不肯做猪仔，然后可以打破这个猪仔的政治！(《努力》四十期)

换句话说，我们还应该向国民思想上多做一番工夫，然后可以谈政治的改革。

那时候北方武人的武力政策也使我们感觉政治改革的一时无望。吴佩孚的一派虽然退出了内阁，但他的武力政策仍旧不断地进行。陆荣廷派的回广西，杨森的回攻四川，孙传芳的援闽，广东孙、陈战争的延长，无一处不是武力统一的迷梦的实行，我们在《努力》四十四期上曾说：

> 以这班已失人心的人，当此无从收拾的时局，而他们全无觉悟，仍旧实行他们倒行逆施的武力主义——他们的失败是可断言的，并且不足惜的。只可惜人民的糜烂，反动政治的延长，从此更不知何日才得终了呵。

这十个月的政治，完全是“反动的政治”。我们在三月二十五日曾说：

> 今日支配国事的人——酒狂之上将，财迷之候补总统，酒色狂之国会议长——那一个不是“非从其所欲而充分为之不止”的神经病人！怪不得我们说的话“完全不是那么一回事”了！

这是我们对于我们自己的政论生活的解嘲。

从此以后，《努力》的同人渐渐地朝着一个新的方向去努力。

那个新的方向便是思想的革新。自从四十八期（四月十五日）丁文江先生发表《玄学与科学》的文章以后，不但《努力》走上了一个新方向，国内的思想界也就从沉闷里振作起精神来，大家加入这个“科学与人生”的讨论。这一场大战的战线的延长，参战武士人数之多，战争的旷日持久，可算是中国和西方文化接触以后三十年中的第一场大战。现在这场思想战争的破坏事业似乎已稍稍过去了。观战最高兴的老将吴稚晖先生已在别处开始做建设事业了。我们对于这一次挑战引起的响应，不禁发生无限的乐观。近来有一位爱《努力》的朋友邵力子先生在《觉悟》（十二，十，十二）上发表一封《致胡适之先生的信》，说自从我称病搁笔以后，《努力》便没有精采了。他说：

先生试想，照这样支撑下去，不太觉无聊吗？

邵力子先生太恭维我个人了。其实我们的《努力》里最有价值的文章恐怕不是我们的政论，而是我们批评梁漱溟、张君劢一班先生的文章和《读书杂志》里讨论古史的文章。而这些文章的登载几乎全在我“称病搁笔”之后！如果《新青年》能靠文学革命运动而不朽，那么，《努力》将来在中国的思想史上占的地位应该靠这两组关于思想革命的文章，而不靠那些政治批评——这是我敢深信的。

今日反动的政治已到了登峰造极的地位。拜金的国会议员已把曹锟捧进新华门了。反直系的活动此时还没有推翻直系的实力。西南各省内乱多不易收拾，自顾还不暇。奉、浙两处也不能轻易发动。抵抗的实力既如此薄弱，而反直系内部组合的分子又多有一二年前全国痛恨的罪人，我们即使善忘，也终不能一心一意的赞助今日所谓“反直系”的人物。我们向来鼓吹的各省会议，近来虽然得着一支意外的生力军——何东君的活动——然而曹锟贿选成功之后，这个和平会议的梦想也更少实现的希望了。

我们谈政治的人，到此地步，真可谓止了壁了。我们在这个时候，决意把《努力》暂时停刊。但我们并不悲观。我在《努力》第五十三期上曾说：

我们深信，有意识的努力是决不会白白地费掉的！

我们现在仍旧如此设想。虽然将来的新《努力》已决定多做思想文学上的事业，但我们深信“没有不在政治史上发生影响的文化”（《努力》第七期），我们的新《努力》和这一年半的《努力》在精神上是继续连贯的，只是材料和方法稍有不同罢了。

我借这个机会再致谢《努力》的许多帮忙的朋友。最可痛的是我们的好朋友，《努力》的经理，章洛声先生不幸于今年夏间在家病死了。章洛声对于《努力》的牺牲和贡献，比我们一班做文字的人都更多更大。他的病死也可算是这个周报此时停办的一个重要原因。

十二，十，十五在上海沧洲旅馆

这一周

——十一年六月至十二年四月

一

我们是不承认政治上有什么根本解决的。世界上两个大革命，一个法国革命，一个俄国革命，表面上可算是根本解决了，然而骨子里总逃不了那枝枝节节的具体问题；虽然快意一时，震动百世，而法国与俄国终不能不应付那一点一滴的问题。我们因为不信根本改造的话，只信那一点一滴的改造，所以我们不谈主义，只谈问题；不存大希望，也不致于大失望。我们观察今日的时代，恶因种的如此之多，好人如此之少，教育如此之糟，决没有使人可以充分满意的大改革。我们应该把平常对政治的大奢望暂时收起，只存一个“得尺进尺，得寸进寸”的希望，然后可以冷静地估量那现实的政治上的变迁。

二

徐世昌走了，黎元洪来了。我们不爱谈什么法统，也并不存什么“喁喁望治”的心思。我们对于这个新政府，只有下列的最低限度的要求：

（1）我们希望这个政府自认为一个“事实上（De facto）的临时政府”；他的最大任务是用公开的态度、和平的手段，做到南北的统一。

（2）我们对于这次在北京自行集会的旧国会，只希望他自居于临时的国会；缺额不得递补，不得取消在广州的议员的名额，免得增加统一的障碍。

总之，南北不统一，什么事都不能办：军事不能终了，兵也不能裁，财政也不能整理，教育休想发达，实业也休想安宁。南北不统一，政治决不能上轨道。

三

前日卢永祥有一个通电，衔称“暂行大总统职权黎钧鉴”，内说：

> 法律地位既属悬案，即令先行就职，仍是事实上之总统，而非法律上之总统。

卢永祥的反复，是我们都不能恭维的，但这个意思出于实力派之口，是很可注意的。以我们的推想，将来必不止浙江一省借这个“事实上之总统”为下场之计。也许西南各省将来也会承认黎元洪为事实上的总统，而北京政府为事实上的临时政府。我们希望黎元洪不要忘记他的蒸电内“暂行大总统职权”的话，我们希望他的政府老老实实的自认为事实上的临时政府，即以事实上的临时政府的名义与南方协议统一的事。

四

本周在京的旧国会议员二百三人开谈话会，议决两条：

(1) 定八月一日为继续开常会之日期。

(2) 届期如不足两院人数，即依法递补。

递补是我们所反对的。本京《益世报》于十七日著社论也反对递补，他的立论大旨是：

> 吾人固尝以恢复旧国会为足以就统一问题演进一步，故认为解决时局中之一种方法，……然南方以递补方法，凑足开会人数，北方亦以递补方法，凑足开会人数，则时局不从国会解决。旧会不过一个，今求恢复而旧会乃补足两个。……姑不论北伐之事如何，而北洋之军队一日不能长驱入广，非常国会亦一日不能不继续开会。……吾人将见纠纷之道与解决之期乃愈趋而愈远也。

我们觉得这话很有理。我们承认国会议员谈话会的议决案不能发生效力；我们希望他们为免除统一的障碍起见，不得递补缺额；如八月一日不足开会人数，不妨延长下去，等到非常国会的旧议员北来时方才开正式常会。在那个时期以前，只可有谈话会，或至多也开一个非常国会，或临时国会，而不得称正式常会。

五

我们说，若不从统一南北下手，什么问题都不能解决。就拿财政来说罢。以我们所知，现在中央的财政简直是绝无办法。大家眼巴巴地射着盐余，但盐余平均每月不过三百多万，而手续完备的支配已超过每月四百万了！请看下表：

“一四”国库券基金	七十万元
内国公债基金	百二十万元
“九六”公债基金	百五十万元
造币厂借款基金	七万元
审计院经费	四万元
海军经费	五十万元

以上手续完备的支配，共四百零一万元。此外还有手续不曾完备的，如：

近畿军警费	百万元
定期兑换券基金	二十三万元

盐余项下的支配，以上共五百二十四万元，已超过盐余的实数一百多万乃至近二百万了。现在我们替政府设想，实在想不出理财妙法来。此次财政部向各省坐提应解中央之款，我们也可以预料他的失败。总之，国家不曾统一，军队不曾裁减，中央与地方财政未划分之先，中央财政的路子是断绝的了。现在只有停拨各项基金，东挪西补的自杀政策。但这种自杀政策的结果必致财

政格外紊乱，信用格外丧失；定期兑换券尽管发行，尽管充塞市面，但前数年中交京钞跌价的现状必将复现于北京，而中央的政府必终不免于破产。

六

黎元洪的鱼电，滔滔三千多字，说的只是两三句话，并且连这两三句话都说不清楚，竟闹出笑话来，几乎下不得台。这件小故事应该使黎元洪得一个教训。饶汉祥一派的滥调文章可以少做做了！有话何不老实说？何必绕大弯子？何必做滥调文章？何必糟蹋许多电报生与读者？饶汉祥可以歇歇了！

七

我们以为这一个月的政治之中，比较的最可满意的是各部裁官的实行。裁官向来也有办过的，孙洪伊的裁官政策便是一例。但向来的裁官是没有标准的，又没有统一的计划的。没有标准，故随便裁的也可以随便添加。没有统一计划，故裁了东边，添了西边。这一次的裁官，起先似乎也是无标准无计划的，后来财政部裁官始用“官制”与“考试分发”两个标准。徐世昌临走之前的许多命令之中有一条说裁官的办法，共有五个要点：

（1）以官制为标准。

（2）考试分发人员不受裁撤。

（3）以后各官署长官不得任意调用添派人员。

（4）骈枝机关，斟酌裁撤。

（5）兼职人员一律不得兼支薪津。

这是从局部的裁官，变为统一的裁官计划了。这个计划虽然不能充分满意（参看《努力周报》第四期第十篇 M. T. W. 的裁官意见），但我们可以先承认这个最低限度的计划；对于新来的政府，我们应该督促他实行。

八

董康的财政计划，青松已经在《努力周报》第五期里评论过了。他开的五味药方，现在只有“财政人员宜严加淘汰”一条总算做到了一部分。中交两行的合并听说是办不到的了。其余的三条，只有第一条“清理财政”现在正在筹划之中。董氏的条陈里明说“应请简派熟悉财政大员，会同审计院长，特设财政清理处”。然而已派定的大员却是傅增湘。傅增湘是熟悉宋、元版本的，然而我们决不能恭维他“熟悉财政”。这一着已错了。现在财政清理处的组织法尚未造出，人员也未派定，我们很希望董康不要再错了。他的原条陈说财政清理处的职务是：

> 自元年以来，收支款目及库券公债票等，分别彻查；一面划清界限，将所有债务，重加整理；岁出岁入，另立新账，勿令纠纷。冀以正本清源，惩前毖后，为财政公开之基础。

这里面有两重职务：一是清理已往积弊，一是整理今后财政。这个担子很重大，应该有专门人才去办理。青松主张“应该有商会、教育会、银行公会以及国会的代表参与的”。我以为最重要的是这个财政清理处应该以财政专门人才为主体，但有权可以向各部署调取案卷，质问事实。此项专门人才，不当限于部署中有职人员，不妨向其他学术团体或商业机关借用人才。如果将来的财政清理处仍由一班官吏或外行好好先生去办，我们可以断定他必无成绩的。

九　政治与计划

我们在《我们的政治主张》里曾要求一种“有计划的政治”，我们说：

> 我们深信中国的大病在于无计划的飘泊，我们深信计划是效率的源头，我们深信一个平庸的计划胜于无计划的瞎摸索。

计划是预先认定一个目的，推想出如何可以做到那目的的历程，然后把那推想出的历程定为进行的步骤。譬如下棋，须能预先算到几着以后；譬如造屋，须先打图样，次计算材料工程，然后动工。这是人人知道的。然而到了干那关系最重大的一件事——政治——大家便多不明白计划的重要：这岂不是墨子说的“明小物而不明大物”吗？

当熊希龄的内阁发表他们的“大政方针”的时候，国中很有许多人嫌他空谈太多，文字又太繁，所以当时很少人注意这种“大政方针”。然而这八九年来，就是那样的一个“空谈太多”的计划，也不可得了。这八九年的政治，竟全是飘泊的政治，没有计划，混到那里是那里。财政坏了，就随他坏下去，直坏到今天这个样子。兵多了，将骄了，也就随他们闹下去，直糟到这步田地。南北分裂了，也就由他们分裂下去，越分越远，直分到这个时候。陆放翁有诗道：

一年复一年，一日复一日，

譬如东周亡，岂复需大疾？

中国所以闹到这步田地，何尝有什么大病？只是这样“一年复一年，一日复一日”飘泊到现在这个不可收拾的情形！

计划的功效，全在分期克日，步骤分明；只要继续做下去，一点一滴的积起来，总有成效可观。我们试举一个例。自从欧战以来，全国的铁路工程都停顿了。假使当年交通部有个计划，规定京汉、京奉、津浦三条铁路每年添筑支路五十里，这是轻而易举的事，然而十年之内便可添造一千五百里的铁路了。再看京绥一条路，只因为这条路有个小计划，每年发行六百万的公债，所以这几年之内能延长那么多长的路线。京绥的六百万公债每年只有一小部分卖到市面上，大部分的债券不等到市上早已被内部的人买去了。假如国有的各铁路都有这样的一个小计划，十年之中可以添多少铁路？

现在有许多人爱批评阎锡山，但是阎锡山确有不可及的地方。他治山西，是有计划的。例如他决心要办普及的义务教育，先做一个分年期的计划。四年的师范不够养成教员，他就设速成的国民师范；这还不够用，他就设更速成的传习所。他依着这个计划做去，克期进行，现在居然做到了义务教育！江苏、浙江还办不到的事，阎锡山在那贫陋的山西居然先做到了！人称山西为模范省，又称阎锡山为模范督军。山西的政治教育不够做模范的，确然不少。但山西这一点“有计划的政治”的精神，确是可以做全国的模范的。我们看山西的成绩，就可以明白我们说的“计划是效率的源头，一个平庸的计划远胜于无计划的飘泊”。

中国吃飘泊的苦，尽够了！我们对于无论谁来组织的政府，第一个要求就是“有计划”！国家是一件重器，政治是一件绝大的事；没有计划是不行的，没有计划的人是不配干政治的！我们很盼望黎元洪、颜惠庆、吴佩孚、董康、高恩洪一班人此时暂且把索薪发饷酬勋等事交给几个附属官僚去应付，他们应该郑重的想想国家的大问题，做出一个通盘筹算的计划来，然后依着预定的计划，分期做去。日暮途远，暗中摸索是不中用的！你们不要糟蹋时机，时机是不等候你们的！

例如裁兵，决不是一两个滥调电报就能了事的，也不是钦派一个裁兵委员会就能了事的。我们希望这个政府做出一个具体的、分期的计划；先发表出来，征求国民的意见，修正之后，然后决定；决定之后，克期实行。

又如教育，假如政府不要教育就罢，如要教育，那是非有一个计划不可的。现在的情形，竟是政府完全不管教育；起初还管筹经费，到现在竟连经费都无人管了。现在国立各校的经费已欠了四个月了，到暑假完时，还有三个月，七个月的经费就是一百十几万，加上北京中小学的经费，就更多了。现在若再没有一个通盘筹算的计划，就是要做到这几年来一日挨一日的光景，也都不可能了。

又如统一，也不是打几个电报给孙文、伍廷芳就够了的，也应该早日做一个计划，至少应该注重下列各点：

（1）南方政府的问题。是不是应该承认他为事实上的一个临时南政府？

（2）和会问题。和会是无论如何不能免的。叫他做“统一会议”也好，“南北和会”也好，“联省会议”也好。如何组织？如何产生？有何权限？这都是不能不早日计划的。

（3）统一的条件。统一的条件的中心必是承认联邦式的统一国家，这是无可疑的。但联邦式的国家全不是现在这种军阀割据式的国家。怎样才能使这种军阀割据式的国家变成一个真正统一的联邦国家呢？省与中央，制度上应该怎样划分呢？现在事实上应该怎样收束呢？军队怎样处置呢？财政怎样统一呢？这都是不能不筹划的。至于非常国会递补的议员的安置法，非常国会通过与取消的法令的去留等等，虽是较小的问题，但也是应该计划到的。

总之，我们已到了日暮途远的地步，只有克期计功的法子还可以勉强使我们赶上几步；若再糊糊涂涂的妄想“挨”过日子，妄想暗中摸索着一条幸运的路子，那就是“瞎猫等着死老鼠”的无意识的行为。那种政府，我们不要！

十一年六月十二至十八日

十

本周最大的政治变化是广东的革命与浙江的独立。孙文与陈炯明的冲突是一种主张上的冲突。陈氏主张广东自治，造成一个模范的新广东；孙氏主张用广东作根据，做到统一的中华民国。这两个主张都是可以成立的。但孙氏使他的主张，迷了他的眼光，不惜倒行逆施以求达他的目的，于是有八年联安福部的政策，于是有十一年联张作霖的政策。远处失了全国的人心，近处失了广东的人心，孙氏还要依靠海军，用炮击广州城的话来威吓广州的人民，遂不能免这一次的失败。孙氏曾著书提倡“行之非艰，知之维艰”的学说，我们当时曾赞成他的“知之则必能行之，知之则更易行之”的话（《每周评论》三十一号）。现在看来，孙氏的失败还在这一个“知”字上。一方面是他不能使多数人了解他的主张，一方面是他自己不幸采用了一种短见的速成手段。但我们平心而论，孙氏的失败不应该使我们埋没他的成功。

蔡元培等前次劝孙氏下野的通电，虽然颇受了一部分人的批评，但蔡氏电文里赞美孙氏的话，确能写出孙氏的成功。蔡电说：

> 公等坚持不渝，以种种手段求达护法目的。……固以为苟能达此目的，无论何种手段，不妨一试。且正维公等用此种种手段，使全国同胞永永有一正式民意机关之印象，故至今日而克有实行恢复之机会。公等护法之功，永久不朽。……

这些话并非溢美之词。当日陆荣廷、岑春煊等取下护法的招牌，分赃而散之后，若没有孙、陈的继起，恐怕第三次财神国会早已实现，军阀势力更要横行，政治的转机还不知远在何时呢？

十一

卢永祥在浙江自行废督的消息传来之后，大家以为“卢永祥倒了”。但是照现在看来，卢氏竟是宣告独立了。20 日，他就“浙江军务善后督办”之职，同日发出两道电文。第一电报告独立的原委，中有云：

> 伏维辞名而居实，既非拙性所屑为；全私而误公，亦岂袍与之夙志？善后限于军务，则权限固已分明；军务专注善后，则收束乃其主旨。

中国人真会做文章！清初有名的“杀吾君者吾仇也，杀吾仇者吾君也”，如何比得上这种“颠之倒之，倒之颠之”的滥调文章！所以旅居上海的浙江人也只能打出一个“反对不得，赞成不能”的电报，说：

> 卢督删电废督，保留师长，又将博得军务善后督办。废督其名，不废其实。吾侪小民，不知用意，反对不得，赞成不能。……

但卢永祥的第二“号”电，因为不是用滥调骈文做的，却是很明白的。此电宣布《善后纲要》七条，第一条是：

> 自废督之日起，浙江省境内不受任何方面非法侵犯，以防督军制之恢复，并变相督军制之发生。

然而浙江人的脑筋与人格确然受了卢永祥的非法侵犯了，浙江人难道也还是用“反对不能，赞成不得”八个字轻轻放过了吗？

十二

此次裁官的结果，财政部裁了三千人，交通部裁了一千多人；最近内务部要裁的人，听说也有五百多人；加上国务院总统府的裁员，总数已在六千人左右了。我们希望其余各部都能实行裁员，并希望他们实行废止兼差的弊政。我们更希望，将来能于裁员之外，实行合并无用的或骈枝的部署。如陆军部与参谋部与海军部，这几年来，真可谓三个无用的废物了。我们主张将来可将此三部并作一个军事部，设一个总长，两个次长，一个次长管海军的事，一个次长管参谋部的事，尽可以够用了。

十三

此次高恩洪在交通部的整顿，我们认为大致是合宜的。高氏做的最痛快的两件事，一件是二十三日废止各铁路货捐，一件是取消各报馆的津贴。报馆的津贴是十年来中国舆论界的一个大污点，他的害处比那摧残言论自由的法令还要大无数倍。摧残自由的法令至多不过是把舆论当作仇敌看待，而津贴与收买竟是把报馆当作娼妓猪狗了！北京一处的报馆和通信社的津贴，竟至有十二万五千元之多。这真是骇人听闻的事！至于各铁路货捐的非法与病商害民，都是大家所公认的。当此财政奇绌的时代，高氏竟能提议废止这一笔很可观的人款，我们不能不说他是有毅力的了。

六月十九至二十五日

十四

伍廷芳（1842～1922）死了。他的死耗传出之后，无论南方北方，无论孙派陈派，都对他表示一致的敬意与哀悼。我们对他的为人，也表示相当的敬意。至于他的盖棺定论，我们想用“福人”两个字包括他的一生。他的福分真不浅！他在海外做外交官时，全靠他的古怪行为与古怪议论，压倒了西洋人的气焰，引起了他们的好奇心，居然能使一个弱国的代表受许多外人的敬重。他的见解是很浅薄的，他对于东西文化的见解尤其是很浅薄的，然而西洋人被他那“老气横秋”的大模样震服了，竟有人尊他为中国式的学者的代表人物！这种福泽已很难得了。他在外交界占的地位，使他在国内政治上的事业也格外顺溜。但是顺溜还是极平凡的福分，伍廷芳的大福分都在他的不顺溜的时期。第一是民国六年伍氏任国务总理时始终拒绝那解散国会的命令的副署。拒绝解散令的副署，确可以表示伍氏的人格。黎元洪与伍廷芳同时都有这样表示人格的机会，黎氏辜负了那个机会，遂让伍氏独享盛名了。黎氏虽然现在做了总统，我们终不能不说他福薄。第二是伍氏的死期恰当孙文失败的时候。他对孙氏的始终帮助，也是他的人格的表示。伍氏的年辈和名望都可以使西南政府增加重量。伍氏恰当这个时候死去，不但他自己始终不变节的人格，格外从失败里照耀出来；并且使人对他晚年扶助的那个虽失败而究竟不失为正义的旗帜，格外发生一种同情的敬意。

六月二十六至七月二日

十五

七月一日，黎元洪有一道命令，说：

> 地方自治，原为立宪国家根本要图。……现在国会业已定期开议，将来制定宪法，所有中央与各省权限，必定审中外之情形，救偏畸之弊害。一俟宪典告成，政府定能遵守，切实施行，俾得至中至当之归，允符相维相系之义。国家统一前途，实嘉赖之。

这道命令自然是应付那“联省自治”的要求的。政府有意要避免“联省自治”的名目，故只说“地方自治”。这个理由，也不难猜测。“地方自治”是对“中央集权”而言，究竟还含有一个“中央政府”的观念。“联省自治”是以各自治区域为单位的，不必一定承认一个中央政府；况且近年的“联省自治”的运动——或喊声——确是反对中央政府的一种表示。怪不得北京政府此时有意避免这个名目了。这道命令总算是正式承认各省份治的必要，承认中央与各省的权限应当划分，并且怪可怜的宣言“一俟宪典告成，政府定能遵守，切实施行”。这种吝啬的承认，虽然还未必能满南方各省的意，然而平心而论，这道命令确然远胜那今天放一个省长，明天放一个省长的糊涂命令了。我们希望北京政府此时少放几个省长，我们希望他更少放几个应该受拒绝的教育厅长。

十六

我前年（民国八年）十二月底到山东。那时山东的气象非常之好。省议会新通过一个议案，增加了二十多万的教育经费，设立了几十名的东西洋留学男女学生官费名额。那时候最可注意的一件事，就是省议会中的新分子（以王朝俊为领袖）用很高明的政治手段，揭发督军张树元吞蚀军费的实情，居然把张树元赶走。我到山东的第三天，张树元就跑了。省议会赶跑一个督军，乃是十年来绝无而仅有的事；况且当日山东省议员用的方法，使的手段，都使我非常赞叹。当日我曾有“山西不如山东”的评论。我和山东分别了两年半，今回重来，气象大变了！教育经费不但不曾加添，连旧定的额数还领不到。去年山东省议会的选举大竞卖，确是山东历史上一段大羞耻：复选票有涨至一千多元一票的，省议员有花至三万元始能当选的！现在省议员中共分五派：（1）天坛派，以谢鸿焘为首领。（2）同仁派，以杜尚为首领。以上两派都是“官府派”。（3）诚社，以张介礼为首领。

(4) 民治俱乐部，即王朝俊一派。(5) 正谊俱乐部，以王贡忱为首领。以上三派为“地方派”。地方派的三支，近来稍能结合，号称“三角同盟”，以与官府派对抗。官府派人数稍少，遂用种种手段抵制地方派，使省议会不能选出议长。省议会改选至今已十个月，还不曾选出议长。这种情形，比起我第一次到山东时，真有不堪回首之感！但我细看山东的情形，还不至十分绝望。地方派的结合，确是一件可以乐观的事。我们很希望山东的“好人”，大家出来，援助地方派的议员，第一步打倒军阀与军阀的走狗，第二步监督地方派，使他们不至流为腐败与黑暗。

十七

近日我们收到一本小册子，题为《中国共产党对于时局的主张》。这本册子虽是匿名的，但他们的十一条原则，确有转载的价值。那些原则如下：

> （一）改正协定关税制，取消列强在华各种治外特权，清偿铁路借款，完全收回管理权。
>
> （二）肃清军阀，没收军阀官僚的财产，将他们的田地分给贫苦的农民。
>
> （三）采用无限制的普通选举制。
>
> （四）保障人民结社、集会、言论、出版自由权，废止治安警察条例及压迫罢工的刑律。
>
> （五）定保护童工女工的法律及一般工厂卫生工人保险法。
>
> （六）定限制租课率的法律。
>
> （七）实行强迫义务教育。

（八）废止厘金及其他额外的征税。

（九）改良司法制度，废止死刑，实行废止肉刑。

（十）征收累进率的所得税。

（十一）承认妇女在法律上与男子有同等的权利。

他们在那个宣言里，对于我们的政治主张，颇表示不满意。他们说我们的主张是“妥协的和平主义，小资产阶级的和平主义”，又说是“姑息的妥协伪和平论”。我们竟不知道我们现在居然成了有产阶级与无产阶级之间的一种第×阶级，叫做什么小资产阶级！但这是小节，我们表过不题。我们只要指出这十一条并无和我们的政治主张绝对不相容的地方。他们和我们的区别只在步骤先后的问题：我们重在“现在”的最低限度的要求，故事事只从“现在第一步”着手。即如我们的第五条主张“废止复选，采用直接选举”，而他们主张“无限制的普通选举”。我们自然也会谈无限制的普通选举，不过我们斟酌现在的情形，不能不把这个主张留作第二步。我们对于这种宣言者的唯一答案是：“我们并不非薄你们的理想的主张，你们也不必非薄我们的最低限度的主张。如果我们的最低限度做不到时，你们的理想主张也决不能实现。”

七月三日至九日

十八

八月一日就要到了。国会里的法定人数是大概可以凑足的了。我们现在对北京的政府提出一个十分郑重十分恳切的忠告：

总统的任期问题要发生了。

副总统的问题也要发生了。

甚至于合法与不合法的问题也要发生了。

要免去这些困难的问题，只有北京政府自认为临时政府一个法子。

黎元洪就职的通电本说是“暂行大总统职权”。现在北京政府不可忘了这句宣言，他们应该正式自认为一个“暂行政府职权”的临时政府；他们的任务是支持这个过渡的时局；他们的任期是到正式政府成立时静候接收。

这个办法，有三大好处：(1) 总统的任期可以不生问题了，也不必算那九十二天或一年零四个月的“舞文”的账了，老老实实的做到正式政府产出时为止。(2) 副总统也不成问题了：此时无论举谁做副总统，都免不了纷争；既认为临时政府，自无选举副总统的必要了。(3) 还有一层最紧要的，就是可以消除东南与西南各省的反对：现在中国的大危机就是一部分的实力派太乐观了，以为统一克期可待，不肯细心研究独立各省的心理；而独立各省也不能谅解北方的乐观心理，以为这是自骄自大的表示；因此，统一的阻力一时正不容易消除。现在北京政府若能宣言自居于临时政府的地位，至少可以消除大部分的猜忌与反对。

我们希望黎元洪、颜惠庆的政府的政治良心能使他们了解这个忠告。

十九

六年解散的国会，不久又要开会了。我们对于国会议员，已有了一番很恳切的忠告（见《努力》第九期第三版）。现在我们对国会再提出一个最简单的建议，请求他们的审度与容纳：

> 国会这一次的集会，应当用全副精力贯注在制宪一件事。他的唯一任务是从制定宪法上产出正式的政府。
>
> 要谋节省时间与避免纠纷，这一次国会应该减少行政上的干涉，至最低限度。
>
> 最重要的是国会应该承认现在黎元洪、颜惠庆的政府为事实上的临时政府，任期至宪法制成正式政府成立时为止。

这样的做去，可以使国会议员专心制定宪法，可以不做通过内阁的买卖，可以不做副总统的买卖，可以早日促成统一的中国。我们希望国会议员的政治良心能使他们赞成这个主意。

七月十至十六日

二十

我们的朋友李剑农在《努力》第十一、十二期发表了一篇《民国统一问题》，对于这篇文章第一段的大意（第十一期）“欲废督必先裁兵，欲裁兵必先统一，欲统一必先确定联邦制”，我们是赞成的。第二段（第十二期）的大意说，“这种联省宪法的草案，须先由联省会议议定，提交国会，依合法的形式通过”；“由各省选出相当的代表，赶紧开联省会议，把联省宪法的大纲议定，交国会通过”。我们对于这一段意思，不能完全赞同。第一，在法理上这个各省代表组织的联省会议，远不如国会有正式制宪的权限。我们赞成有一个各省全权代表的会议来解决这几年发生的许多事实上的问题，但不赞成他们来做制宪的事业。第二，即使我们让一步，撇开法理的问题——正如剑农说的“一个国家，当开国之初，关于法理上的解释，总有些不圆满”——我们也还不能忽略事实上的障碍。照现在的情形看来，这个制定联邦宪法草案的会议，至多只能得南方几省的赞同；而国会制宪却是没有一省敢明白反对的：我们为什么要撇开这个很少反对的国会制宪，而另外去寻一个起草的联省会议呢？况且这种联省会议的代表，无论如何产生，在现在的形势之下，总难免各省武人的操纵。剑农怕国会议员“禀承北洋正统的思想去制宪”，难道他不怕联省会议的代表禀承“割据诸侯”的意旨去起草吗？据我们看来，北洋正统的思想，只稍有南派的议员多数出席，再加上舆论的监督，便可以打破了。倒还是那督军代表的联省会议，很容易陷入“一人一义，十人十义”的状况，不容易对付。况且现在各省的治安情形，很不一致，南北都有内乱很激烈的省份，也都有兵匪遍地的省份。剑农所主张的联省制宪会议，在一年半年之内，恐怕不容易产生，所以我们主张直捷了当的责成国会从速制定省自治的制度，划分中央与地方的权限，作为各省后来制定省宪的概括标准。如果国会放弃他的责任，不能于短时期内制定宪法，那时我们再采取别种革命的举动，也不为迟。

二十一

近来最可以注意的是旧道德的死尸的复活。旧道德不适宜于新环境，自然是意料之中的事。但是有时候旧道德偏要在新环境里弄他的旧威风，很像一个红顶花翎黄马褂的官儿，忽然在北京饭店的屋顶花园里呼么喝六，岂不是过渡时代的一个怪现象吗？就拿“丁忧”的事做个例罢。两千年来做官的人死了父母，便不能不开缺奔丧。只有极少数的大胆的奸雄，如明朝的张居正，不愿意这样做，然而他们也不能不假借“夺情”的名目；到了后来，还不能免后世腐儒的批评。然而做商人的却不因为死了父母就三年不做生意，做蒙馆教师的也不因为死了父母就三年不教书：可见职业主义所到的地方，封建时代的贵族的旧道德，久已站不住了。近来的官场对于父母的丧，也只有请假治丧，而不必开缺终制。然而旧道德的鬼却也时时出现，即如此次齐燮元的父亲的死，居然有一班很开通的人打电报请他开缺守制，并且打电报要求北京政府准他开缺守制。我们并不反对齐燮元开缺，也不反对江苏人要赶走他，但我们反对江苏人抬出旧道德的死尸来做废督的武器。这是一个例。我们再举一个例。陈炯明一派这一次推翻孙文在广东的势力，这本是一种革命；然而有许多孙派的人，极力攻击陈炯明，说他“悖主”，说他“叛逆”，说他“犯上”。我们试问，在一个共和的国家里，什么叫做悖主？什么叫做犯上？至于叛逆，究竟怎样的行为是革命？怎样的行为是叛逆？蔡锷推倒袁世凯，是不是叛逆？吴佩孚推倒段祺瑞，是不是叛逆？吴佩孚赶走徐世昌，是不是叛逆？若依孙派的人的伦理见解，不但陈炯明不应该推翻孙文，吴佩孚也不应该推翻段祺瑞与徐世昌了；不但如此，依同样的论理，陈炯明该永远做孙文的忠臣，吴佩孚也应该永远做曹锟的忠臣了。我们并不是替陈炯明辩护；陈派的军人这一次赶走孙文的行为，也许有可以攻击的地方；但我们反对那些人抬出“悖主”、“犯上”、“叛逆”等等旧道德的死尸来做攻击陈炯明的武器。

【附跋】这一条的后半最受南方许多朋友的攻击，但我现在也不删他，只愿读者了解这一条的主题是“旧道德的死尸的复活”，而不是替什么人辩护。

适十三，四，十五

二十二

这一周中国的大事，并不是董康的被打，也不是内阁的总辞职，也不是四川的大战，乃是十七日北京地质调查所的博物馆与图书馆的开幕。中国学科学的人，只有地质学者在中国的科学史上可算得已经有了有价值的贡献。自从地质调查所成立以来，丁文江、翁文灏和其他的几位地质学者，用科学的精神，作互助的研究，经过种种的困难，始终不间断，所以能有现在的成绩。他们的成绩共有三个方面：第一是全国地质的调查。这是一件很大的事业，一时不容易成功。他们现在已经测量的，只有直隶、山东、山西、河南、江苏几省。第二是供给矿产的知识。在这一方面，他们的成绩最大，我们看中国矿业家这几年捐给地质调查所博物图书馆的钱的数目，就可以知道中国矿业所受的利益了。第三是科学的研究。地质调查所里的地质学者，近年很出了些有价值的科学著作。本国学者除丁文江、翁文灏、章鸿钊各位之外，还有外国学者葛拉普（Grabau）、安特森（Andersson）在所里做专门研究。我们现在虽不能说这一班中国地质学者在世界的地质研究上有什么创作的贡献，我们至少可以说，他们整理中国的地质学知识，已经能使“中国地质学”成一门科学：单这一点，已经很可以使中国学别种科学的人十分惭愧了。——这一次开幕的博物馆里有三千二百五十种矿物标本，图书馆里有八千八百多种地质学书报，在数量的方面已很可观了。最可注意的是博物馆里的科学的排列法。中国人自办的博物馆最缺乏的是没有科学的排列法，此次山东省花了五千元办的山东历史博物馆，只可算是一个破烂的古董“堆”，远不如琉璃厂的一个大古董摊！三殿里的古物陈列所，也只可算得一个乱七八糟的古董摊，全无科学的价值。读者如要知道什么叫作科学排列的博物馆，不可不去参观丰盛胡同的地质调查所。

七月十七至二十三日

二十三

我们回想到民国元年至五年的无数《中华民国宪法草案》，就预料今年旧国会开会的前后总应该有许多国宪草案出现。不料到今天我们只看见八团体国是会议的一个国宪草案（见《努力周报》第十三期附张），此外竟不曾有同样的尝试。这不完全是因为国内的宪法学者的制宪热心都冷下去了。我们猜想起来，这个现象有两种原因：第一，旧国会的复活是两个月前忽然出现的事；时间太短，一班宪法学者还来不及把高阁上灰堆里的宪法书取下来呢。第二，五年六年的天坛宪法，除了“地方制度”一章之外，都已通过了二读会了。有许多人的心里以为那通过了二读会的部分是不能更动了的——至多只可有文字上的修正——所以他们只注意在那付审议的“地方制度”一章。这是大家不肯热心去拟宪法草案的最大原因。

但是我们现在要问：究竟这一次国会制宪，能不能推翻或修改天坛宪法中已通过二读会的条文呢？那主张不更动二读通过的条文的，大意是希望宪法早早产生，故不愿意推翻那已通过的条文；因为如果今回否认前回二读会的效力，如果今回制宪又要从头逐条讨论起，那就要旷废许多时日了。况且，这些人又觉得，当年与现在最重要的争点都在省制一章，现在这一章既然可以根本修改，又何必争那些比较不很重要又没有什么大毛病的其余条文呢？这是主张不更动二读条文的理由。我们仔细想来，也有一个主张。我们主张：

> （1）为促成宪法计，凡上回通过二读会的条文，如无十分不适用之处，概不再更动。
>
> （2）但也不必严格的尊重二读会的效力；凡已通过二读会而现在认为不能不修正的，不妨提出修正，或根本推翻。

我们的理由有两层。第一，二读会通过后不能修改的话，并无明文的规定。二年九月公布的议院法第二十七条只说："关于法律财政及重大议案，非经三读会，不得议决。"议院法中并不曾规定凡通过二读会的议案不得更动。第二，况且民国六年到现在已隔五年多了，时势的需要变了，国民的思想也变了；当日斤斤争执的（如孔教问题），现在已不成问题了；当日双方辩论最烈的（如集权与分权问题），现在已成了一方面的优胜了；当日不成问题的（如劳动组合问题），现在已成为问题了。因此，我们今日决不能严格尊重五年前的二读会的议案——即使议院法有这种制限，我们还应该先修正议院法，何况本来没有明文的规定呢？

我们觉得，八团体国是会议的国宪草案虽然显出匆忙草成的痕迹，却有许多很有价值的主张，有许多地方远胜于天坛宪法。

第一，是联省政府与各省的权限的划分。这个草案对于联省政府与各省的权限，都采取“列举”主义：联省政府的权限列举了二十七项，各省的权限列举了十三项（第二章）。财政方面，联省政府的收入也都列举出来（第八章，七四条）。第六十七条说：“凡关于联省行政，联省政府得自设机关执行之。其不自设机关者，由联省政府委托各省代执行之。”这个草案中划分的权限是否都合宜？联省政府的权限与各省的权限是否都应该列举？不曾列举的事权应该由什么机关规定分派？这些问题我们且不讨论。单论这种下手方法，确已远胜于那天坛宪法的地方制草案了。第二，国民的生计方面的立法，这草案的第十章（第百零一条至百零七条）专论国民生计，大旨有五个要点：（1）原则上承认“全国之生计组织，应本于公道之原则，使各人得维持相当之生存”。（2）规定劳动应有法律的保护。（3）承认劳动结社的自由。（4）得税财产，以供公用。（5）私人营业，国家认为“适于公有，并公有后可以增进公共利益者”，得收为国有、省有或地方公有。这几点都是很平允的主张，我们很希望将来这些意思都能成为宪法的一部分。

此外，这个国宪草案还有几点特别的地方。（1）他规定“现役军人，非解除兵柄三年后者，不得当选为大总统”。（2）他大胆的主张“暂以参议院行使立法权”，“俟户口册编成，国民之财产及识字资格得有详细报告，再行规定众议院之组织法及选举法”。（3）他又大胆的主张议员的撤回：“原选机关对于所选参议院议员，认为不合时，得以原选举者过半数之同意，撤回之。”（4）他反对现行的总统选举法，主张用参议院为初选机关；而用各省省议会议员，和各省教育会、商会、农会、工会合选与省议会相等的人数，为复选选举会，于初选当选的六人之中，选出一人为大总统。以上这几项都是很有研究讨论的价值的，故我们替他指出来。——这个国宪草案有一部分是沿袭天坛宪法，有时也不免把天坛宪法有毛病的地方沿袭下来。例如第六十五条全是沿用天坛宪法的第九十二条。这一条天坛草案原稿是：

> 国会议定之法律案，大总统如否认时，得于公布期内声明理由，请求国会复议。如两院各有列席议员三分之二以上仍执前议时，应即公布之。

后来二读会修正末句为“如两院仍执前议时，应即公布之”。这就是否认大总统有“否决权”（Veto），似乎不如原草案的妥当。现在国是会议的草案也不主张复议的同意票数应该多于原议的票数，似乎与二读会修正案有同样的错误。

现在八月一日国会的开会似乎还不能足法定人数；即使能开常会，也决不能在短时期内开宪法会议。但是国宪是我们都应该注意的事；我们应该早日研究这个问题，或拟草案，或谈法理，作为将来制宪的预备。因此，我们因上海这个草案的触动，也就高谈起宪法来了。

二十四

新任教育次长汤尔和前天在阁议席上因争教育经费没有结果，遂决然辞职。他真做了一个“五日次长”。有些人怪他未免太性急了。但我们觉得汤氏的行为是不错的。他为了一个主张而来，为了主张的失败而去：这是很正当的行为。我们对他表示同情的敬意。

七月二十四至三十日

二十五

这一周最可喜的消息是国会开会后有多数议员提议“暂缓行使其他职权”，先行制宪。这样的议案有两个：一个提议“在宪法会议法定人数未足以前，先开宪法审议会，将六年二读会未决各条，先行审议决定，以为报告大会之准备”。一个提议“两院先行制定宪法；在宪法未制定以前，暂缓行使其他职权”。这两个议案有一个共同的理由。前一案说：

> 盖政治良否，其职责不在一方；而宪法不成，则国会独任其咎。

后一案说：

> 民国成立十一年无宪法。前此责任，或可诿为外力干涉。……此次开会，若不专力制宪，或因政争阻碍制宪进行，则国会咎无旁贷。

这种宣言，可算得是一部分议员的觉悟。我们盼望他们坚持到底，并且祝他们胜利。

但是，据北京《星报》（七月三十）的报告，尚有一部分的议员主张先解决现政府的地位，解决现总统是否合法，若合法，他的任期应如何计算；若不合法，国会是否承认现政府为临时政府而另举大总统。这种传说，如果是确的，可见国会里现在有两个大派：一是制宪派，一是完全职权派。这种主张上的区分，虽然远胜过闹意气的党争，但我们总希望这班国会议员不要作茧自缚：这种纠纷的问题真是同乱丝一样，越理越乱，只有“以不了了之”的一个法子。如果他们这时候还不觉悟，还想做买卖，还想趁火打劫——他们错过这机会还不足恤，我们国民是永不会饶恕他们的。

二十六

上海传来法统维持会的宣言颇使我们失望。他们明明说着：

> 国会者，四万万人之所有，非数百议员之所有；中华民国者，四万万人之国家，非数百议员之国家。法统之存亡，国会之真伪，其为利害祸福，惟我全体人民实身受之。

他们既承认全国人民为最后的审判机关，就应该知道全国大多数人民所最关切的并不是什么法统的存亡，乃是国家的安全和人民的幸福。如果议员先生们肯发大慈悲，不谈什么法统与名器，早早的赐我们一个宪法，我们可以断定大多数的人民决不会起来“严拒非义，誓与奋斗”。我们可以斗胆的摹仿法统维持会宣言的口气，说：

> 法统者，百十个议员之招牌也，而非四万万人之问题也。

法统二字，本不成意义，与旧史学的正统，理学道学的道统，同一无意识。上海的议员先生们如果心里看得起“全体人民的利害祸福”，就应该根据于“《约法》制宪法之大权隶属于第一届正式之国会”的原则，惠然肯来制宪。如果他们还怕“认矫法为合法，使佥壬长窃政权”，他们尽可以对北京的议员明定北来的条件，照广州的前例，承认一个或两个临时政府，暂时维持秩序，至宪法成立时为止。那么，宪法早成一日，“佥壬窃政权”的期间就缩短一天。不然，他们逗留上海，借一个假招牌来阻碍宪法的成立，他们的罪名也就难逃了。(八，三，天津)

二十七

黎元洪派到上海去的代表黎澍近有电给北京政府，请早日开一个各省代表会议，解决事实问题。他的电文说的很透彻：

> ……是法律一层，已属不成问题。所余者，事实耳。西南六省，独立者有年，称政府者有年，一旦欲归于妥协，当必有途径以由之。政府不避艰辛，以诚意相召。……诚意从何而表示，必有方法以征之。导其途径，绎其方法，除公开会议外，实无良策。舍此而图，鲜克成功。譬如阋墙兄弟，久已参商，骤欲合居共爨，亦必杯酒联欢，殷勤款接，始得言归于好。公开会议即此意也。……

这话确是今日政府应该采纳的良言。政治上的交涉，是要“交涉”的，不是一方面的。有时候须要摩罕麦德去朝山，有时候须要山去朝摩罕麦德。北方政府这两个月来，始终不肯召集各省代表的公开会议，我们真想不出什么道理来。难道是“夜郎自大”，不肯损失“中央政府”的体面吗？若说是既有国会，不应再有各省会议，怕国会要吃醋，那么，国会从宪法上解决中央与各省的关系，各省会议解决这几年来的事实问题，两边各不相妨，有什么醋可吃呢？我们希望黎元洪注意黎澍电文中的结语：

> 机会之来，须臾即逝。与其为各个之疏通，纷呶易启，何若作简单之谈判，意见悉泯！

我们自从五月十四日以来所以力主早开南北和会，也是这个道理。（八，三，天津）

七月三十一至八月六日

二十八　吴佩孚与联省自治

吴佩孚的东电，期望国会议员做中国的“哈米顿、佛兰克林”，并且给这班哈米顿、佛兰克林上了三个条陈。第一条说“职权固期能完全行使，然殚力宜以制宪为准”。第三条主张“强迫教育，保护劳动”。这两条都可以得一般人的同情。但是那占全文大半篇幅的第二条就很有讨论的余地了。这一一条讨论分权与集权的得失，主张“须以单一之形式，贯彻分权之精神”。他对于“联省自治”的话，仍是反对的；他虽不明指联省自治，但电文中说的“不惜分崩割裂以立法，……以列强环视之国家供冥想之试验”，明明是指联省自治的主张。吴氏的军事天才，是很可佩服的；但他的政治主张，我们可不能不认为幼稚。“联省自治”这个名词虽然不免有语病，但他的内容实在不过是一种联邦或联省的国家；无论联邦与联省，并不妨害国家的统一。约法或宪法上尽可以仍旧说“中华民国永远为统一民主国”，因为统一民主国尽可以包含联邦式的统一民主国。假使我们能做到像美国那样的联邦式的统一，难道我们还不能满足吗？然而吴氏却要抬出“破坏国家，违背约法”的大罪名来责备人，我们真不懂了。我们平心而论，“联省式的统一国家”，是现在唯一的统一，只有这种统一是可能的；吴氏说的“集权于国，分权于民”的统一，只是纸上的名词，事实上是没有那么回事的。

试问怎样才叫做“集权于国，分权于民”？依吴氏的具体办法，省长必由中央任命，难道就可算是“集权于国”了吗？那么，又怎样“分权于民”呢？吴氏一面说“宜民自治”、“分权于民”，一面又怕“省长而人选，非军阀则贾氓；县长而人选，非乡愿则地痞”。他又说：“政治甫入轨范之日，民选之利尚在无何有之乡，而其为害已不可胜纪。”如此看来，“分权于民”四个字也只好留在无何有之乡了！

我们要明白承认：民治主义是一种信仰。信仰的是什么呢？第一，信仰国民至多可以受欺于一时，而不能受欺于永久。第二，信仰制度法律的改密可以范围人心，而人心受了法制的训练，更可以维持法治。第三，民治的本身就是一种公民教育。给他一票，他今天也许拿去做买卖，但将来总有不肯卖票的一日；但是你若不给他一票，他现在虽没有卖票的机会，将来也没有不卖票的本事了。

若因为“组织未备，锻练未成”，就不敢实行民治，那就等于因为怕小孩子跌倒就不叫他学走了。学走是免跌的唯一法子，民治是“锻练”民治的唯一法子！若依吴佩孚的兢兢怀疑，那么，我们也可以说：“组织未备，锻练未成，充其终极，总统而人选，非军阀即奸雄；议员而人选，非政棍即财主!”我们何不也改总统为世袭皇帝，改议员为任命的呢？

我们要劝告吴氏：现在的争点并不是那纸上的“集权于国，分权于民”，乃是“那几部分的权限应该归中央，那几部分的权限应该归各省”。当年的费府会议，哈米顿和佛兰克林们做的事业，也只不过解决了这一个问题。现在吴氏既然期望国会议员做中国的哈米顿和佛兰克林，正应该期望他们早早解决这个问题，明定中央与各省的权限，使将来的中央政府确为各省公认为不可少的总机关，使将来的各省确为一个统一国家的自治省份而不致侵犯中央的权限，不致居服从中央之名而实行割据的分裂！

至于省长的问题，宪法里尽可不必规定。将来“省之官制”是应该由各省自定的。如果某一省情愿请中央任命省长，那也是可以的。但是吴佩孚驳民选省长的理由，是绝对不能成立的。

二十九

黎元洪忽然向国会“补完民国六年七月正式辞职手续”！这种古今中外都不曾有过的妙计，不知是那一位神机军师想出来的。然而这确是一条妙计。假如国会准他辞职，那就是国会承认了他的法律上的位置了。假如国会不准他辞职，他更是合法的总统了。假如国会不受理，把原文退回，那又是国会自身不肯解决这个问题，他仍旧可做他的总统了。政府算定国会此时不能受理这事，故同时又通电全国，明明说着：

> 维持约法，践履誓言，不得不补行辞职。……第时局阽危，南北尚未统一，本大总统膺国民付托之重，在职一日，即当尽一日之责。未经国会解决之前，决不稍图推卸，贻误国事。

现在国会果然把咨文退回去了，黎元洪自然“决不稍图推却”了。这岂不是一条妙计吗？——然而过去的事实还是事实，过去的岁月还是岁月，决不是一纸公文就能弥补了的。其实黎元洪若能老老实实的认清自己的职务是在非常时代被拥戴出来维持现状的一个临时总统，这一层还可以得国人的谅解，还可以得历史上的谅解。他又何必多此一举呢？

三十

现在事实上是王宠惠出来组织内阁了。当颜惠庆组阁的时代，我们最不满意的是，颜惠庆在外国多年，总算是负点虚名的人了，然而他的内阁毫无政策，毫无计划。无主张的上台，无主张的下台，是政治家可耻的行为！现在王氏又上台了。王氏是《我们的政治主张》的一个签名者；那篇政治主张提出三个基本的要求：(1) 要求一个宪政的政府；(2) 要求一个公开的政府；(3) 要求一个有计划的政府。我们现在对他先提出第三个要求，我们希望他先定一个大政方针，然后上台；我们希望他抱一个计划而来，为这个计划的失败而去。无计划的上台，无计划的下台，是我们决不希望于王氏的！

八月七至十三日

三十一

本报这一期（《努力》第十六期）登出“涤襟”的一篇《述孙、陈之争》的长文。“涤襟”是没有党派成见的人，此次自广州避乱来上海，做了这篇文章，说明孙、陈分家的历史。他自己也有时加上一点评判。我们觉得他的态度很平允，所以在这一期里把他全行登出，供讨论粤事的人的参考。至于我们对于孙、陈之争，因为不容易得确实消息，所以不曾发表什么偏袒的意见；然而第十二期上攻击“旧道德的死尸”的一段短评，已惹起了《民国日报》一个月的攻击了。我们研究他们的驳论，参考“涤襟”的文章，觉得我们的主张所以招怨的原故全在我们不曾完全了解孙派用秘密结社来办政党的历史。同盟会是一种秘密结社，国民党是一种公开的政党，中华革命党和新国民党都是政党而带着秘密结社的办法的。在一个公开的政党里，党员为政见上的结合，合则留，不合则散，本是常事；在变态的社会里，政治不曾上轨道，政见上的冲突也许酿成武装的革命，这也是意中的事。但此次孙、陈的冲突却不如此简单。孙文鉴于国民党的失败，仍旧想恢复秘密结社的法子来组政党。因为陈炯明是新国民党的党员，不曾脱党，而攻击党魁，故用秘密结社的道德标准看起来，陈炯明自然是叛党的罪人了。陈氏至今不敢发一个负责任的宣言，大概也是为了这个原故。我们旁观的人只看见一个实力派与一个实力派决裂了，故认作一种革命的行动，而在孙氏一派人的眼里，只见得一个宣过誓的党员攻击他应该服从的党魁，故抬出“叛逆”、“叛弑”等等旧名词来打他。这是我们现在的观察。但我们再进一步，提出一个疑问：秘密结社的仪式究竟是否适宜于大规模的政党？秘密社用来维系党员的法子在现代的社会里是否可以持久？这一个“制度”的问题似乎也有讨论的价值罢。

八月十四至二十日

三十二　怎么可以推翻二读会的宪法案？

在本报第十三期里，我们曾主张：（1）为促成宪法计，凡已通过二读会的条文，如无十分不适用之处，概不再更动；（2）但也不必严格的尊重二读会的效力；凡已通过二读会而现在认为不能不修正的，不妨提出修正，或根本推翻。当时我们曾指出二年九月公布的《议院法》里并不曾规定二读会通过的条文不许修改。但那是我们的疏忽。《议院法》虽无这项规定，但《众议院规则》第七十九条说：

> 第三读会，除文字外，不得为修正之动议。但发现议案中有互相抵触或与现行法律抵触者，不在此限。

又《宪法会议规则》第十六条说：

> 第三读会，除修正文字外，应将全案议决之。

这样看来，二读会的规定，果然可以阻碍宪法草案的通盘修正了。甚至于连那二读会通过的“地方制度”四字的标题也不能改为“省制”。

但是国会议员中也有很多人觉得二读会通过的宪法案确有不能满人意的地方，可是他们只想出两条可走的路：

（1）凡二读案里没有的，不妨补加进去，如劳工保护法等。

（2）且将这个宪法补绽完后，从速通过公布。等到新国会成立时，再依法组织宪法会议，痛快的修改他。

但是第二个办法太笨重了；宪法公布之后固可以修正，但也不应该改的太轻易了。第一个办法——补绽——也是很困难的；不得更动原物，而又要补绽，那是很难下手的。

本期登出卫挺生君讨论这个问题的一篇文章。他提出完成宪法手续的两个办法：

第一，现在把二读会通过的原案提出请求“复议”。

第二，或将二读会通过的原案，不加修正，交付三读会否决其全体，然后重行起草，用原案作为底稿。

这两个办法，都是很有理而且很可实行的手续。那第二种办法，由三读会否决二读会的全案，虽是很重大的手续，却是很容易明白的；《宪法会议规则》第十六条即可引为根据，不用我们再加说明了。只有那“复议”（Reconsider）的办法，《议院法》、《众议院规则》及《宪法会议规则》都没有规定。但这确是欧美议会的一条通则。孙文的《会议通则》第十章，专论“表决之复议”，即是此法。卫君已引了一些国外专家学者的话，我们为帮他解释起见，不妨再引孙君的书——此书为汉文中最完备的会议规则——如下：

> 第七十七节：“复议之动议，即推翻表决而复行开议也。其作用则所以救正草率之表决，及不当之行为也。”
>
> 第七十八节：“此动议若得胜，则其效力有打消表决而使议案复回于未表决前之状况，以得从事于种种之讨论，然后再行表决也。”
>
> 第八十节：“复议动议，只有得胜方面之人乃可提出。……倘表决果有不当，则失败方面之人自不难托得胜方面之人提出复议也。”
>
> 第八十六节：“复议之动议，始自美国，其用处乃以应非常之事；如他法之能力已穷而仍不能达目的者，然后始用之，方可谓为适当。”

我们觉得这个办法最为妥善，我们希望舆论界鼓吹这个主张，并希望国会议员考虑采纳卫君的建议。

八月二十一至二十七日

三十三

现在的北京政府，真成了无政府的局面了。国务总理病在医院，财政总长躲在天津，交通总长逃而复返，至今请假，教育部完全无人负责，国立八校校长已四次辞职了，京师的四个司法机关也因欠薪五个月而罢工了。报纸上只看见一批一批的将军与勋位的发表，只看见甲内阁乙内阁的揣测，只看见大孙小孙来不来的猜谜。然而东三省扣留车辆，已近一千辆了；张作霖已通告北戴河的外人一律退出了；直、奉的战争似乎又不可免了。再向南望去：河南的匪乱，湖北的政争，江西的糜烂，四川的战事，广西的糜烂，广东的纷扰，都是不容易收束的绝大难题——然而当局的人，仍旧只顾争他们的意气，只顾建立他们的势力，只顾骂来骂去，只顾应付与敷衍。总而言之，今日中国已无政府！漂泊的政府，算不得政府！挨延度日的政府，算不得政府！

然而今日大权在握的人，还在那里做他们的迷梦！一方面想拉孙文来倒黎元洪，一方面又想联张作霖来抵制吴佩孚。这种钩心斗角的计策，我们可以断定他们必定失败的。孙文在他的本省不能和他同党同事的陈炯明相安，如何能在北方的“三大”、“四大”之下做小媳妇？至于张作霖，即使他能出关拥护黎元洪，即使他能大得胜利，至多也不过能逼迫吴佩孚早日与南方联合，成一个南北分裂的局面。中国的纠纷仍旧是解不开的。

孙文最近的态度，据东方通信社的消息，是很明显的。他承认北方武人和他接近，但他自己并无北上的意思，也不曾派遣代表。他又说，他对于北方武人，只认政见上的共同，不问是谁，只须确有诚意，都可联络共事。至于他的政见，我们从他的言论里可以抽出的是：（1）护法的旗子可以卷起来了；（2）国会须是八年的国会；（3）反对“联省自治”的主张；（4）收军权于中央，发展县自治，以打破分省割据之局。第一项自然没有问题，第二项大概也可以没有大问题。第三、第四是和吴佩孚很接近的主张了。我们赞成收军权于中央，也赞成县自治的发展，但我们总不懂孙、吴二氏怎样能抹杀“省”的一级。我们至今不解国中研究政治事实的人何以能希望不先解决“省”的问题而能收军权于国，何以能希望不先许省自治而能使县自治！试问国宪制定颁布之后，各省就能拱手把兵权奉给中央了吗？那些已行自治的各省，如湖南，如广东，就可以自行取消他们的自治制度了吗？那些正在经营自治的各省，如云南，如四川，就可以立时放弃自治了吗？假如不能，中央是否还要实行“武力统一”的政策？假如实行“武力统一”，国民能容许吗？“孙、吴”的兵法能自信得最后的胜利吗？

我们对于孙、吴二氏的忠告是：

> 只有“省自治”可以作收回各省军权的代价。
>
> 只有“省自治”可以执行“分权于民”和“发展县自治”的政策。
>
> 只有“联邦式的统一”可以打破现在的割据局面。
>
> 只有公开的各省代表会议可以解决现今的时局。
>
> 只有公开的会议可以代替那终久必失败的武力统一。

我们因为孙、吴二氏都还是为主义而不为私利私图的人，所以对他们发这个诚恳的忠告。

对于孙氏，我们还有一个忠告：他对于陈炯明的复仇念头，未免太小器了。孙氏是爱国爱广东的人，不应该为了旧怨而再图广东的糜烂。此次广州之变，曲直不全归于一方，而是非应俟之公论。此后孙氏只应该以在野的地位督促广东的善后，监督陈炯明的设施，许他整顿广东，以为自赎的条件，那才是大政治家的行为。若悻悻怒骂，不惜牺牲一省的人民以图报复，那就不是我们期望于他的了。

八月二十八至九月三日

三十四

直系军人发出许多通电来反对“联省会议”。吴佩孚说：

立法之权，属诸国会。各方如有所见，不妨向国会陈议，用备研究。岂可另寻途径，僭越职权？

孙传芳说：

一俟宪法告成，则主权所着，何者应畀与中央，何者应畀与地方，必然迎刃而解，又何必再开联省会议？

是呵！说的有理呵！然而七日政府却又下命令召集一个财政会议了。财政会议的发起人自己说：

目前应召集各省财政人员来京筹商办法，将各省税款，何者应归地方，何者应解中央，划清权限，内外相维。……

假如有人引孙传芳的话来驳张英华，可不是针锋相对吗？可怜的人，知二五而不知一十！

十一年九月三至十日

三十五

我们从前对于王宠惠的内阁，曾有一个要求：要求他们不要没有计划的上台，没有计划的下台。现在“王代阁”已总辞职了。没有计划的上台和没有计划的下台，都实现了。“代阁”时代的困难，我们也知道：同床异梦的阁员，索薪的包围，名义上——“代阁”——的不分明，这都是实在情形。但现在正式的“王内阁”似乎又要出现了：阁员的色彩虽然不能做到“清一色”，渐渐趋向“凑一色”了；“依法惩办”的命令似乎可以减少索薪团的包围了。这个时候出来组阁的人，总应该有个计划了。我们对于这个第二次的王内阁，仍旧是一个忠告：没有计划而来，没有计划而去，是可耻的事。

三十六

王宠惠虽不曾宣布什么政策，然而北方的军人已替他发表一个大政策了。直系的军人反对唐绍仪内阁的许多通电，大意都是说，唐绍仪是主张联省自治的，所以不配组阁；最配组阁的只有王宠惠。那样看来，北方军人早已公认“反对联省自治”为王宠惠的一种大政方针了。我们盼望王氏对于这一点有一种明白的表示。

三十七

我们请读者注意本期登出的一篇对于目前时局的计划。他提出关于政治的两条办法，关于财政的四条，我们大致都赞成。我们觉得他这个计划里最大胆的是主张由政府公开的调解直、奉的私斗，消除那逼人的战祸。我们承认这个意见很有供大家注意的价值。我们眼睁睁地看着两大系的军阀天天练兵筹饷，准备作战，像两个不共戴天的敌国一样，然而政府毫不敢过问，总想等到一系打败了再来下令捉死老鼠！不但政府如此，国民也不敢过问，也想等到一系打倒之后再来说漂亮话，嘴里心里安慰着自己道："让军阀自家打自家，倒了一个少一个！"这是我们的大羞耻！我们盼望国中舆论注意这个逼人的问题：奉、直的问题不解决，我们别想谈财政，也别想谈外蒙古，也别想谈教育，更别想谈裁兵和统一。

三十八

教育部召集的学制会议，日内就要开会了，我们对于这个会议，有两个希望。第一，我们希望到会的教育专家不要太注重学制的改革。学制从硬性的变成有弹性的，固是一大解放。但教育的精神究竟在内容而不在学制的系统。这一次学制会议，依我们悬猜起来，至多不过能做到正式承认或修正后承认去年全国教育会联合会的新学制原案。至于那更重要的"新学制课程"，决不是六七天的大会能议决的。我们希望学制会议能组织一个长期的新学制课程草案委员会，委托他们从容研究这个问题。第二，我们对于新学制的中学部分，认为最重要的部分。我们希望学制会议对于这一部分中的高级中学要特别慎重。现在办不好四年中学的人，也决办不好六年的中学。我们主张，现在只可指定少数已有成绩的中学，准他们办高级中学。高级中学须有特别预算，须规定教育的资格。除了几个教育发达的省份之外，每省此时只可有一个高级中学。以后不妨分期逐渐增加，但此时不可不抱定“宁缺毋滥”的宗旨。这是我们对于学制会议的希望。

九月十一至十七日

三十九

我们对于王内阁，曾提出一个解决目前时局的计划。现在我们对于这一次出来任教育总长的汤尔和，也提出一个小小的要求。本年八月国语统一筹备会第四次年会曾有一个议案，原文是：“请教育部把一切公文改成国语，并且加上标点符号，给全国做个榜样。”这个议案，我们希望汤氏早日批准实行。标点符号案是教育部颁布的，小学改用国语案也是教育部颁布的。教育部既然正式提倡标点符号，既然正式提倡国语，岂可至今还不肯用国语和标点来做公文吗？况且公文法令的第一要件是要明白无疑。凡是可以使公文格外明白无疑的，都应该采用。所以向来诏令、告示、口供往往用白话体，并且用句读。这并非创例，不过是推广向来的一个老法子，使他更精密、更普遍罢了。还有一层，中国的公文里，保存着无数古代阶级政治的遗形物，最不合今日民主共和国的精神。若一律改用白话，不但虚伪的文句可以扫空，阶级观念的根株也就可以一齐掘倒了。所以我们主张中华民国的法律公文应该一律改用白话，一律分段，一律加上新式标点符号；教育部既然正式提倡国语与标点符号，这个改革应该从教育部做起。我们盼望汤尔和这一次出来就职，至少可以做到这一件需要的改革。

四十

近来中国新闻界捏造新闻的手段，似乎更巧妙了！前不多时，我们在北京《中华新报》上首先读到汉阳兵工厂被工人炸毁大部分，损失六百余万元的重大消息；然当日并无他报记载此事，我们还不敢深信；过了两天，北京各报差不多全有此事了。“三人成市虎”，这事竟很像真的了。然而此事竟是假的。最近的新闻制造家似乎也知道单制造“风闻”的新闻是不足以取信于社会的了，于是他们改换方法，竟来制造“文件”！前两周，各报上登出曹锟、吴佩孚给孙文的第二电，说“先生反对联省自治，锟等极表同情。……”这一电，当时我们都信以为真，现在洛阳方面却正式否认此电了。前日（二十二日）《黄报》登出王宠惠给陈炯明的一个长电报，说什么“非统一不足以裁兵，非裁兵不足以理财，非理财不足以救亡……”后来我们面问王氏，始知这个电报全是捏造的。研究历史的人，往往轻视无证据的记载，但他们对“文件的证据”（Documentary Evidence）却终不敢随便忽略。现在中国的新闻制造厂竟老实制造“文件的证据”：这个风气一开，报纸的信用全失，今日不能取信于读者，将来也全无历史参考的价值了！

九月十八至二十四日

四十一

我们在第十二期里曾提出一个假定的目前计划，内分政治和财政两分部。政治项下只有两条：一是由中央从速召集各省会议，一是由中央提出公开的条件，消除奉、直的私斗。关于第二条，我们在前周的短评里已指出他的重要了。最近听说孙文的代表张继到京后也说孙氏主张奉、直私斗应该调解，又听说黎元洪也有这种主张，这都是很好的消息。但我们要补充一句。我们说的"消除奉、直战祸"，并不是姑息的调和；我们要求奉、直双方裁减军备，双方克期裁兵，双方实行取消"联督割据"——这才是真正的消弭北方战祸。但这是一种"与虎谋皮"的事，非有全国舆论协力作先声，协力作后盾，这事是不容易收效的。我们很盼望全国的舆论界少费精神去替王宠惠们制造俏皮的绰号——什么"学究内阁"、"反串内阁"——而回转头来，向这个逼人的问题上作点有力的鼓吹！

同时我们还要盼望全国的舆论界一致督促中央早日召集一个各省会议。当直、奉战争还不曾完全终了时，我们在五月十四日的报上便提议一个公开的南北和会，由和会议决召集旧国会，作为统一的一个条件。当时这个提议若实行了，现在国会里决没有什么"民八"、"民六"的纷争，也不致到今日还是这样四分五裂的中国了！但当日战胜的实力派自作聪明，以为"法统重光"之后，什么问题都没有了；于是他们反对和会，反对各省会议，迫不及待的就把黎元洪拥出来了，就把国会恢复了；既不问事实上统一的阻碍，又不顾南方的心理，又不顾国会内部的法律问题与感情问题；所以国会虽然开会了，黎元洪虽然做了总统了，然而国家分裂如故，统一还是遥遥无期的，国会里唱过几次的武戏还是小之又小的恶果呢！当时以为统一的障碍是孙文，孙文倒了，统一还是不能实现。当时又以为国会的障碍是广东的非常国会，现在非常国会没有了，然而国会还不能太平无事的进行。我们再三考虑现在的政治情形，只有下面的简单结论：

(1) 武力统一是绝对不可能的，做这种迷梦的是中国的公贼！

(2) 宪法是将来的政治工具，此时决不能单靠宪法来统一的。

(3) 大革命——民主主义的大革命——是一时不会实现的；希望用大革命来统一，也是画饼不能充饥。

(4) 私人的接洽，代表的往来，信使的疏通，都是不负责任的，都是鬼鬼祟祟的行为。道理上这种办法是不正当的，事实上这种办法是很困难的。分赃可用此法，卖国可用此法，谋统一不可用此法。

(5) 在今日的唯一正当而且便利的方法是从速召集一个各省会议，聚各省的全权代表于一堂，大家把袖子里的把戏都摊出来，公开的讨论究竟我们为什么不能统一，公开的议决一个实现统一的办法。

我们盼望全国国民仔细考虑这几条简单的结论，我们更盼全国的舆论家评判这几条结论。

四十二

近日有好几家报上登出了一家通信社传出的一段新闻，说：

> 回忆两阅月以前，蔡元培、王宠惠、罗文干、汤尔和……等十六人发表一篇皇皇大文，题为《我们的政治主张》。……现在十六位中，已有三位为当局台上人物，而彼等政治主张并不见其实行。……二十号《努力周报》已有极严重之表示，当局者颇难措置，于是好事者特于二十二日下午，在铁狮子胡同顾宅邀集十六位学者

开一茶话会，冀藉交换政治主张。孰知某君仍坚持二十号《努力周报》上所载两种要求，向王博士追索组阁的计划，及大政方针甚力，博士无以应，但说过节。某君继进以严重的忠告。博士不堪，互相驳诘，至面红耳赤，彼此不欢，经主人出而排解，始罢。

这一段新闻有许多很不确实的地方。第一，二十二日的茶会上在座的人只有五位是当日发表《政治主张》的人。第二，这一次茶会的目的本是要讨论目前政治的计划的，并不是什么“好事者”邀集来调解某方面的责难的。第三，当日的讨论确是很老实的，很恳挚的；但并没有“面红耳赤，彼此不欢”的事。第四，当日讨论三小时的结果是，王内阁不是没有计划的；不过在这个索薪索饷的节关之前，一切计划都是空话，所以他们不愿意在这个时候发表什么计划。——我们对于“王内阁有计划”的消息，自然是欢迎的。我们且让一步，耐心等候王内阁顺顺溜溜的过了中秋节之后，把他们的大政方针宣布出来。我们盼望他们不要再使国民失望了！

九月二十五至十月一日

四十三

北京大学这一次因收讲义费的事，有少数学生演出暴乱的行为，竟致校长以下皆辞职。这件事，在局外人看起来，很像是意外的风潮；在我们看起来，这确是意中之事。“五四”、“六三”以后，北京大学“好事”的意兴早已衰歇了。一般学生仍回到那“挨毕业”的平庸生活；优良的学生寻着了知识上的新趣味，都向读书译书上去，也很少与闻外事的了。因此，北大的学生团体竟陷入了绝无组织的状态，三年组不成一个学生会！这几年教职员屡次因经费问题，或罢课，或辞职；学生竟完全处于无主张的地位：懒学生落得不上课，不考；好学生也只顾自己可以读书自修，不问学校闹到什么田地。学校纪律废弛，而学生又无自治的组织，一旦有小变故，自然要闹到“好人笼着手，坏人背着走”的危险境地。目前的风潮，也许可以即日结束；但几十个暴乱分子即可以败坏二千六百人的团体名誉，即可以使全校陷于无政府的状态，这是何等的危机？我们希望北大的教职员学生们对于这一次的风潮，能了解其中所含的教训，能利用这个教训来做点“亡羊补牢”的工夫。不然，这一次风潮过去之后，后患正长呢！

古人说：“暴得大名，不祥。”这话是有道理的。名誉是社会上期望的表示。但是社会往往太慷慨了，往往期许过于实际。所以享大名的，无论是个人，是机关，都应该努力做到社会上对他的期望，方才可以久享这种大名。不然，这个名不副实的偶像，终有跌倒打碎之一日。北京大学以二十年“官僚养成所”的老资格，骤然在全国沉寂的空气里，表示出一种生气来，遂在一两年中博得“新文化中心”的大名！这是大不祥的事。这样的社会期望，就是兢兢业业的努力做去，也还不容易做到；何况北京大学这几年来，疲于索薪，疲于罢课，日日自己毁坏自己呢？我们在这三年中，没有一年不提出很恳切的警告。现在大觉悟的时期应该到了。几年的盛名毁在几十个学生手里，这并不足奇怪，也不足痛惜。实不副名，要名何用？我们希望北京大学的同人们能痛痛快快的忘记了这几年得来的虚名，彻底觉悟过来，努力向实质上做去，洗一洗这几年“名不副实”的大耻辱！

十月十六至二十二日

四十四

上回北京政府禀承军阀的意旨，派李厚基为讨逆总司令；现在又禀承军阀的意旨，把冯玉祥调回北京，派张福来做变相的河南督军。这两件事可算是王宠惠内阁的两大耻辱。援闽的政策的荒谬，我们在上一周已说过了。冯玉祥在河南，时间虽然不长，却已很有点成绩。他的短处在于那种狭义的“爹爹政策”，想在短时期中改变人民的道德习惯。他的长处在于能用人；他对于财政厅长薛氏、教育厅长凌氏，都能给他们全权办事，不去牵掣他们。财政方面的成效是已可以看出的了；教育方面的设施，此时还不能说到成效上去，但有了一千多万元的赵家遗产作基金，加上专家的筹划，若继续下去，总可以有很好的成效的。冯玉祥还有一种长处。别人练兵，不肯派出去打匪，他们保护兵士就同旧式家庭保护小姐一样，惟恐他们出去遇着危险！所以河南屯了那么多的大将精兵，而土匪的势焰竟和大将精兵之多成正比例。冯玉祥练的兵是肯出去打匪的，他主张，只有好兵可以出去打匪，拿不好的兵出去打匪是给土匪送军火去。然而这种政策是吴佩孚不能赞成的。他整理财政，而不能多供直系的军饷；他抄没了赵家的财产，而不肯叫胡景翼、张福来、靳云鹗们拿出去均分；他练了好兵，不留以有待，而开出去剿匪——这都是冯玉祥的大罪状了。

总之，冯玉祥不能做萧耀南，不肯把河南变成吴佩孚的外府；而吴佩孚不能让一个不能指挥如意，并且声望日高的冯玉祥驻在河南——这是冯玉祥被调出河南的原因。

然而北京政府竟很恭顺的服从了。十月二十七日，黎元洪有沁电给河南教育会等各团体，说“冯督在豫，吏畏民怀；中央倚界方殷，讵有他调之事？谣言望勿轻信”。然而十月三十一日冯玉祥他调的命令竟正式下来了。黎元洪自然可以向“责任内阁”身上推脱干系，王宠惠的内阁又向谁推脱干系呢？

王内阁过了中秋节之后，若有政策，还有继续存在的理由；若没有政策，早就该走了。没有政策而不走，是为“恋栈”。李厚基讨逆的命令，给他们一个走的机会，然而他们不走。冯玉祥他调的命令又给他们一个走的机会，然而他们还不走！当走而不走，是谓自毁！是谓自杀！

四十五

十月中，我因教育会联合会事到山东，每天看七八种报纸，觉得山东人对于王正廷已渐渐的由监督的态度变到仇视的态度上去了。近两周内北京的山东同乡和山东地方团体都有了很激烈的反对王正廷的表示。有好几次要求政府“克期罢斥，另简贤明”的。

我们当这个时期，不能不对山东人士贡献一次的忠告：山东人监督王正廷，是应该的；山东人在这个时候仇视王正廷，是应该慎重考虑的。到了这个时候，鲁案善后督办公署已渐渐的成了一个很专门的技术机关了。接收之期已近；即使山东人此时能把王正廷攻倒，试问赶走王正廷之后的第二步又应该是什么？山东人士的心目中究竟主张什么人来做这件事？潘复、靳云鹏固不能满山东人的意，颜惠庆、温世珍难道就能满山东人的意了吗？

我们以为，山东人对于这件很重要而且很带专门技术性质的事，应该仔细考虑。这件事应该分两大段研究。第一段是接收以前的交涉，第二段是接收以后的善后。关于第一段，国人（不但山东人）有什么不满意的地方，应该公开的质问，公开的监督，公开的力争：就是中日委员会已通过了的，也还有国务会议的一关可以挽回。山东人宣言的原则是："华盛顿会议席上已丧失了权利的，我们不希望王正廷争回；华盛顿条约里不曾丧失的，我们希望他不再丧失。"这话固然很有理；但"交涉"是一种交易，逃不了讨价还钱的手续。我们应该研究逐次交涉的问题，分别讨论；不应该笼统日本人不漫天讨价，也不能希望中国委员方面绝对不还钱。

至于第二段——接收以后——的善后事宜，应该另作一件事看待。山东人现在最怕的是王正廷利用他办接收的机会，替他自己养成势力，预备将来做青岛大王。王正廷对于这一点，应该有一种明白的宣言，表明他自己的态度。国人（不但山东人）对于青岛市的组织，也应该作细心的研究。究竟青岛是不是应该有一个中央委任的督办？督办是不是应该完全不受山东省政府和省议会的监督？青岛市和山东省究竟应该有什么关系？这种问题是应该研究的。至于人的问题，我们认为还是第二步。组织完备了，监督制裁的机关有了人，人的问题就容易解决了。

我们希望山东人士对于这件重大而带专门性质的事件，不要全凭意气，不要全利用群众心理，应该先把一切步骤想象出来。打倒一个人是容易的事，为事择相当的人就不容易了。攻击一项交涉也是容易的事；根据事理，做更妥当的计划，就不容易了。如果他们没有底下的计划和步骤，只从人的问题上作消极的攻击，那就不能不使人疑心到"地方主义"上去了。

十月三十至十一月五日

四十六

十一月十二日的《时事新报》上有"新猛"先生的一篇

《胡适之与王正廷》，批评本报二十七期的社论。他的结论是：

> 谚有之："未吃得羊肉，反惹一身膻气。"王正廷是什么一种人，胡君还要和他说话，恐怕人家未必因此而相信王正廷，却更因此而怀疑胡适之了。

"新猛"先生自己说是"很爱惜"我的，所以我要对他下一种忠告：我若因为怕人怀疑而不敢说话，那就不成胡适之了。我在山东当面对山东的朋友说的话，在北京当面对山东代表说的话，和我在《努力周报》第二十七期上说的话，是一样的。前天晚上，我还接到山东教育界一位领袖的来信，他说：

> ……湘溪回省，谈到接着先生原信，已和先生见面。王正廷问题，山东人的态度不甚对，诚有如先生所言。现时亦无好法子转变一般人的心理。……

现时所以没有好法子转变一般人的心理，正因为当时利用群众心理的人能发而不能收，正因为舆论界的人都怕人怀疑，都要避免"为王正廷辩护"的嫌疑。我是不怕人怀疑的。只可惜我们说话太晚了，已"无好法子转变一般人的心理"了！

"新猛"先生在那篇文里还提出一个政论的标准。他说：

> 大凡政论者所应取之态度，切不可带有替某人某派或某事辩护的意思，而只可用超然的目光去批评其是否曲直。

假如我说罗文干发表十一年公债的用途是不错的，那就是替罗文干辩护了吗？假如我说孙丹林发觉内务部员的弊窦是好的，那就是替洛阳派辩护了吗？我们读“新猛”先生这几句话，不能不疑心他所谓“超然的目光”只是一种阿世取容的时髦眼光。现在最时髦的是攻击人。凡是攻击，都是超然的。我们攻击人，从来没有受人“怀疑”过。我们偶然表示赞成某人，或替某人说一句公道的话，就要引起旁人的“怀疑”了。我们对于广东孙、陈之争，稍说了几句公道话，就被《民国日报》骂了几个月。我们对于董康、高恩洪，也曾说几句赞成的话，就引起了许多人的疑心，有一位先生因此就对人说《努力周报》是吴佩孚、高恩洪拿出钱来办的！现在我们对于山东人和王正廷的问题，又说了几句我们认为公平的话，就有人来说我们想“吃羊肉”了！我们因此得一个教训：

大凡政论者所应取之态度，只可骂人，切不可赞成人。被人骂的人，一定都是该骂的，政论者应该加力帮着骂他。切不可赞成某人，切不可赞成某派，切不可赞成某事——赞成就是“替某人某派或某事辩护”了，就不是“超然的目光”了。

我们因此，又得一条心理上的观察：

> 中国人不信天下有“无所为”的公道话。凡是替某人某派说公道话的，一定是得了某人某派好处的，或是想吃羊肉的。

老实说罢，这是小人的心理，这是可以亡国的心理！

十一月十三至十九日

四十七

十九晨，署财政总长罗文干因吴景濂、张伯烈的告发，被黎元洪下令逮捕。关于这一件事的各方面违法之点，高一涵君在今日本报（《努力》第三十期）另有专论；我们且谈谈我们对于这件事的感想。

法律是政治的根本，违法的恶例是开不得的。前十天左右，《日本告知报》（Japan Adveniser）的访员美国人侯基士对我谈起钟世铭被拘捕至今未得正式审判的机会；他说，这种例是开不得的，将来一定有效尤的。这一次谈话之后，不下三天，遂有罗文干被捕的事。吴佩孚有电来责黎元洪，说的话是不错的；可惜他自己忘了钟世铭的案子，所以黎元洪的回电（梗电）说：

> 财部前次长钟世铭久被看管，迄未免职。警厅奉执事之命，犹且毅然行之！

我们并不说，因为吴佩孚违法黎元洪就也可以违法；我们只要说，违法的恶例是开不得的。今天政府不经法律手续就查抄曹汝霖、陆宗舆的财产，我们固然快意；但假如明天政府不经法律手续就查抄蔡元培、李煜瀛的家产，我们就不快意了。然而在逻辑上却实在是同样的例子。

近来交通部对招商局的事，也是一例。招商局的傅宗耀有没有犯罪，我们不知道。但是交通部如何能拿“勾通逃犯，鼓动工党”的名目来请总统用指令逮捕他？又如何能据了几个很像捏名的（看近日上海各报的封面广告）股东的控告请总统就免他的职？因为这件事，上海的商人很动了公愤，开会对待政府。政府中人既能滥用命令的裁判来毁他的敌人，怪不得吴景濂、黎元洪要用命令来拘捕阁员了。

总之，上自总统，下至极小的官吏，总觉得法律不方便，命令方便：国家又怎样能有法治，人权又怎样能有保障呢？（此条参用宗淹君的稿子。）

四十八

王内阁里有三位阁员曾经签名于我们在五月中发表的“政治主张”；因此，王内阁成立以来，很有些人爱拿那篇宣言里“好人政治”的话来挖苦他们。我们在那篇宣言里，本不曾下“好人”的定义。但我们理想中的“好人”，至少有两个方面：一是人格上的可靠，一是才具上可以有为。在普通人的心里，一个“好人”至少要有可靠的人格。现在罗案的发生，正是试验“好人政治”的最低条件的机会了。好人政治的含义是：进可以有益于国，退可以无愧于人。我们对于王、罗诸君的政治上的才具，确是不很满意的。但我们至今还承认他们的人格上的清白可靠。我们希望这一案能有一个水落石出，叫大家知道“好人政治”的最低限度的成效是“人格上禁得起敌党的攻击”！

四十九

关于罗案的本题——奥国借款展期合同——内容稍近于专门，故讨论的人还不多。然而国会议员在几分钟内，居然议决把这个合同取消了。“取消”的意义，我们至今还不明白。二十二日《京报》的《经济新刊》曾提出一个疑问：

> 否决展期新合同，必有两种意义为之解释。否决展期合同即为根本上不承认奥国借款，将奥国债票持票人之债权，由中国“一厢情愿”，自行取消，从此中国解除履行债务的义务。此一义也。
>
> 否决展期新合同即为承认旧合同为有效，还本付息，仍照旧合同履行；其过期之息则立时补付。此又一义也。

这个疑问，我们认为有弄明白的必要。但我们看国会议员前日提出请惩办王宠惠的质问书里说：

> 各国自与德、奥宣战后，凡战前所订债务契约，经瓦赛会议议决，在联合国与德、奥所负债务责任，应皆为战事赔偿之用。吾国亦为参战国之一，此种合同应在废除之列。……

照这种论调，竟是根本上否认奥国借款了。又看近日报上登的自称某公民团体的上总统书，内称：

> 我国积欠各国至期应付之外债，未付本息者甚多，尚不能以新约强我承诺。况此项债票，既无抵押之品，虽有意人出名交涉，亦无急迫偿还之必要。

这竟是以赖债自豪的心理了。怪不得二十三日《京报》的《经济新刊》的记者要说；

> 既不能赖债，则不能不还债。不能任人之垄断还

债，则不能不自动的整理诸内外债。今当财政共管高唱入云之时，值特别会议将次开会之日，列国莫不竞事稽查侦察我国财政现状，蹈隙抵瑕，以求一逞。而我国人犹懵焉无知，甚或以赖债为自得，以为人莫可如何，而指忧国者为卖国。是真所谓狂者以不狂为狂也，悲夫！

这种论调，我们认为很公平的。赖债决不是政策。这一次展期合同的手续上是否完备，虽可以讨论，但那种不负责任的赖债论，在这种国势之下是决不能成立的。

五十

连日报上登出的“留学美国各大学学生”康洪章等四十余人的《制宪庸议》，我们看了，实在觉得大失望。原文分五段：(1) 绪论；(2) 单层统治权议；(3) 国民自治议；(4) 四权并立议；(5) 生产工具国有议。他们在“绪论”里明说：“我们不要因袭的模仿的宪法，我们要创造的宪法。”然而他们的制宪论，却很富于“因袭的、模仿的”论调。例如末段论生产工具国有，他们说：

生产工具国有，与其说是师今，勿宁说是复古。……三代以上的井田制度，就是土地国有。……古谚说：“普天之下，莫非王土。”古代以王权代表国家，就是土地国有的不成文法呵。……

我们何不再进一步，说“率土之滨，莫非王臣”就是古代人民国有的不成文法呵！这种诗云子曰的逻辑，在国中中小学生的口里，是可恕的；在一班大学院的留学生笔下，是不可恕的。

他们拿同样的逻辑来主张他们所谓“单层统治权”。他们在《制宪庸议》之外，还附有一张公启，说：

> 自联邦说兴，国内士大夫狃于现状，乃揭橥联省自治，欲易我二千年来沿习善制。

他们所谓“我二千年来沿习善制”，就是那单层统治权。他们以为：

> 中国自秦始皇兼并六国后，郡县制度确立，即属单层统治权。以至于今，就是临时约法、修订宪法、宪法草案等所载，也全采单层统治权。

他们因此就下一个断案：

> 那么，依据历史，依据帝国政府的让与，依据中华民国成立临时约法的本意，我们的宪法，必采单层统治权，本不成问题。

其实这种历史的依据多的很呢！中国自秦始皇以后，皇帝专制的制度确立；那么，“依据历史”，依据“我二千年来沿习善制”，我们也应该采取专制帝制了。

最可怪的是他们把郡县代表统一，又把封建和联邦看作一样，所以他们说主张联邦制的人是“强效联邦，恢复封建时代的二重统治权”。他们难道莫不知道这二千年来中国久已成了“天高皇帝远”的状况？他们难道真不知道这二千年来中国久已变成

"统治权的重数愈多，统一的程度愈浅"的状况？那表面上的统一，所以能维持下去，全靠一种习惯的专制权威；一旦那专制权威一倒，纸老虎便戳穿了；虽有袁世凯的经营，只落得造成了无数割据式的藩镇。联邦论之起，只是一种承认事实上的危机而施救济的方法，并不是康君们说的"抵制"。十一月十一日《时事新报》社评栏评《制宪庸议》，也指出这一点的错误，说"现状是不集权又不联邦的一种畸形状态"。我们很盼望康君们注意这一点。（参看本书本卷页一〇九《联省自治与军阀割据》一篇。）

十一月二十至二十六日

五十一　高凌霨证明贿买国会是实

一月十六日，北京的中一通信社传出一段高凌霨的谈话：

（某问）外间谓此次阁下包办最高问题确否？（高答）最高问题现在时机未至，更无所谓包办。（某问）此次二百元之津贴，非由尊处经手乎？所谓包办即指此也。（高答）此事从前系由刘君与政团接洽，余事前一无所闻。迨本月五号以后，某军需官来京借住敝宅，所有各党名册，均送至红罗厂，致发生此种误会。至曹巡阅使此举，系仿从前送冰炭敬之意，不过联络感情，更无所谓津贴。（某问）外间传言阁下与张亚农之新民社独厚确否？（高答）余对各党向无歧视，亚农此次向余支款，余以不经手银钱谢绝，几为亚农所恼，何厚之有？

我们要请国民注意这段谈话中的几点：

（1）刘君，疑即刘梦庚，曾与各政团接洽二百元之津贴，是高凌蔚认为事实的。

（2）某军需官来京发款，借住高凌蔚宅，也是高凌蔚认为事实的。

（3）国会“各党名册，均送至红罗厂”，以便领此二百元之津贴，也是高凌霨承认的。

（4）此二百元之款，来自曹锟，“系仿从前送冰炭敬之意，不过联络感情”，也是高凌霨承认的。

（5）张亚农，即国会众议院副议长张伯烈，确曾向高凌霨支款，也是高凌霨承认的。

根据这五点，我们可以说，高凌蔚正式证明曹锟与其党羽行贿国会，又证明张伯烈向他们索贿。我们的结论是：

（1）高凌霨是贿买国会案的要证，不可放走。

（2）刘某与某军需官，也应查办。

（3）曹锟是高凌霨证明为行贿主犯，也应即行查办。

（4）张伯烈身为国会众议院副议长，经高凌霨证明有索贿嫌疑，也应即行查办。

我们希望国会中稍有一点人格的议员，用查办罗文干的精神，出来作彻底的查办。不然，国会的名誉信用真要扫地了。

五十二　蔡元培以辞职为抗议

国立北京大学校长蔡先生于十七日下午向政府辞职，他的辞呈如下：

为呈请辞职事：窃元培承乏国立北京大学校长，虽职有专司，然国家大政所关，人格所在，亦不敢放弃国民天职，漠然坐视。数月以来，报章所纪，耳目所及，举凡政治界所有最卑污之罪恶，最无耻之行为，无不呈现于国中。国人十年以来最希望之司法独立，乃行政中枢，竟以威权干涉而推翻之。最可异者，钧座尊重司法独立之明令朝下，而身为教育最高行政长官之彭允彝即于同日为干涉司法独立与蹂躏人权之提议，且已正式通过国务会议。似此行为，士林痛恨。佥谓彭允彝此次自告奋勇，侵越权限，无非为欲见好于一般政客，以为交换同意票之条件耳。元培目击时艰，痛心于政治清明之无望，不忍为同流合污之苟安，尤不忍于此种教育当局之下，支持教育残局，以招国人与天良之谴责，惟有奉身而退，以谢教育界及国人。谨此呈请辞职，迅予派员接替，立卸仔肩。此呈大总统。

他在各报上还有一个启事，说：

元培为保持人格起见，不能与主张干涉司法独立蹂躏人权之教育当局再生关系。业已呈请总统辞去国立北京大学校长之职，自本日起，不再到校办事。特此声明。

我们知道，有许多人见了这两个宣言，一定要发生一种疑问：“彭允彝是个什么东西？蔡元培竟为了一个无耻政客而放弃他几年苦心经营的北京大学，岂不是大不值得吗？”

这种责备是不能免的。但我们知道蔡先生的为人，知道他这种正谊的决心不是今日才有的，几年前就有了。当民国八年三四月间，欧美留学生在清华园开了三天的大会。那时正当安福部横行无忌的时候，一班西洋留学生稍有天良的，都还想有所努力，所以大会中推举了几个人，组织一个“政治主张起草委员会”，拟了一个很详细的政纲，一条一条的报告出来，都通过了。最后有一位先生——似乎是张伯苓先生——起来问道：“假如政府不睬我们的主张，仍旧这样腐败下去，我们又怎么办呢?”那时大家面面相觑，都没有话了。蔡先生起来说：“将来总有一日实在黑暗的太不像样了，一班稍有人心稍为自爱的人实在忍无可忍了，只好抛弃各人的官位差使，相率离开北京政府，北京政府也就要倒了。”这句话虽不是正式的议案，却可以表示蔡先生在安福时代的态度。后来过了一个多月，巴黎和会的恶消息传来，那班有官位差使的留学生们始终没有举动——有几个大胆说话的，如华南圭等，都被安福部降调出去了——然而少年的国内学生却大动了。于是有五四之举，有六三之祸，直到全国罢市，曹、陆、章免职，以后方才逐渐收束。

我追述这一段故事，只是要证明蔡先生久已有了“以去就为抗议”的决心。他这一次单借彭允彝的事为去职的口实，似乎还只是孔夫子“欲以微罪行”的传统观念；蔡先生虽不信孔教是宗教，但他受孔教的影响甚深，是不可讳的。但他的呈文也明明说出：

> 数月以来，报章所纪，耳目所及，举凡政治界所有最卑污之罪恶，最无耻之行为，无不呈现于国中。

他又说：

> 元培目击时艰，痛心于政治清明之无望，不忍为同

流合污之苟安。

这是他愤然抗议的本意。我们赞成蔡先生此次的举动，也只是赞成这点大声主持正谊，“不忍为同流合污之苟安”的精神。

我这几天病中读了两部很激刺脑筋的书：一部是《学海类编》里的《东林始末》，一部是《艺海珠尘》里的《社事始末》。这两部书都可帮助我证明我的一个通则：“在变态的社会之中，没有可以代表民意的正式机关，那时代干预政治和主持正谊的责任必定落在智识阶级的肩膊上”。东汉末年的太学生，两宋的太学生，明末的东林和复社、几社，都是如此的。中年的智识阶级不肯出头，所以少年的学生来替他们出头了；中年的智识阶级不敢开口，所以少年的学生来替他们开口了。现在大家往往责备各省的学生干涉政治，酿成学潮；殊不知少年学生所以干政，正因为中年的智识阶级缩头袖手不肯干政。故安徽学生赶走李兆珍，包围省议会，酿成姜、周流血之案，此正是安徽中年智识阶级的羞耻。故江苏学生包围省议会，赶跑议员，此正是江苏中年智识阶级的羞耻。故五四与六三之大牺牲，正是全国中年智识阶级的奇耻。北京的教育界，连年疲精力于经费问题；在多数国人的眼里，北京教育界久已和“金钱”、“饭碗”等字结了不解之缘了。在这个时候，教育界的老将蔡先生忽然提出这种正义的抗议，对于“政治界所有最卑污之罪恶，最无耻之行为”，作悲愤的抗议。我们猜想，他的抗议不过是履行他四年前“稍有人心，稍为自爱的人到了忍无可忍之时，只好抛弃各人的官位差使，相率离开北京政府”的决心。我们可以断定，他决不愿青年学子因此废学辍业的。所以他毅然决然的一个人奉身而退，不愿意牵动学校，更不愿意牵动学生。但他这一次的抗议，确然可以促进全国国民的反省，确然可以电化我们久已麻木不仁的感觉力。明末倪元璐论东林之事，曾说：

> 天下之议论，宁涉假借，而必不可不归于名义。士人之行己，宁任矫激，而必不可不准诸廉隅。自以“假借”、“矫激”深咎前人，而彪虎之徒公然毁裂廉隅，背叛名教矣。连篇颂德，匝地生祠。夫颂德不已，必将劝进；生祠不已，必且嵩呼。而人犹宽之曰：“无可奈何！”嗟夫，充一无可奈何之心，又将何所不至哉？

眼前也许有讥蔡先生此举为“矫激”的。我们要套倪元璐的话替他答辩道：

> 士人之行己，宁任矫激，而必不可不准诸廉隅。今日廉隅毁裂已净尽，故有光园之拜寿，有红罗厂之卖身。拜寿不已，必至于劝进；卖身尚为之，何有于卖国。宜乎蔡先生之奉身而退，不忍为同流合污之苟安也。

十二年一月十五至二十一日

五十三　贿买国会的问题

本报第三十八期曾有《高凌霨证明贿买国会是实》一篇时评，指出五个要点：

（1）刘君，疑即刘梦庚，曾与各政团接洽二百元之津贴，是高凌雳认为事实的。

（2）某军需官来京发款，借住高凌蔚宅，也是高凌霨认为事实的。

（3）国会“各党名册，均送至红罗厂”，以便领此二百元之津贴，也是高凌蔚承认的。

（4）此二百元之款，来自曹锟，“系仿从前送冰炭敬之意，不过联络感情”，也是高凌蔚承认的。

（5）张亚农，即国会众议院副议长张伯烈，确曾向高凌蔚支款，也是高凌霨承认的。

一月二十二日以后，《北京晚报》、《京报》等报登出《高凌霨启事》的广告，说：

> 连日《京报》及《努力周刊》登载鄙人与某君谈话关于张亚农君支款一事，鄙人并无此谈话，张君亦未尝向鄙人支款。特此声明。

这个声明，我们认为不能满意。我们指出的有五个要点，而高凌蔚只否认了张伯烈索贿的一点。其余四点，是不是已经无可抵赖了？况且除了我们引的一段谈话之外，还有国会议员黄攻素的质问书可以引证。黄君质问书中有一段说：

> 自本月起，每议员支车马费二百元，限制投票票价不出五千元。此种买卖，专由高五接洽。……以堂堂阁员，竟明目张胆为之作行贿经理人，成何政象？

这是很严厉的质问，然而这个无耻的国会竟不理会他！

国会不理这种重大的质问，难道国民也不过问这个非常重大的贿买国会的问题吗？

五十四　今日之事

今日之事，两言而决耳!

国会对教育界宣战;

也就是恶政府对清议宣战!

十九日，学生三千人向众议院请愿，被军警殴打，受重伤者十余人，受微伤者三百余人。我们且不引学生方面的话，我们单引国会议员李素《致同人书》中的一段:

象坊桥畔，学生请愿，……约法对于请愿，无何等限制;议会对于请愿，有相当受理。……乃警士横加干涉，学子备受赶击;刀斫杠伤，如捕盗犯。……究竟所请者何事，所愿者何事，必有隐情，岂尽好事?众院抹倒一切，毫未考虑，神圣固不可侵犯，人民岂尽可厚诬?……

这是国会自身一分子说的公道话，已很够证明众议院门前的惨剧的真相了。

众议院悍然不顾清议，竟把内阁阁员完全通过了。我们当时还希望参议院能利用两院制给与上院慎重考虑的机会，至少能否决一个教育界公认为败类的彭允彝，也还可以替国会留一点点脸面。不料二十四日下午参议院投阁员同意票，竟又“一榜尽赐及第”了!报纸所指为行贿国会的经纪人高凌霨也通过了，教育界所指为毫无人格的彭允彝也通过了。落第的只有一个不肯请客、不肯行贿的施肇基。

这是国会明白和清议宣战的表示。然而还不止于此。今日的政局是国会和内阁和总统打成一家的政局：金钱与差使，酒食和“冰炭敬”，竟把这十二年来分争的三方面黏成一片了。所以今日之事可以说是这个“三位一体”的恶政府对清议宣战的表示！

明朝末年，政府黑暗到了极处，日日与清议宣战。有一天，宰相王锡爵对顾宪成说：

> 近有怪事，知之乎？

顾宪成问是什么怪事，王锡爵说：

> 内阁所是，外论必以为非。内阁所非，外论必以为是。

顾宪成说：

> 外间亦有怪事。

王锡爵问是什么，顾宪成说：

> 外论所是，内阁必以为非。外论所非，内阁必以为是。

今日之事，也到了这步田地。清议所是，这个“三位一体”的政府必以为非。清议所非，这个“三位一体”的政府必以为是！

认清了这一点，然后可以决定我们对于政治的态度。

五十五　蔡元培的“不合作主义”

一月二十三日，蔡元培有一篇很明白痛切的宣言（见《努力》第三十九期附录）。北京《晨报》给他加上了一个很确当的标题，叫做《蔡元培之不合作主义》，并且加上了一条短评，说：

> 记者就此篇宣言观之，则蔡氏欲以不合作主义（Non－cooperation）打破今日之恶人政治，此与印度甘地（Gandi）抵抗英国政府之方法，完全相同。但未审蔡氏之主张，能如甘地风靡印度否耳。

《晨报》的见解，我们觉得很不错。蔡先生这一次的举动，确可以称为“不合作主义”，因为他很明白的指出，当局的坏人所以对付时局，全靠着一般胥吏式机械式的学者“助纣为虐”；正谊的主张者，若求有点效果，至少要有不再替政府帮忙的决心。这是很沉痛的控诉：控诉一切只认得“有奶便是娘”的学者、官吏、新闻家，指出他们“助纣为虐”的罪，“比当局的坏人还多一点儿”。

但是他究竟是一个“律己不苟而对人则绝对放任”的人；他不能像印度甘地那样的做积极的运动，他只能为自己向这个方向作准备。他现在不能再忍而走了，他只留下了一篇很沉痛的控诉文字，一方面控诉“不要人格，只要权利”的当局坏人，一方面控诉“有奶便是娘”的无数胥吏式机械式的学者。他已起诉了！他提出的证据是眼前的现状，他指定的法庭是我们各人的良心！

印度是个宗教的国家，甘地已成了一个爱国的教主，故甘地的不合作主义可以“风靡印度”。在这个混浊黑暗无耻的国家里，在这个怯懦不爱自由的民族里，蔡先生的不合作主义是不会成功的。况且印度人对英国的反抗，目标很简单，旗帜很鲜明，正如中国前年的抵制日货，容易使人了解，所以能有暂时风靡印度的功效。中国今日的问题，却是内政的问题，远不如外交问题那样简单了。我们认为公敌的人，却有人赶着叫干爹，叫老板。我们认为应该毁灭的制度，却是许多人的财源和饭碗。所以我们可以预料蔡先生的不合作主义是决不会风靡全国的。

然而正因为这个国家太混浊黑暗了，正因为这个民族太怯懦无耻不爱自由了，所以不可不有蔡先生这种正谊的呼声，时时起来，不断的起来，使我们反省，使我们“难为情”，使我们“不好过”。倘使这点“难为情”、“不好过”的感觉力都没有，那就真成了死证了。

一月二十二至二十八日

五十六　彭允彝代表什么？

上期我曾说：“教育界攻击彭允彝，并不是攻击他本身，乃是攻击他所代表的东西。第一，他代表无耻。第二，他代表政府与国会要用维持一个无耻政客来整饬学风的荒谬态度。”（《努力》第三十九期）

一月二十九日，黎元洪果然下指令：“令教育总长彭允彝：呈悉。整顿学风，不辞劳怨。国事阽危，正资倚赖。深望勉为其难，毋萌退志。此令。”

一月三十日彭允彝果然到部了。

一月三十一日，彭允彝硬挽出我的一个朋友来对我说，他有不能走的苦衷，因为吴景濂一班人一定要他干下去，不许他走。

于是我在一月二十五日说的彭允彝的两层代表资格，都证实了。

五十七　蔡元培是消极吗？

蔡先生的宣言发表以来，竟在意外的方面得着不满意的批评！

独秀在《向导》第十七期里作文，说蔡先生“这种消极的，非民众的观念，是民族思想改造上根本的障碍”。他恐怕蔡先生的“消极的高尚洁己态度”或致引导群众离开奋斗的倾向，而走向退避的路上去，所以他竟要我们“如防御鼠疫霍乱一样，日夜防御蔡校长之消极的不合作主义侵入思想界”！

独秀又以为“蔡校长打倒恶浊政治的运动也只看见学者官吏而不看见民众”，所以他又说这是“非民众的”。

独秀那篇文章里论“不合作主义”本身是消极的态度一层，已有渊泉在二月一日的《晨报》上答复了。渊泉引印度甘地的不合作主义的八种含义，来说明“他们所谓不字，是含有积极的进取的精神，决不止消极的否定的意味”。渊泉又指出“劳动阶级的罢工，也是一种不合作主义的表现”。这一层我们很以为然。

我以为我们对于蔡先生此次抗议的行为，应该分三方面观察：第一，须认明这是蔡先生个人的性情的表现；第二，然后批评这种态度错不错；第三，然后讨论他的宣言在中国社会上可发生的影响。

在他个人方面，我们平日知道他的，都该承认他确不是完全消极的人。他的行为，有时类似消极，然而总含有积极的意味。五六年前，他提倡进德会，会中有“三不主义”到“七不主义”，这是很像消极的。然而他所以提倡这个会的本意却只是“有所不为而后可以有为”一句话。他的宣言里说，“退的举动，间接的还有积极的势力”；又说，“若求有点效果，至少要有不再替政府帮忙的决心”——这两句话都只是说，“有所不为，然后可以有为”。这是蔡先生平日一贯的精神。

其次，他这个态度究竟错不错呢？我们认为不错。“有所不为”一句话含有两层意义，两层都是积极的。第一，“有所不为”是尊重自己的人格。“不降志，不辱身”，不肯把人格拖下罪恶里去。这种狂狷的精神是一切人格修养的基础。第二，“有所不为”是一种牺牲的精神，为要做人而钱有所不取，为要做人而官有所不做，为要做人而兽性的欲望有所不得不制裁，为要做人而饭碗有所不得不摔破——这都是一种牺牲的精神。蔡先生举的例是“若求有点效果，至少要有不再替政府帮忙的决心”。其实这个公式可以扩大成“若求有 x，至少要有牺牲 g 的决心”。这个 g，是无定的——也许是金钱，也许是饭碗，也许是生命！所以我们说蔡先生这个态度是不错的。

最后，我们可以讨论这种抗议在社会上产生的影响好不好。独秀怕他“为恶浊政治延长寿命”，我们以为独秀未免太过虑了。蔡先生的抗议在积极方面能使一个病废的胡适出来努力，而在消极方面决不会使一个奋斗的陈独秀退向怯懦的路上去！我在上期曾说：

> 然而正因为这个国家太混浊黑暗了，正因为这个民族太怯懦无耻不爱自由了，所以不可不有蔡先生这种正谊的呼声，时时起来，不断的起来，使我们反省，使我们“难为情”，使我们“不好过”。

这个意思，我始终认为不错。现在我们如果希望打倒恶浊的政治，组织固是要紧，民众固是要紧，然而蔡先生这种“有所不为”的正谊呼声更是要紧。为什么呢？我们不记得这二十年的政治运动史吗？当前清末年，政府用威权来杀戮志士，然而志士越杀越多，革命党越杀越多。自从袁世凯以来，政府专用金钱来收买政客，十年的工夫，遂使猪仔遍于国中，而“志士”一个名词竟久已不见经传了！

在这个猪仔世界里，民众固不用谈起，组织也不可靠，还应该先提倡蔡先生这种抗议的精神，提倡“不降志，不辱身”的精神，提倡那为要做人而有所不为的牺牲精神。先要人不肯做猪仔，然后可以打破这个猪仔的政治！

一月二十九至二月四日

五十八　这个国会配制宪吗？

这个国会复活以来，所行所为，无日不自绝于国人，国人也早已厌恶痛恨他了。但国内有一班人，对于这个国会还存一点顾惜之意，他们的理由是希望国会早日把宪法制成。但我们到了现在，不能不正告他们：这个国会是决不配制定宪法的。我们且不说别的理由，单说三点：

第一，宪法是国家的根本大法，至少要能引起国人的信仰与崇敬。试问这一个光园拜寿、红罗厂领冰炭敬的无耻政客团体定出的宪法，能引起谁的信仰与崇敬？“不以人废言”乃是一句强人以所难的格言。这句格言，只可为极少数人说法，决不能望多数人奉行。用现在这班国会议员去制宪，简直是中华民国的奇耻大辱。宪法的尊严一定要断送在他们的手里！

第二，这个国会制出的宪法一定不能应付中国今日的需要，一定不能满足国人的希望。例如我们希望将来的新国会人数要大大的减少，要减去现数三分之二以上——这个希望可不是与虎谋皮吗？又如我们希望将来的新宪法要打破现制国会专卖总统选举的制度——这又不是与虎谋皮吗？又如我们希望将来的新宪法要规定一种制裁国会议员自身的方法——这又不是与虎谋皮吗？总之，我们对于将来宪法上救济政治罪恶的种种希望，没有一桩不是与虎谋皮。国会制宪，本可怀疑；这个国会，尤其不配制宪。

第三，自从上月宪法起草员提出“国权”和“地方制度”两章草案以后，国会不配制宪的证据更明显了。国会中人对于这个带联邦制性质的草案，早已纷纷表示反对了。反对的议员，大约不出两派。一派是禀承那些割据的军阀的意旨，要替军阀保持割据的局面；还有一派是代表垄断式的财阀说话，因为他们老板的营业跨有几省的地面，怕省权伸张以后，他们垄断的局面就没有现在这样容易了。上星期宪法会议里的捣乱，试问是不是这两派的议员闹出来的？将来这种丑戏还多着呢！我们从这一次的纷争上，更可以证明这个国会决不配制宪。

总之，宪法是根本法律；民治国家的法律决不是那班自己不守法律的无耻政客所能制定的。我们可以预言：吴景濂、张伯烈的国会即使定出一个宪法来，将来决不会有宪法的效能，将来不过添一张废纸！

二月五日至十一日

五十九　上海罢市的取消

上海总商会，去年因为受了英国旅华商会的刺激，曾对于裁兵、理财两个问题有一番书面的表示；并且当时传说，他们曾想于本年旧历正月十九日举行罢市，以为裁兵、理财的示威运动。后来又有元宵节（三月二日）大罢市的传说。以近日的事实看来，这件事是无形取消的了。二月二十七日上海各报登有上海工会、中华工会总会等五个劳动团体的联合声明，说：

> 近日沪上各报喧传，有元宵总罢工之谣，……敝会绝对声明，毫无关系。

劳动团体尚如此说，那素来慎重的总商会，在何丰林的势力之下，更不消说了。果然上海三月一日电说：

> 商会联合会发表宣言，略谓昨日之裁兵要求，系出于国民之公意。……此事将来必见事实。罢工罢市为最后之手段，目下尚非其时。(二日《晨报》)

也许有些人对于上海罢工罢市之取消，觉得很失望的。但我们觉得这是意中之事，并不足使我们失望。正月十五或十九，罢一天市，那不过等于延长假期一天，并不是什么了不得的大事。所以元宵或十九大罢市的话，本身就有点滑稽了。况且罢工罢市是很笨重的消极武器，很难使用，更难持久。对于一个极简单的目标，如八年六月要求曹、陆、章的免职，那还可以一用。至于制度的改革，决不是一天乃至三五天的罢市罢工所能做到的。而商会联合会提出的三个目标——裁兵、制宪、理财——又都是制度的改革。我们早就不曾期望他们用一天的放假式的罢市来敷衍这几个制度上的大问题。即使罢市实现，也不过是一种示威的运动；以后如何能使这些目的一一做到，究竟还是要倚靠实际的组织和不断的运动的。

我们对于全国的商界，不希望他们用一两天的罢市来敷衍几个大问题，只希望他们早日觉悟政治不良是近年实业不振和商业衰败的大原因；早日觉悟内政不清明是商界实业界受种种外侮侵凌逼迫的原因。我们希望他们从书面的表示，进一步为实际的组织，再进一步为实力的政治活动。

六十　司法独立之破坏

北京政府决心要倒行逆施的去办理罗文干的一案，竟于一个月之内把余棨昌实授了大理院院长，把高等检察厅厅长也换了人，现在竟把原来办理此案的地方检察厅厅长熊元襄也调部任用了。现在从地方检察厅直到大理院，很可以说是呵成一气了！我们只好拭目以待"瓮中捉鳖"的把戏的实现！

这种很明显的蹂躏司法的表示，竟不闻国中有什么抗议，也不闻司法界有什么抗议。这真是很奇怪的现象。

在这个沉寂的司法界里，只有东省特别法院李家鏊等痛驳司法部"佳"电的"真"电，可算是静夜的孤钟了。司法部原电痛斥李家鏊等对罗案的抗议，并且很严厉的威吓他们："勿以法院之尊严，为他人之机械。如果执迷不悟，则法率具在，本总长虽深爱同人，亦不能为之原也。"李家鏊等驳电有云：

罗案自始无告诉人，据本年一月十四日《政府公报》所载不起诉处分书，及上年十一月大总统复吴巡阅使梗电，已足证明，自无庸目睹情形，方知底蕴。声请再议，仅限于告诉人，《刑诉条例》亦已明白规定，其无再议之余地，何待烦言。钧电谓此案再议，原有声请之人。究竟此种再议，从何而来，同人实所未解。前奉宥电，既谓依《刑诉条例》第二百五十五条，令行地检厅依法办理，自不得不谓之命令再议。以不得声请再议之案，而仍依再议程序，将已受不起诉处分之被告，重行羁押，尤不得不谓之蹂躏人权。

又说：

特区法院原为撤废领事裁判权而设，但亦须执法者均能守法，方足以杜外人之口实。今违法之举动，竟出首善之当局。使上行下效，相率而不守法，是为无法之国家。收回法权，宁不绝望。与其虚糜国帑，何若停办之为愈。

又说：

况宥电既有不吝教诲之语，足见钧座有虚怀下问之心，自同人竭诚相告，复反来电诘责，指为越轨，存心文过，实已流溢行间。

对程克们说这种道理，虽然无异于对牛弹琴，但这种切直的抗议在今日这种寒蝉式的司法界中确是很难得的了。

二月二十六至三月四日

六十一　张绍曾的内阁早就该走了

我们以为张绍曾的内阁是不会自动的去位的了。然而中国的政治界里，不可能的怪事往往会产生。张绍曾内阁竟通电总辞职了。

据北京报纸的传说，张内阁辞职的最近原因是保定、洛阳两方军阀强迫他们发表沈鸿英督粤和孙传芳督闽的命令。连日报载洛阳专使李倬章和保定专使项致中在京坐催这两道命令的发表。张内阁既挂着“和平统一”的招牌，自不敢贸然发表这种“武力统一”的表示。争执的结果，张绍曾已允发表孙传芳督闽，后来终不敢发表，遂致全体辞职。

若这种消息是确实的，张内阁居然肯以去就和保、洛军阀为主张上的争执，总算有点政治手段的了。所以有些报纸竟因此很表示恭维之意，如辛博森们的《东方时报》中文栏竟说：

> 张内阁……此次对闽、粤问题，能抱定和平宗旨，宁牺牲总揆高位，不为武人势力所屈服，尤为数年来历任总理中所不多觏。(英文栏略同)

如果张内阁真能明白宣布武人压迫的状况，如果他们敢对于他们的太上政府明白宣战，那么，这种论调也许有人赞成。然而我们细读他们发出的辞职通电，翻来覆去，竟寻不出这种“不为武人势力所屈服”的精神。他们只说：

> 近日以来，粤中有僭名窃位之行，各方呈枕戈待旦之兆。和平立破，调剂无方。佳兵既与本志相违，坐视又惟滋乱是惧。

“僭名窃位”是明指广州；而“枕戈待旦”一句，也可指奉天，也可指四川，但决不能算是直指保定、洛阳近日的威迫。无论谁读这电文，只看见张内阁对孙文的抗议，而看不出一毫反抗曹、吴的决心！

然而张内阁的辞职，又似乎不容易挽回了。因为他们那个烂调骈文的通电里，只有“僭名窃位”一句是斩钉截铁，不会有别解的。而这一句所攻击的事实又是最不容易挽回的。如果张内阁希望用这一层为进退的条件，那就未免太笨了。他们该不至于这样笨拙罢。

所以我们可以猜想，张绍曾内阁这一次辞职是真想下台不干了。不干的原因，也有种种说法。《星报》说是：

> 实因内部意见不一，张敬舆无法制驭；于是欲以一走弥缝之。对于闽、粤两令，亦并非绝对拒绝，乃已诺发表而复悔之，无法反汗，而欲以总辞职先发制人。

《晨报》说是：

> 张自就职以来，虽据和平统一主义，而毫无根本计划，今日敷衍甲，明日敷衍乙，弄得左右为难，进退失据。则此时之辞职，吾人固犹恨太晚也。

在我们看来，张绍曾的内阁早就应该走了。无论他们的和平统一主义有无根本计划，即使他们真有根本计划，这八九个人也不是能做到和平统一的人。全国唾骂一个无耻的彭允彝，而张内阁始终庇护他；司法界、舆论界攻击一个程克，而张内阁始终拥护他。军阀滥杀工人甚至滥杀无辜的律师，而张内阁始终不说一句话。元宵节北京军警殴打市民提灯会，使多少少年学生流血受伤，而张内阁不闻不问。这班人早已失国人的信用了。失了国人信用的人而妄想做统一的梦，岂非倒行而求进吗？

总之，张内阁对于一个无耻的彭允彝，尚不能去，而竟有人信他们这次的辞职是反抗保、洛军阀的表示！这种信仰心，是我们不敢领教的。

三月五日至十一日

六十二　武力统一之梦

我们在上期本报里，曾指出张绍曾内阁辞职的通电，只明白表示了张内阁对孙文的抗议，而没有一毫反抗曹、吴的决心。

这一周里，这话竟完全证实了。从张绍曾内阁不敢反抗保、洛军阀的情形看来，我们更可以明白张内阁当日口头表示的“和平统一”的话早已无形取消，而今日北方军阀实已决心要做“武力统一”的迷梦了！

我们在去年夏间亲自听见一位代表军阀的阁员说：“只消两万兵直捣广州，什么事都没有了。”我们当时就说：“你们为什么不能先弄两万兵直捣奉天呢？”

现在的形势只有比去年更糟了。东三省的内政和军备，都已非去年战败之后的情形可比；财政一方面，尤非各省所能比。广东方面，无论北方军阀如何勾结沈鸿英，如何资送孙传芳，他们至多能扰乱广东，而决不能征服广东。四川方面也是如此：他们无论如何帮杨森、刘湘的忙，他们至多也只能扰乱四川，而决不能征服四川。至于中部各省，我们只看见齐燮元四面扩张地盘，努力为他自己制造势力；这个野心辣手的武人，岂肯久居曹、吴之下？

一年以来，直系军阀早已把一年前所得的一点相对的同情都渐渐失去了。本来直系之中也只有吴佩孚可以勉强支撑门面；去年就是国中最激烈的报纸，也还称他为“较为开明,，的军人。但京汉铁路罢工事件，洛阳、保定、武昌三方军阀的倒行逆施，武力统一的阴谋的显露，征闽乱粤图川的计划的实行，国人对于吴佩孚早已非常失望了。对吴佩孚尚且如此，对曹锟一班人更不用说了。

以这班已失人心的人，当此无从收拾之时局，而他们还全无觉悟，仍旧实行他们倒行逆施的武力主义——他们的失败是可断言的，并且不足惜的。只可憎人民的糜烂，反动政治的延长，从此更不知何日才得终了呵。

三月十二至十八日

六十三　解嘲

从前王宠惠内阁下台之后，汤尔和君曾对我说：“我劝你不要谈政治了罢。从前我读了你们的时评，也未尝不觉得有点道理；及至我到了政府里面去看看，原来全不是那么~回事！你们说的话，几乎没有一句搔着痒处的。你们说的是一个世界，我们走的又另是一个世界。所以我劝你还是不谈政治了罢。”

这个忠告自然是很欢迎的。但我们却也有一种妄想：我们也明知那说的和行的是两个世界，但我们总想把这两个世界拉拢一点，事实逐渐和理论接近一点。这是舆论家的信仰，也可以说是舆论家的宗教。所以我们虽相信汤君的话有理，却还不能实行他的话。

但我们近来也常常忍不住嘲笑自己道：“原来全不是那么一回事!”

即如此次张绍曾内阁总辞职的事，我们虽然也认定他们的辞职决不是反抗保、洛军阀的表示，但想不出他们为什么要出此一举。他们的辞呈里明明拿“僭名窃位”、“枕戈待旦”为理由，而这两桩又都不是一纸辞职通电就能销灭了的。所以我们曾猜想他们这一次辞职是真想下台不干了。

然而“原来全不是那么一回事”！他们又都干了，并且帖耳低头的把保、洛军阀所要求的十二道命令一齐发表了。

究竟是怎么一回事呢？

我想民党议员王恒似乎得着一个答案了。他在他的《致张绍曾书》里，曾说：

> 稔知足下（张绍曾）富有神经病。……害神经者，……其犯罪也，非从其所欲而充分为之不止。

其实何止张绍曾一人！今日支配国事的人——酒狂之上将，财迷之候补总统，酒色狂之国会议长——那一个不是“非从其所欲而充分为之不止”的神经病人！怪不得我们说的话“完全不是那么一回事”了！

六十四　四川的省宪草案

RT君在《湖南的财政》一篇里，指出湖南省宪关于预算案一项，规定教育经费等项的百分比例，和事实相去太远，致使新政府成立后预算案竟提不出。他说的很痛快的：若依现状编预算，结果便是违宪；若依宪法的规定来编预算，结果便是不可能。（参看《努力》第四十五期登的原文）

我因此想到现在许多制宪的先生们，误认了“宪法为百年大计”的话，以为百年的大计尽可以不顾目前的事实。法律是应付事实的一些通则。法律若不顾事实，结果必至于提倡违法。使人认守法为不可能，岂不是等于提倡违法吗?

今天我们接到四川省宪起草委员会草成的《四川省宪法草案》，全文共一百五十九条，我们匆匆看过，不能详细讨论，但我们看这里面关于财政一项，虽然也有教育基金（第八十条）和重要实业的奖励补助（第八十六条）等等，但都不曾规定预算案里各项支出的百分比例。这一端确是胜于湖南省宪法的。

但四川的草案中也有许多太远于事实的。例如第四十条说:

> 省议会得以左（下）列方法解散之:
>
> （一）由省议会以议员总额三分一以上之连署提议，三分二以上之出席，出席议员三分二以上之可决者。
>
> （二）由全省公民二十分之一以上之连署提议，经全省公民总投票过半数可决者。
>
> （三）省长以政务员全体之副署，或监政院之咨请，提出理由书，交全省公民总投票过半数可决者。

这三个法子其实等于说省议会是无法解散的。第一法，等于与虎谋皮，自然无效。第二法既要全省公民二十分之一以上的提议，又要全省公民总投票过半数的可决，是做不到的。全省公民二十分之一，是一个很大的数目；在最近的将来，在交通不便而疆域辽廓的四川，全省公民的总投票也不会有二十分之一的公民出来投票的。这种规定岂不是等于具文吗？第三个办法更没有道理了。四川省宪上规定省长是全省人民直接投票公选的。全省人民直接选出的省长，而必须得全省公民总投票的可决，然后可以解散省议会，这又何必呢？监政院也是各县县议会选举出来的五个监政员组成的。各县县议会举出之监政院之提议，又得全省公民直接选出的省长的同意，而仍必须经过公民总投票的可决，这又何必呢？况且解散议会本是行政部的一种最后自卫的方法，解散之后，如民意不服，仍可把原有的议会选出来。又何必于解散之先经过这种笨重的手续呢？

"人民总投票"在今日是一个很不容易施行的制度。数年前，湖南省宪的最初草案里屡用人民总投票的法子，已为学者所讥评。然而这个制度还时时出现于各种省宪草案里，这也是今日政论家不顾事实的一个证据了。

《四川省宪法草案》里的第十章《监政院》一项颇有点别致。第百二十三条说：

> 监政院置监政员五人，由各县县议会选举之。

第百二十八条说：

> 监政院之职权如左（下）：
>
> （一）省议会有违法行为时，得咨请省长提出解散案，付全省公民总投票表决。
>
> （二）省议员有应受惩戒行为，省议会不为提议时，得咨请省议会议决。
>
> （三）官吏有违法行为时，得咨请省长查办。
>
> （四）省长，政务员，省法院司，法官，审计员，依本法第三十四条之规定，应行弹劾，省议会不为提议时，得提出弹劾案，咨请省议会议决。
>
> （五）议员官吏有犯罪行为，检察官不为起诉时，得咨请司法司，令行检察局，提起公诉。

（六）监察各项官吏之考试。

这大概从旧日的御史制度变出来的。现在的议员先生实在变成“三不管”了，这种弹劾机关是不可少的。只可惜这种机关竟定为每五年改选一次，未免太短了。我们以为全省的县议会选出来的五个“有学识风节”的监政员，应该有终身的任期，以不失职为消极的限度。不知四川的宪法起草员以为如何？

三月十九至二十五日

六十五　外交与内政

果然一个不爱管政治的民族，一听得外交问题，也都感奋兴起了！三月二十五日上海的对日游行大会，参加者一百六十个团体，共五万余人，可算是空前的大举。二十六日，北京的方面，大雨淋漓之中，也有几千人的大游行；次日，平素最麻木的北京商界也居然有千人的游行集会！其余各地方也都有很严肃的表示。

我们对于这种热情的表示，不但不发生乐观，只能发生感喟。

外交的问题不是孤立的，是和内政有密切关系的。向来说，“弱国无外交”，其实是“内乱之国无外交”。四分五裂的中国，破产的财政，疯狂秽污的政治，九个月换五个外交总长的外交，秽德彰闻的国会，是不是可以号召全国一致的热心来作外交的后盾？

固然旅顺、大连是要争回的，固然1915年的条约是应该废止或根本修正的。但达到这个目的的方法不在乎一日半日何丰林一类保障之下的游行，不在乎无数滥调的“快邮代电”。（我的朋友刘文典先生说，“快邮代电”正是中国人最下流的劣根性的铁证。）达到这个目的之法，只有一条，就是澄清内政！

内政不清明，国家不统一，上无可以号召全国人心的政府，下无一致爱护政府的国民，是外交失败的最大原因。中央无法可以对付割据东三省的张作霖，如何能对付那占据旅、大的日本？驻欧的各公使竟到了同盟罢工的境地，驻日本的公使当此时期至今还逗留不曾出国门。有人说过：“后盾”固然重要，但“前矛”更其重要。即使我们假定今日果有对外的民气可作后盾，无奈这种不争气的政府决不配作我们的前矛呵！

我们老实承认，我们对于今日的外交问题，实在鼓不起热心来作激昂慷慨的鼓吹。我们只希望国人从这种失败的外交状况上格外感觉早早澄清内政的迫切！

六十六　告日本国民

我们对于国内的态度，具于上条。然而日本一部分国民的最近表示，也使我们不能不对他们提出一个忠告。

日本贵族院议员蜂须贺正韶侯爵等，及众议院议员冈崎邦辅等，共一百三十余人，发起对华国民同盟会，于三月二十二日开发起人总会，议决一种宣言和决议；并定于二十八日开大会。他们的决议如下：

> 日本国民对于大正四年之中日条约，今后无论中国出何种态度，亦断不容其废止。

这明是替日本政府答复中国政府通牒的论调作后援了。他们的宣言颇长，大旨有两点：

> （一）已由独立国家间成立之条约，而于日后宣言无效，乃外交史上未曾见之特例。
>
> （二）中日条约乃曾溅帝国国民之血，防遏俄国之侵略，为中日共同筹划之结果，实我国策之础石也。

我们不用谈外交史的特例，也不用多谈两国近世史上的往事。我们只须指出三点：

（一）1915 年的中日交涉，为日本外交史上一件最不幸的事件：所获得的权利，远不能抵偿日本的两桩绝大损失：（1）中国国民的排日运动；（2）世界列国对日本的怀疑，日本国际信用的低落。

（二）山东问题之解决，青岛之交还，庚子赔款退还之酝酿，这都是和解中日两国国民间仇视的心理的具体有效的政策。但 1915 年的条约不根本修正，旅、大的问题不根本解决，则是眼中之钉尚在，中日之亲善终于无期。

（三）此次中国之提议，正是给日本一个绝好的机会，使日本政府可以根本挽救大隈时代的外交大失策，使中日国民间可以根本消除十余年的不幸的仇视。

日本的国民，不能了解这个时机的远大的意义，而仅仅为咬文嚼字之“无用之纷争”，这是我们认为很不幸的。

六十七　法国人的耻辱

当上海市民举行五万人之对日大游行的那一日，法租界的巡捕房竟把中华民国全国学生总会的三益里总会所封闭了！全国各界联合会的会所也于同日被封闭了！各代表的行李都被限令搬出了!

法兰西民族在历史上是有争自由而战的荣誉的;三色的国旗,代表这个光荣的民族的三大主义:自由、平等、博爱。法国人在中国,向来也还有拥护中国爱自由者的表示,所以二十年来的中国政争,法租界向来是民党和其他爱自由者的退避之所。

但是近年来的法国民族早已不是那历史上光荣的 La belle France 了!莱因河畔的横行,我们也许原谅他们为迫于救亡不得已而出此。但上海的法国巡捕房近年的行为,实在有我们不能不认法兰西民族的奇耻大辱的。

《新青年》不被禁于北京,不被禁于广州,而两次被禁于上海法捕房!陈独秀在北京虽曾被捕,然北京军警拘捕独秀于亲见他布散传单之时,而后来安然出狱,不曾受半文之罚金。而陈独秀在法界两次被拘,罚金与讼费使他破产还不够。这种比较不够使我们反省吗?

中法实业银行复业案的种种黑幕还未终了,中法通惠工商学校的种种黑幕还未终了,而法捕房竟不许全国学生总会开会,终于把他们的总会所封闭了。

我们要正告法国人和一般热心提携中法文化事业的人:安南禁偶语的法令未除,而法国的市侩居然在中国替何丰林们作鹰犬了!十年的中法文化提携的呼号,远不如三益里的一张告示、两纸封条力量之大!

三月二十六至四月一日

差不多先生传

你知道中国最有名的人是谁？

提起此人，人人皆晓，处处闻名。他姓差，名不多，是各省各县各村人氏。你一定见过他，一定听过别人谈起他。差不多先生的名字天天挂在大家的口头，因为他是中国全国人的代表。

差不多先生的相貌和你和我都差不多。他有一双眼睛，但看的不很清楚；有两只耳朵，但听的不很分明；有鼻子和嘴，但他对于气味和口味都不很讲究。他的脑子也不小，但他的记性却不很精明，他的思想也不很细密。

他常常说："凡事只要差不多，就好了。何必太精明呢？"

他小的时候，他妈叫他去买红糖，他买了白糖回来。他妈骂他，他摇摇头说："红糖白糖不是差不多吗？"

他在学堂的时候，先生问他："直隶省的西边是哪一省？"他说是陕西。先生说："错了。是山西，不是陕西。"他说："陕西同山西，不是差不多吗？"

后来他在一个钱铺里做伙计；他也会写，也会算，只是总不会精细。十字常常写成千字，千字常常写成十字。掌柜的生气了，常常骂他。他只是笑嘻嘻地赔小心道："千字比十字只多一小撇，不是差不多吗？"

有一天，他为了一件要紧的事，要搭火车到上海去。他从从容容地走到火车站，迟了两分钟，火车已开走了。他白瞪着眼，望着远远的火车上的煤烟，摇摇头道："只好明天再走了，今天走同明天走，也还差不多。可是火车公司未免太认真了。八点三十分开，同八点三十二分开，不是差不多吗？"他一面说，一面慢慢地走回家，心里总不明白为什么火车不肯等他两分钟。

有一天，他忽然得了急病，赶快叫家人去请东街的汪医生。那家人急急忙忙地跑去，一时寻不着东街的汪大夫，却把西街牛医王大夫请来了。差不多先生病在床上，知道寻错了人；但病急了，身上痛苦，心里焦急，等不得了，心里想道："好在王大夫同汪大夫也差不多，让他试试看罢。"于是这位牛医王大夫走近床前，用医牛的法子给差不多先生治病。不上一点钟，差不多先生就一命呜呼了。

差不多先生差不多要死的时候，一口气断断续续地说道："活人同死人也差……差……差不多，……凡事只要……差……差……不多……就……好了，……何……何……必……太……太认真呢？"他说完了这句格言，方才绝气了。

他死后，大家都很称赞差不多先生样样事情看得破，想得通；大家都说他一生不肯认真，不肯算账，不肯计较，真是一位有德行的人。于是大家给他取个死后的法号，叫他作圆通大师。

他的名誉越传越远，越久越大。无数无数的人都学他的榜样。于是人人都成了一个差不多先生。——然而中国从此就成为一个懒人国了。

新生活

哪样的生活可以叫作新生活呢？

我想来想去，只有一句话。新生活就是有意思的生活。

你听了，必定要问我，有意思的生活又是什么样子的生活呢？

我且先说一两件实在的事情做个样子，你就明白我的意思了。

前天你没有事做，闲得不耐烦了，你跑到街上一个小酒店里，打了四两白干，喝完了，又要四两，再添上四两。喝的大醉了，同张大哥吵了一回嘴，几乎打起架来。后来李四哥来把你拉开，你气愤愤地又要了四两白干，喝得人事不知，幸亏李四哥把你扶回去睡了。昨儿早上，你酒醒了，大嫂子把前天的事告诉你，你懊悔得很，自己埋怨自己："昨儿为什么要喝那么多酒呢？可不是糊涂吗？"

你赶上张大哥家去，作了许多揖，赔了许多不是，自己怪自己糊涂，请张大哥大量包涵。正说时，李四哥也来了，王三哥也来了。他们三缺一，要你陪他们打牌。你坐下来，打了十二圈牌，输了一百多吊钱。你回得家来，大嫂子怪你不该赌博，你又懊悔得很，自己怪自己道："是呵，我为什么要陪他们打牌呢？可不是糊涂吗？"

诸位，像这样子的生活，叫作糊涂生活，糊涂生活便是没有意思的生活。你做完了这种生活，回头一想，“我为什么要这样干呢?”你自己也回不出究竟为什么。

诸位，凡是自己说不出“为什么这样做”的事，都是没有意思的生活。

反过来说，凡是自己说得出“为什么这样做”的事，都可以说是有意思的生活。

生活的“为什么”，就是生活的意思。

人同畜牲的分别，就在这个“为什么”上。你到万牲园里去看那白熊一天到晚摆来摆去不肯歇，那就是没有意思的生活。我们做了人，应该不要学那些畜牲的生活。畜牲的生活只是糊涂，只是胡混，只是不晓得自己为什么如此做。一个人做的事应该件件事问得出一个“为什么”。

我为什么要干这个？为什么不干那个？回答得出，方才可算是一个人的生活。

我们希望中国人都能做这种有意思的新生活。其实这种新生活并不十分难，只消时时刻刻问自己为什么这样做，为什么不那样做，就可以渐渐地做到我们所说的新生活了。

诸位，千万不要说“为什么”这三个字是很容易的小事。你打今天起，每做一件事，便问一个为什么，——为什么不把辫子剪了？为什么不把大姑娘的小脚放了？为什么大嫂子脸上搽那么多的脂粉？为什么出棺材要用那么多叫化子？为什么娶媳妇也要用那么多叫化子？为什么骂人要骂他的爹妈？为什么这个？为什么那个？——你试办一两天，你就会觉得这三个字的趣味真是无穷无尽，这三个字的功用也无穷无尽。

诸位，我们恭恭敬敬地请你们来试试这种新生活。

民国八年八月

大宇宙中谈博爱

“博爱”就是爱一切人。这题目范围很大。在未讨论以前，让我们先看一个问题：“我们的世界有多大?”

我的答复是“很大!”我从前念《千字文》的时候，一开头便已念到这样的辞句：“天地玄黄，宇宙洪荒。”宇宙是中国的字，和英文的 Universe，World 意思差不多，都是抽象名词。宇是空间（Space），即东南西北；宙是时间（Time）即古今旦暮。《淮南子》说宇是上下四方，宙是古往今来。宇宙就是天地，宇宙就是 Time－Space。古人能得“Universe”的观念实在不易，相当合于今日的科学。但古人所见的空间很小，时间很短，现在的观念已扩大了许多。考古学探讨千万年的事，地质学、古生物学、天文学等不断地发现，更将时间空间的观念扩大。

现在的看法：空间是无穷的大，时间是无穷的长。

古人只见到八大行星，二十年前只见九大行星。现在所谓的银河，是古代所未能想象得到的。以前觉得太阳很远，现在说起来算不得什么，因为比太阳远千万倍的东西多得很。

科学就这样地答复了“宇宙究竟有多大?”这个问题。

现在谈第二点：博爱。

在这个大世界里谈博爱，真是个大问题。广义的爱，是世界各大宗教的最终目的。墨子可谓中国历史上最了不起的人，可说是宗教创立者（Founder of Religion），他提出“兼爱”为他的理论中心。兼爱就是博爱，是爱无等差的爱。墨子理论和基督教教义有很多相合的地方，如“爱人如己”、“爱我们的仇敌”等。

佛教哲学本谓一切无常，我亦无常，“我”是“四大”（土、水、火、风）偶然结合而成的，是十分简单的东西，因此无所谓爱与恨——根本不值得爱，也不值得恨。但早期佛教亦有爱的意念在：我既无常，可牺牲以为人。

和尚爱众生，但是佛教不准自食其力，所以有人称之为“叫化”（乞丐）宗教。自己的饭亦须取之于人，何能博爱？

古时很多人为了“爱”，每次蹲坑（大便）的时候便想，想，大想一番，想到爱人。有些人则以身喂蚊，或以刀割肉，以自身所受的痛苦来显示他们对人的爱。这种爱的方法，只能做到牺牲自己，在现代的眼光看来，是可笑的。这种博爱给人的帮助十分有限，与现代的科学——工程、医学……所能给我们的“博爱”比起来，力量实在小得可怜。今日的科学增进了人类互助博爱的能力。就说最近意大利邮船 Andrea Doria 遇难的事吧，短短的数小时内就救起千多人。近代交通、医学……的发达，减少了人类无数的痛苦。

我们要谈博爱，一定要换一观念。古时那种喂蚊割肉的博爱，等于开空头支票，毫无价值。现在的科学才能放大我们的眼光，促进我们的同情心，增加我们助人的能力。我们需要一种以科学为基础的博爱——一种实际的博爱。

孔子说：“修己以敬，修己以安人，修己以安百姓。”修己就是把自己弄好。我们应当先把自己弄好，然后帮助别人；独善其身然后能兼善天下。同学们，现在我们读书的时候，不要空谈高唱博爱；但应先努力学习，充实自己，到我们有充分能力的时候才谈博爱，仍不算迟。

我们对于西洋近代文明的态度

今日最没有根据而又最有毒害的妖言是讥贬西洋文明为唯物的（Materialistic），而尊崇东方文明为精神的（Spiritual）。这本是很老的见解，在今日却有新兴的气象。从前东方民族受了西洋民族的压迫，往往用这种见解来解嘲，来安慰自己。近几年来，欧洲大战的影响使一部分的西洋人对于近世科学的文化起一种厌倦的反感，所以我们时时听见西洋学者有崇拜东方的精神文明的议论。这种议论，本来只是一时的病态的心理，却正投合了东方民族的夸大狂，东方的旧势力就因此增加了不少的气焰。

我们不愿"开倒车"的少年人，对于这个问题不能没有一种彻底的见解，不能没有一种鲜明的表示。

现在高谈"精神文明"、"物质文明"的人，往往没有共同的标准做讨论的基础，故只能做文字上或表面上的争论，而不能有根本的了解。我想提出几个基本观念来做讨论的标准。

第一，文明（Civilization）是一个民族应付他的环境的总成绩。

第二，文化（Culture）是一种文明所形成的生活的方式。

第三，凡一种文明的造成，必有两个因子：一是物质的（Material），包括种种自然界的势力与质料；一是精神的（Spiritual），包括一个民族的聪明才智、感情和理想。凡文明都是人的心思智力运用自然界的质与力的作品；没有一种文明是精神的，也没有一种文明单是物质的。

我想这三个观念是不须详细说明的，是研究这个问题的人都可以承认的。一只瓦盆和一只铁铸的大蒸汽炉，一只舢板船和一只大汽船，一部单轮小车和一辆电力街车，都是人的智慧利用自然界的质力制造出来的文明，同有物质的基础，同有人类的心思才智。这里面只有个精粗巧拙的程度上的差异，却没有根本上的不同。蒸汽铁炉固然不必笑瓦盆的幼稚，单轮小车上的人也更不配自夸他的精神的文明，而轻视电车上人的物质的文明。

因为一切文明都少不了物质的表现，所以“物质的文明”（Material Civilization）一个名词不应该有什么讥贬的含义。我们说一部摩托车是一种物质的文明，不过单指他的物质的形体；其实一部摩托车所代表的人类的心思智慧绝不亚于一首诗所代表的心思智慧。所以“物质的文明”不是和“精神的文明”反对的一个贬词，我们可以不讨论。

我们现在要讨论的是（1）什么叫做“唯物的文明”（Materialistic Civilization）；（2）西洋现代文明是不是唯物的文明。

崇拜所谓东方精神文明的人说，西洋近代文明偏重物质上和肉体上的享受，而略视心灵上与精神上的要求，所以是唯物的文明。

我们先要指出这种议论含有灵肉冲突的成见，我们认为错误的成见。我们深信，精神的文明必须建筑在物质的基础之上。提高人类物质上的享受，增加人类物质上的便利与安逸，这都是朝着解放人类的能力的方向走，使人们不至于把精力心思全抛在仅仅生存之上，使他们可以有余力去满足他们的精神上的要求。东方的哲人曾说：

衣食足而后知荣辱，仓廪实而后知礼节。

这不是什么舶来的“经济史观”，这是平恕的常识。人世的大悲剧是无数的人们终身做血汗的生活，而不能得着最低限度的人生幸福，不能避免冻与饿。人世的更大悲剧是人类的先知先觉者眼看无数人们的冻饿，不能设法增进他们的幸福，却把“乐天”、“安命”、“知足”、“安贫”种种催眠药给他们吃，叫他们自己欺骗自己，安慰自己。西方古代有一则寓言说，狐狸想吃葡萄，葡萄太高了，他吃不着，只好说“我本不爱吃这酸葡萄!”狐狸吃不着甜葡萄，只好说葡萄是酸的；人们享不着物质上的快乐，只好说物质上的享受是不足羡慕的，而贫贱是可以骄人的。这样自欺自慰成了懒惰的风气，又不足为奇了。于是有狂病的人又进一步，索性回过头去，戕贼身体，断臂，绝食，焚身，以求那幻想的精神的安慰。从自欺自慰以至于自残自杀，人生观变成了人死观，都是从一条路上来的：这条路就是轻蔑人类的基本的欲望。朝这条路上走，逆天而拂性，必至于养成懒惰的社会，多数人不肯努力以求人生基本欲望的满足，也就不肯进一步以求心灵上与精神上的发展了。

西洋近代文明的特色便是充分承认这个物质的享受的重要。西洋近代文明，依我的鄙见看来，是建筑在三个基本观念之上：第一，人生的目的是求幸福；第二，所以贫穷是一种罪恶；第三，所以衰病是一种罪恶。借用一句东方古话，这就是一种“利用厚生”的文明。因为贫穷是一种罪恶，所以要开发富源，奖励生产，改良制造，扩张商业。因为衰病是一种罪恶，所以要研究医药，提倡卫生，讲求体育，防止传染的疾病，改善人种的遗传。因为人生的目的是求幸福，所以要经营安适的起居、便利的交通、洁净的城市、优美的艺术、安全的社会、清明的政治。纵观西洋近代的一切工艺、科学、法制，固然其中也不少杀人的利器与侵略掠夺的制度，我们终不能不承认那利用厚生的基本精神。

这个利用厚生的文明，当真忽略了人类心灵上与精神上的要求吗？当真是一种唯物的文明吗？

我们可以大胆地宣言：西洋近代文明绝不轻视人类的精神上的要求。我们还可以大胆地进一步说：西洋近代文明能够满足人类心灵上的要求的程度，远非东洋旧文明所能梦见。在这一方面看来，西洋近代文明绝非唯物的，乃是理想主义的（Idealistic），乃是精神的（Spiritual）。

我们先从理智的方面说起。

西洋近代文明的精神方面的第一特色是科学。科学的根本精神在于求真理。人生世间，受环境的逼迫，受习惯的支配，受迷信与成见的拘束。只有真理可以使你自由，使你强有力，使你聪明圣智；只有真理可以使你打破你的环境中的一切束缚，使你戡天，使你缩地，使你天不怕，地不怕，堂堂地做一个人。

求知是人类天生的一种精神上的最大要求。东方的旧文明对于这个要求，不但不想满足他，并且常想裁制他、断绝他。所以东方古圣人劝人要“无知”，要“绝圣弃智”，要“断思维”，要“不识不知，顺帝之则”。这是畏难，这是懒惰。这种文明，还能自夸可以满足心灵上的要求吗？

东方的懒惰圣人说，“吾生也有涯，而知也无涯，以有涯逐无涯，殆已。”所以他们要人静坐澄心，不思不虑，而物来顺应。这是自欺欺人的诳语，这是人类的夸大狂。真理是深藏在事物之中的；你不去寻求探讨，他决不会露面。科学的文明教人训练我们的官能智慧，一点一滴地去寻求真理，一丝一毫不放过，一铢一两地积起来。这是求真理的唯一法门。自然（Nature）是一个最狡猾的妖魔，只有敲打逼拶可以逼她吐露真情。不思不虑的懒人只好永永作愚昧的人，永永走不进真理之门。

东方的懒人又说："真理是无穷尽的，人的求知的欲望如何能满足呢?"诚然，真理是发现不完的。但科学决不因此而退缩。科学家明知真理无穷，知识无穷，但他们仍然有他们的满足：进一寸有一寸的愉快，进一尺有一尺的满足。二千多年前，一个希腊哲人思索一个难题，想不出道理来；有一天，他跳进浴盆去洗澡，水涨起来，他忽然明白了，他高兴极了，赤裸裸地跑出门去，在街上乱嚷道，"我寻着了！我寻着了!"（Eureka！Eureka!）这是科学家的满足。Newton，Pasteur 以至于 Edison 时时有这样的愉快。一点一滴都是进步，一步一步都可以踌躇满志。这种心灵上的快乐是东方的懒圣人所梦想不到的。

这里正是东西文化的一个根本不同之点。一边是自暴自弃的不思不虑，一边是继续不断地寻求真理。

朋友们，究竟是哪一种文化能满足你们的心灵上的要求呢?

其次，我们且看看人类的情感与想象力上的要求。

文艺，美术，我们可以不谈，因为东方的人，凡是能睁开眼睛看世界的，至少还都能承认西洋人并不曾轻蔑了这两个重要的方面。

我们来谈谈道德与宗教罢。

近世文明在表面上还不曾和旧宗教脱离关系，所以近世文化还不曾明白建立他的新宗教、新道德。但我们研究历史的人不能不指出近世文明自有他的新宗教与新道德。科学的发达提高了人类的知识，使人们求知的方法更精密了，评判的能力也更进步了，所以旧宗教的迷信部分渐渐被淘汰到最低限度，渐渐地连那最低限度的信仰——上帝的存在与灵魂的不灭——也发生疑问了。所以这个新宗教的第一特色是他的理智化。近世文明仗着科学的武器，开辟了许多新世界，发现了无数新真理，征服了自然界的无数势力，叫电气赶车，叫“以太”送信，真是个做出种种动地掀天的大事业来。人类的能力的发展使他渐渐增加对于自己的信仰心，渐渐把向来信天安命的心理变成信任人类自己的心理。所以这个新宗教的第二特色是他的人化。智识的发达不但抬高了人的能力，并且扩大了他的眼界，使他胸襟阔大，想象力高远，同情心浓挚。同时，物质享受的增加使人有余力可以顾到别人的需要与痛苦。扩大了的同情心加上扩大了的能力，遂产生了一个空前的社会化的新道德，所以这个新宗教的第三特色就是他的社会化的道德。

古代的人因为想求得感情上的安慰，不惜牺牲理智上的要求，专靠信心（Faith），不问证据，于是信鬼，信神，信上帝，信天堂，信净土，信地狱。近世科学便不能这样专靠信心了。科学并不菲薄感情上的安慰；科学只要求一切信仰须要经得起理智的评判，须要有充分的证据，凡没有充分证据的，只可存疑，不足信仰。赫胥黎（Huxlev）说的最好：

> 如果我对于解剖学上或生理学上的一个小小困难，必须要严格地不信任一切没有充分证据的东西，方才可望有成绩，那么，我对于人生的奇秘的解决，难道就可以不用这样严格的条件吗？

这正是十分尊重我们的精神上的要求。我们买一亩田，卖三间屋，尚且要一张契据；关于人生的最高希望的根据，岂可没有证据就胡乱信仰吗？

这种“拿证据来”的态度，可以称为近世宗教的“理智化”。

从前人类受自然的支配，不能探讨自然界的秘密，没有能力抵抗自然的残酷，所以对于自然常怀着畏惧之心。拜物，拜畜生，怕鬼，敬神，“小心翼翼，昭事上帝”，都是因为人类不信任自己的能力，不能不倚靠一种超自然的势力。现代的人便不同了。人的智力居然征服了自然界的无数质力，上可以飞行无碍，下可以潜行海底，远可以窥算星辰，近可以观察极微。这个两只手一个大脑的动物——人——已成了世界的主人翁，他不能不尊重自己了。一个少年的革命诗人曾这样的歌唱：

> 我独自奋斗，胜败我独自承当，
> 我用不着谁来放我自由，
> 我用不着什么耶稣基督
> 妄想他能替我赎罪替我死。
> I fight alone and，win or sink，
> I need no one to make me free.
> I want no Jesus Christ to think
> That he could ever die for me.

这是现代人化的宗教。信任天不如信任人，靠上帝不如靠自己。我们现在不妄想什么天堂天国了，我们要在这个世界上建造“人的乐国”。我们不妄想做不死的神仙了，我们要在这个世界上做个活泼健全的人。我们不妄想什么四禅定六神通了，我们要在这个世界上做个有聪明智慧，可以戡天缩地的人。我们也许不轻易信仰上帝的万能了，我们却信仰科学的方法是万能的，人的将来是不可限量的。我们也许不信灵魂的不灭了，我们却信人格是神圣的，人权是神圣的。

这是近世宗教的“人化”。

但最重要的要算近世道德宗教的“社会化”。

古代的宗教大抵注重个人的拯救，古代的道德也大抵注重个人的修养。虽然也有自命普渡众生的宗教，虽然也有自命兼济天下的道德，然而终苦于无法下手，无力实行，只好仍然回到个人的身心上用工夫，做那向内的修养。越向内做工夫，越看不见外面的现实世界；越在那不可捉摸的心性上玩把戏，越没有能力应付外面的实际问题。即如中国八百年的理学工夫居然看不见二万万妇女缠足的惨无人道！明心见性，何补于人道的苦痛困穷！坐禅主敬，不过造成许多“四体不勤，五谷不分”的废物！

近世文明不从宗教下手，而结果自成一个新宗教；不从道德入门，而结果自成一派新道德。十五十六世纪的欧洲国家简直都是几个海盗的国家，哥伦布（Columbus）、马汲伦（Magellan）、都芮克（Drake）一班探险家都只是一些大海盗。他们的目的只是寻求黄金、白银、香料、象牙、黑奴。然而这班海盗和海盗带来的商人开辟了无数新地，开拓了人的眼界，抬高了人的想象力，同时又增加了欧洲的富力。工业革命接着起来，生产的方法根本改变了，生产的能力更发达了。二三百年间，物质上的享受逐渐增加，人类的同情心也逐渐扩大。这种扩大的同情心便是新宗教、新道德的基础。自己要争自由，同时便想到别人的自由，所以不但自由须以不侵犯他人的自由为界限，并且还进一步要求绝大多数人的自由。自己要享受幸福，同时便想到人的幸福，所以乐利主义（Utilitarianism）的哲学家便提出“最大多数的最大幸福”的标准来做人类社会的目的。这都是“社会化”的趋势。

十八世纪的新宗教信条是自由、平等、博爱。十九世纪中叶以后的新宗教信条是社会主义。这是西洋近代的精神文明，这是东方民族不曾有过的精神文明。

固然东方也曾有主张博爱的宗教，也曾有公田均产的思想。

但这些不过是纸上的文章，不曾实地变成社会生活的重要部分，不曾变成范围人生的势力，不曾在东方文化上发生多大的影响。在西方便不然了。“自由、平等、博爱”成了十八世纪的革命口号。美国的革命，法国的革命，1848 年全欧洲的革命运动，1862 年的南北美战争，都是在这三大主义的旗帜之下的大革命。美国的宪法，法国的宪法，以至于南美洲诸国的宪法，都是受了这三大主义的绝大影响的。旧阶级的打倒，专制政体的推翻，法律之下人人平等的观念的普遍，“信仰、思想、言论、出版”几大自由的保障的实行、普及教育的实施、妇女的解放、女权的运动、妇女参政的实现……都是这个新宗教、新道德的实际的表现。这不仅仅是三五个哲学家书本子中的空谈，这都是西洋近代社会政治制度的重要部分，这都已成了范围人生，影响实际生活的绝大势力。

十九世纪以来，个人主义的趋势的流弊渐渐暴白于世了，资本主义之下的苦痛也渐渐明了了。远识的人知道自由竞争的经济制度不能达到真正“自由、平等、博爱”的目的。向资本家手中要求公道的待遇，等于“与虎谋皮”。救济的方法只有两条大路：一是国家利用其权力，实行裁制资本家，保障被压迫的阶级；一是被压迫的阶级团结起来，直接抵抗资本阶级的压迫与掠夺。于是各种社会主义的理论与运动不断地发生。西洋近代文明本建筑在个人求幸福的基础之上，所以向来承认“财产”为神圣的人权之一。但十九世纪中叶以后，这个观念根本动摇了，有的人竟说“财产是贼赃”，有的人竟说“财产是掠夺”。现在私有财产制虽然还存在，然而国家可以征收极重的所得税和遗产税，财产久已不许完全私有了。劳动是向来受贱视的；但资本集中的制度使劳工有大组织的可能，社会主义的宣传与阶级的自觉又使劳工觉悟团结的必要，于是几十年之中有组织的劳动阶级遂成了社会上最有势力的分子。十年以来，工党领袖可以执掌世界强国的政权，同盟总罢工可以屈伏最有势力的政府，俄国的劳农阶级竟做了全国的专政阶级。这个社会主义的大运动现在还正在进行的时期。但他的成绩已很可观了。各国的“社会立法”（Social Legislation）的发达，工厂的视察，工厂卫生的改良，儿童工作与妇女工作的救济，红利分配制度的推行，缩短工作时间的实行，工人的保险，合作制之推行，最低工资（Minimum Wage）的运动，失业的救济，级进制的（Progressive）所得税与遗产税的实行……这都是这个大运动已经做到的成绩。这也不仅仅是纸上的文章，这也都已成了近代文明的重要部分。

这是“社会化”的新宗教与新道德。

东方的旧脑筋也许要说：“这是争权夺利，算不得宗教与道德。”这里又正是东西文化的一个根本不同之点。一边是安分、安命、安贫、乐天、不争、认吃亏，一边是不安分、不安贫、不肯吃亏，努力奋斗，继续改善现成的境地。东方人见人富贵，说他是“前世修来的”；自己贫，也说是“前世不曾修”，说是“命该如此”。西方人便不然，他说，“贫富的不平等，痛苦的待遇，都是制度的不良的结果，制度是可以改良的。”他们不是争权夺利，他们是争自由，争平等，争公道；他们争的不仅仅是个人的私利，他们奋斗的结果是人类绝大多数人的福利。最大多数人的最大幸福，不是袖手念佛号可以得来的，是必须奋斗力争的。

朋友们，究竟是哪一种文化能满足你们的心灵上的要求呢？

我们现在可综合评判西洋近代的文明了。这一系的文明建筑在“求人生幸福”的基础之上，确然替人类增进了不少的物质上的享受；然而他也确然很能满足人类的精神上的要求。他在理智的方面，用精密的方法，继续不断地寻求真理，探索自然界无穷的秘密。他在宗教道德的方面，推翻了迷信的宗教，建立合理的信仰；打倒了神权，建立人化的宗教；抛弃了那不可知的天堂净土，努力建设“人的乐国”、“人世的天堂”；丢开了那自称的个人灵魂的超拔，尽量用人的新想象力和新智力去推行那充分社会化了的新宗教与新道德，努力谋人类最大多数的最大幸福。

东方的文明的最大特色是知足。西洋的近代文明的最大特色是不知足。

知足的东方人自安于简陋的生活，故不求物质享受的提高；自安于愚昧，自安于“不识不知”，故不注意真理的发现与技艺器械的发明；自安于现成的环境与命运，故不想征服自然，只求乐天安命，不想改革制度，只图安分守己，不想革命，只做顺民。

这样受物质环境的拘束与支配，不能跳出来，不能运用人的心思智力来改造环境、改良现状的文明，是懒惰不长进的民族的文明，是真正唯物的文明。这种文明只可以遏抑而绝不能满足人类精神上的要求。

西方人大不然。他们说“不知足是神圣的”（DivineDiscontent）。物质上的不知足产生了今日的钢铁世界、汽机世界、电力世界。理智上的不知足产生了今日的科学世界。社会政治制度上的不知足产生了今日的民权世界、自由政体、男女平权的社会、劳工神圣的喊声、社会主义的运动。神圣的不知足是一切革新、一切进化的动力。

这样充分运用人的聪明智慧来寻求真理以解放人的心灵，来制服天行以供人用，来改造物质的环境，来改革社会政治的制度，来谋人类最大多数的最大幸福，——这样的文明应该能满足人类精神上的要求；这样的文明是精神的文明，是真正理想主义的（Idealistic）文明，绝不是唯物的文明。

固然，真理是无穷的，物质上的享受是无穷的，新器械的发明是无穷的，社会制度的改善是无穷的。但格一物有一物的愉快，革新一器有一器的满足，改良一种制度有一种制度的满意。今日不能成功的，明日明年可以成功；前人失败的，后人可以继续助成。尽一分力便有一分的满意；无穷的进境上，步步都可以给努力的人充分的愉快。所以大诗人邓内孙（Tennyson）借古英雄 Ulysses 的口气歌唱道：

然而人的阅历就像一座穹门，
从那里露出那不曾走过的世界，
越走越远，永永望不到他的尽头。
半路上不干了，多么沉闷呵！
明晃晃的快刀为什么甘心上锈！
难道留得一口气就算得生活了？
……
朋友们，来罢！
去寻一个更新的世界是不会太晚的。
……
用掉的精力固然不回来了，
剩下的还不少呢。
现在虽然不是从前那样掀天动地的身手了，
然而我们毕竟还是我们，
光阴与命运颓唐了几分壮志！
终止不住那不老的雄心，
去努力，去探寻，去发现，
永不退让，不屈服。

1926 年 6 月 6 日

传记文学

今天我想讲讲中国最缺乏的一类文学——传记文学。

这并不是因为我对传记文学有特别研究，而是因为我这二三十年来都在提倡传记文学。以前，我在北平、上海曾演讲过几次，提倡传记文学，并且在平常谈话的时候，也曾劝老一辈的朋友们多保留传记的材料，如梁任公先生、蔡孑民先生和绰号财神菩萨的梁士诒先生等，我都劝过。梁士诒先生有一个时期很受社会的毁谤。有一次，他来看我，我就劝他多留一点传记材料，把自己在袁世凯时代所经过的事，宣布出来，作成自传；不一定要人家相信，但可以借这个机会把自己做事的立场、动机赤裸裸地写出来，给历史添些材料。可是这三位先生过去了，都没有留下自传。蔡先生去世十多年，还没有人替他做一部很详细的传记。梁任公先生五十多年的生活，是生龙活虎般的；他的学说，影响了中国数十年：我们觉得应该替他作一部好的传记。那时丁文江先生出来担任搜集梁任公传记的材料，发出许多信并到处登广告，征求梁任公与朋友来往的书札以及其他的记述。丁先生将所得到的几万件材料，委托一位可靠并有素养的学者整理，后来写了一个长篇的初稿，油印几十份交给朋友们校阅。不幸国家多故，主办的丁文江先生很忙，未及定稿他本人也死了。所以梁任公先生传记到现在还没有定稿。梁士诒先生死后，他的学生叶誉虎先生根据他生前所经手做的事情的许多原始材料，编了两本《梁燕孙先生年谱》。这虽然不是梁先生的自传，但是内容完备详细，我看了很高兴。这个年谱的刊行，可以说是我宣传传记文学偶然的收获。今天借这个机会我又要来宣传传记文学了！我希望大家就各人范围之内来写传记，养成搜集传记材料和爱读传记材料的习惯。

师院同学曾要我谈谈《红楼梦》。《红楼梦》也是传记文学，我对《红楼梦》的作者曹雪芹作过考据，搜集曹雪芹传记材料，知道曹雪芹名霑，雪芹是他的别号，他的前四代是曹禧、曹寅、曹頫、曹洪。《现代名人大辞典》里列有曹霑的名字，使爱读《红楼梦》的人知道《红楼梦》作者的真名和他的历史，算是我的小小贡献。这种事情是值得提倡的。我希望这次回来能将我所写的有关《红楼梦》的文章（散见在《胡适文存》《胡适论学近著》中的），再加我朋友们所找到的有关曹家的材料（如台大教授李玄伯先生所发表过的文章，以及吴相湘先生在清故宫发现的秘密的差不多一百五十年的奏本），收集在一起，合印为一册，使爱读《红楼梦》及关心《红楼梦》的人有一个参考。也许我下次再来时，便可以谈谈《红楼梦》了。

我觉得二千五百年来，中国文学最缺乏最不发达的是传记文学。中国的正史，可以说大部分是集合传记而成的，可惜所有的传记多是短篇的。如《史记》《汉书》《后汉书》《三国志》《晋书》等，其中的传记有许多篇现在看起来仍然是很生动的。我们略举几个例：太史公的《项羽本纪》，写得很有趣味；《叔孙通传》，看起来句句恭维叔孙通，而其实恐怕是句句挖苦叔孙通。《汉书·外戚传》中的《赵飞燕传》，描写得很详细，保存的原料最多。《三国志》裴松之的注，十之八九是传记材料。《晋书》也有许多有趣味的传记，不幸是几百年后才写定的。《晋书》搜集了许多小说——没有经过史官严格审别的材料——成为小说传记，给中国传记文学开了一个新的体裁。后来作墓志铭小传，都是受了初期的几部伟大的历史——《史记》《汉书》《三国志》等——的传记体裁的影响。不过我们一开头就作兴短传记的体裁，是最不幸的事。

中国传记文学第一个重大缺点是材料太少，保存的原料太少，对于被作传的人的人格、状貌、公私生活行为，多不知道；原因是个人的记录日记与公家的文件，大部分毁弃散佚了。这是中国历史记载最大的损失。

除了短篇传记之外，还有许多名字不叫传记，实际是传记文学的“言行录”。这些言行录往往比传记还有趣味。我们中国最早、最出名，全世界都读的言行录，就是《论语》。这是孔子一班弟子或者弟子的弟子，对于孔子有特别大的敬爱心，因而把孔子生平的一言一行记录下来，汇集而成的。

中国从前的文字没有完全做到记录语言的职务，往往在一句话里面把许多虚字去掉了。《尚书·商盘》《周诰》为什么不好懂？就是因为当初记录时，没有把虚字记录下来，变成电报式的文字。现在打电报，为了省钱，把“的”、“呢”、“吗”等虚字去掉。古代的文字记载所有过简的毛病，不是省钱，而是因为记录的工具——文字不完全。大概文字初用的时候，单有实字，——名词、代名词，没有虚字。实字是骨干，虚字是血脉，精神。骨干重要，血脉更重要。所以古时的文字，不容易把一个人讲的话很完全地记录下来。到了春秋时代，文字有了进步，开始有说话的完全纪录。最早最好的说话纪录，是《诗经》。《诗经》里的《大雅》《周颂》，文字还不十分完全。但是《国风》全部和《小雅》一部分，是民间歌唱的文字。因为实在太好了，所以记录的人把实字、虚字通通记录下来了。如“投我以木桃，报之以琼瑶。匪报也，永以为好也！”表示口气的“也”字都写出来了。又如“俟我于著乎而？充耳以素乎而？尚之以琼华乎而？”你看看，耳环带红的好，还是带白的好？又带什么花咧？把一个漂亮的小姐问她爱人的神态，通通表现出来了。这是记录文字的一个好榜样。至历史上最好的言行录，就是刚才说的《论语》。《论语》文字，虚字最多。比方“学而时习之，不亦说乎！”一句话有五个虚字。子禽问于子贡曰：“夫子至于是邦也，必闻其政。求之欤？抑与之欤？”这是孔子的一个学生问另外一个学生的话。拿现在的话来说：我们的老师到一个国家，就知道人家政治的事情，这是他自己要求得来的，还是人家给了他的呢？子贡答复的最后两句话：“夫子之求之也，其诸异乎人之求之欤！”（我们的先生要求知道政治的事情，恐怕同别人家的要求不同一点吧！）这样一句话，竟有十个虚字。这是把说话用文字完完全全记录出来的缘故，妙处也就在这里。

《论语》这部书，在中国文学史上占最重要的地位。这部书的绝大部分是记孔子同他的弟子或其他的人问答的话的。聪明的学生问他，有聪明的答复；笨的学生问他同样的一个问题，他的答复便不同。孔子说话，是因人而异的；但他对学生、对平辈，以及对国君——政治领袖——那种不卑不亢的神情，在《论语》里面，是很完整地表现出来了。现在有许多人提倡读经：我希望大家不要把《诗经》《论语》《孟子》当成经看。我们要把这些书当成文学看，才可以得到新的观点，读起来，也才格外发生兴趣。比方鲁定公问孔子一个问题，问得很笨。他问道：“一言而可以兴邦，有诸？”这正如现在我要回到美国，美国的新闻记者要我以一分钟的时间报告这次回台湾的观感一样。孔子对曰：“言不可以若是，其几也！人之言曰：‘为君难，为臣不易。’如知为君之难也，不几乎一言而兴邦乎？”（孔子的话译成现在的话就是：“一句话便可以把国家兴盛起来，不会有这样简单的事，但说个‘差不多’罢！曾有人说过，‘做君上难，做臣下也不容易。’如果一个国君知道做君上的难，那么不是一句话就差不多可以把国家兴盛起来么？”）定公又问：“一言而丧邦，有诸？”孔子答复道：“言不可以若是，其几也！人之言曰，‘予无乐乎为君，唯其言而莫予违也！’如其善而莫之违也，不亦善乎！如不善而莫之违也，不几乎一言而丧邦乎？”（孔子的话译成现代的话就是：“一句话把一个国家亡掉，不会有这样简单的事，但说个‘差不多’罢！曾有人说过，‘我不喜欢做一个国君；做一个国君只有一件事是可喜欢的，那就是：我的话没有人敢违抗。’如果他所说的是好话而没有人敢违抗，那岂不是很好的事？如果他所说的不是好话而没有人敢违抗，那么，岂不是一句话便差不多会把一个国家亡掉了么？”）我们从孔子和鲁定公这段对话来看，知道《论语》里面，用了相当完备的虚字。用了完备的虚字，就能够把孔子循循善诱的神气和不亢不卑的态度都表现出来了。像这样一部真正纯粹的白话言行录，实在是值得宣传，值得仿效的。很可惜的，二千五百年来，没有能继续这个言行录的传统。不过单就《论语》来说，我们也可知道，好的传记文字，就是用白话把一言一行老老实实写下来的。诸位如果读经，应该把《论语》当作一部开山的传记读。

我们若从语言文字发展的历史来看，更可以知道《论语》是一部了不得的书。它是二千五百年来，第一部用当时白话所写的生动的言行录。从《论语》以后，我们历史上使人崇拜的大人物的言行，用白话文记录下来的，也有不少。比方昨天我们讲禅宗问题时提到的许多禅宗和尚留下来的语录，都是用白话写的。这些大和尚的人格、思想，在当时都是了不得的。他有胆量把他的革命思想——守旧的人认为危险的思想说出来，做出来，为当时许多人所佩服。他的徒弟们把他所做的记下来。如果用古文记，就记不到那样的亲切，那样的不失说话时的神气。所以不知不觉便替白话文学、白话散文开了一个新天地。尤其是湖南“德山”和尚和河北“灵济”和尚的语录，可以说都是用最通俗的话写成的。现在我不必引证他们的语录，但是从那记言记行的文字中，可以知道，这些大和尚的语录，的确留下了一批传记的材料。

还有古时的许多大哲学家、思想界的领袖，他们的言行录，也是一批传记的史料。比方死于一千二百年的朱子，在他未死之前，他的学生就曾印出许多《朱子语录》；朱子死了之后，又印出了许多。这些都是朱子的学生们，在某年某月向朱子问学所记录下来的东西。这些语录，大部分是白话文。后来《朱子语录》传出来的太多了，于是在朱子死后六七十年间，便有人出来搜集各家所记的语录，合成一书，以便学者。这就是我们现在所有的黎清德编的《朱子语类》一百四十卷。假如写朱子传记，这部《语类》就是好材料。为朱子写年谱的人很多。最有名的是一位王懋竑先生。他费了半生时间，为朱子写年谱，都是用语录作材料。这些白话语录，记得很详细，有时一段谈话，就有几千字的纪录。这些有价值的材料，到现在还没有充分利用。像这样完全保存下来的史料，实在很少很少。明朝有一位了不得的哲学家王阳明，他的学生佩服老师，爱敬老师，也为老师记下了一大批白话语录。后来就有人根据这些语录，来写王阳明年谱。语录可说是中国传记文学中比较好的一部分。可惜二千五百年来，中国历史上许多真正大学者，平生的说话，很少有人这样详细地用白话记录下来的。就是个人的日记、书翰、札记这类材料，也往往散佚，不能好好地保存下来。所以中国的文学中，二千五百年来，只有短篇的传记，伟大的传记很少很少。

我们再看西洋文学方面是怎样的呢？最古的希腊时代，就有许多可读的传记文学。譬如大哲学家苏格拉底（Socrates）的两个大弟子，都曾写下许多苏格拉底的言行录。他的一个大弟子叫施乃芬（Xenophon），规规矩矩地写他老师的一言一行。另外一个大弟子柏拉图（Plato），是一个天才的文学家。他认为他的老师是一个最伟大的人，不应该没有传记，不应该没有生动的、活的传记。他用戏剧式写出了他的老师苏格拉底和朋友及门人的对话。这种对话留传下来的有几十种。其中关于苏格拉底临死以前的纪录就有三种。当时社会上的人控告苏格拉底，说他是异端、邪说，不相信本国的宗教，煽惑青年、带坏了青年，要予他的惩罚。当时的希腊已是民主政治，就将他交由人民审判——议会审判。柏拉图所描写苏格拉底在法庭上为他自己辩护的对话，叫作《苏格拉底辩护录》，为世界上不朽的传记文学。审判的结果，还是判他死罪。再一部是写他在监里等死的时候，同一个去看他的学生的对话录。还有一部是写他死刑的日子，服毒前的情景。当毒药拿来时，他还如平时一样从容地同他的学生谈话，谈哲学和其他学问的问题，等到时候到了，苏格拉底神色不变地将毒药吃下去。那种毒药的药性，是先从脚下一点一点地发作上来的。苏格拉底用手慢慢向上摸着说，“你看！药性已经发作到这地方了。”他的学生看到毒药在他老师身上起着变化，拿一条巾把他盖起来。一会儿苏格拉底还没有死，自己把它拿开了，嘱咐他的学生说：“我在药王——医药之神——前许过愿要献他一只鸡。请你不要忘记了，回去以后，到医药之神那里献上一只鸡。”他的学生说：“一定不敢忘记。”这是最后的问答。这三种谈话录，可算是世界文学中最美、最生动、最感人的传记文学。

基督教的《新约全书》中有四福音。第四个福音为《约翰福音》，是四福音中较晚的书。前面三个福音为《马太福音》《马可福音》《路加福音》。这三个福音是耶稣死后不久，他的崇拜者所记下来的三种耶稣的言行录，也像《论语》为孔子的一种言行录一样。这三种言行录中有一部分的材料相同，有一部分不相同，但都是记录他们所爱戴的人在世时的一言一行的。这三个福音也是西洋重要的传记文学。以传记文学的眼光来看，是很值得人人一读的。

在希腊、罗马以后，当18世纪的时候，英国有一个了不得的文学家约翰生博士（Dr. Johnson）。这个人谈锋很好，学问也很好。同时有一个人叫作博施惠（Boswell）的，极崇拜约翰生，就天天将约翰生所说的话记录下来。后来就根据他多年所写的纪录，作了一部《约翰生传》。这是一部很伟大的传记，可以说是开了传记文学的一个新的时代的。

再说九十年前就任美国总统的林肯，是一个出身很穷苦的人。他由于自己努力修养成为一个大人物，在国家最危险的时期出来作领袖。他在被选为连任总统的第一年中，被人刺杀而死。这个真正伟大人物的传记，九十年来仍不断地出来；新材料到今天还时有发现，其中有许多部可以说是最值得读的书。

不但文人和政治家的传记值得读，就是科学家的传记也值得读。近代新医学创始人巴斯德（Pastur）的传记，是由他的女婿写的，也是一部最动人的传记。巴斯德是19世纪中法国的化学家。到他以后，医学家才确定承认疾病的传染是由于一种微菌。他一生最大的贡献也就在于微菌的发现。我们中国有一句很流行的话，叫作“物必先腐也，而后虫生之”。差不多很多人做文章的时候都这样写。其实这一句话是最错误的。照近代医学的证明，并不是物腐而后虫生，乃是虫生而后物腐。这个重大而最有利于生命的发现，是巴斯德对于人类的大贡献。这一个科学家的传记，使我这个外行人一直看到夜里三、四点钟，使我掉下来的眼泪润湿了书页。我感觉到传记可以帮助人格的教育。我国并不是没有圣人贤人，只是传记文学不发达，所以未能有所发扬。这是我们一个很大的损失。

我们的传记文学为什么不发达呢？我想这个问题值得大家讨论。今天时间不多，只简单地就个人所领会的提出二三点：

第一，传记文学写得好，必须能够没有忌讳：忌讳太多，顾虑太多，就没有法子写可靠的生动的传记了。譬如说，中国的帝王也有了不得的人，像汉高祖、汉光武、唐太宗等，都是不易有的人物。但是这些人都没有一本好传记。我刚才说过，古代历史中对传记文学的贡献很少，现在我想起，在《后汉书》中有一篇《汉光武传》，是值得我们注意的。这一篇中，保存了许多光武寄给他的将领、大臣，以及朋友的短信——原来也许是长信，大概是由史官把他删节成为一二句或几行的短信的。除此以外，其他的帝王传记都没有这样的活材料。因为执笔的人，对于这些高高在上的人多有忌讳，所以把许多有价值的材料都删削去了。讲到这里，我不能不一一提及一件近代的掌故。清朝末年有一个做过外国公使的人的女儿，叫作德菱公主的，懂得几句外国话，后来嫁给外国人。她想出一个发财的方法，要做文学的买卖，就写了一部《西太后传》。你想她这样的人一生中能够看见几次西太后？我恐怕她根本就没有法子看见西太后，所以她从头就造谣言来骗外国人。这样的传记，当然不会有什么大价值的。

此外，有许多人有材料不敢随意流传出去，尤其是专制国家中政治上、社会上有地位的人，甚至文人，往往毁灭了许多有价值的传记材料。譬如，清朝的曾国藩，是一个很了不得的人。他死了以后，他的学生们替他写了一个传记。但是我把他的日记（据说印出来的日记已经删掉一部分）对照起来，才知道这本传记，并没有把曾国藩这个人写成活的人物。我们可以说一直到现在，还没有一本好的曾国藩的传记。什么缘故呢？因为有了忌讳。中国的传记文学，因为有了忌讳，就有许多话不敢说，许多材料不敢用，不敢赤裸裸地写一个人、写一个伟大人物、写一个值得做传记的人物。

第二个原因，是我们缺乏保存史料的公共机关。从前我们没有很多的图书馆——公家保存文献的机关，一旦遇到变乱的时候，许多材料都不免毁去。譬如说，来了一个兵乱，许多公家或私人的传记材料都会完全毁灭。我举一件事情来说明这个道理罢。大家知道第一次世界大战时美国总统威尔逊是一个伟大的人物，为举世所公认的伟大领袖。他死了以后，他家属找人替他作传，就邀集了许多朋友在家中商量。后来决定请贝克（Baker）替他作传。贝克考虑后答应了。所需的材料，威尔逊太太答应替他送去。后来由当时的陆军部长下命令，派七节铁甲车替威尔逊太太装传记材料给贝克。你想，光是威尔逊太太家中所存的材料就可以装了七辆车！我们中国因为很少有保存这种材料的地方，所以有些时候，只好将这种材料烧毁了。烧毁之后，不知道毁去多少传记学者要保留的材料。

以上两点，只是部分，说明中国传记文学所以不发达的原因。还有第三个原因是因为文字的关系。我感觉得中国话是世界上最容易懂的话。但文字的确是困难的。以这样的文字来记录活的语言，确有困难。所以传记文学遂不免吃了大亏。

前边我介绍的几部我们文学中的模范传记，也可以说是我们划时代的传记文学。《论语》是一部以活的文字来记录活的语言的；禅宗和尚的语录，在文学上也开了一个新的纪元，在传记文学上开辟了一个新的天地，提倡了一种新的方法。后来中国理学家的语录，像《朱子语类》和《传习录》（王阳明）等，多是用白话来记录的。但因为文字的困难，不容易完完全全记录下活的语言，所以这类的文学，发达得比较慢。这是我们传记文学不发达的第三个原因。

最后，我想提出两部我个人认为是中国最近一二百年来最有趣味的传记。这两部传记，虽然不能说可以与世界上那些了不得的传记相比，但是它在我们中国传记中，却是两部了不得，值得提倡的传记。

（一）《罗壮勇公年谱》（即《罗思举年谱》）；

（二）汪辉祖《病榻梦痕录》及《梦痕余录》。

这两部书，是我多少年来搜求传记文学得到的。现在先介绍第二部。

汪辉祖，本来是一个绍兴师爷。当他十几岁的时候，就开始跟人家学做幕府。后来慢慢地做到正式幕府。所谓幕府，就是刑名师爷。因为从前没有法律学校，士子做官的凭科举进阶。而科举考的是文学，考中的人，又不见得就懂法律，所以做官的人，可以请一个幕府来做法律顾问，以备审问案件的时候的咨询。汪辉祖从十七岁步入仕途，一直在做幕府工作，直到三十九岁左右才中了进士。他虽然没有点翰林，但是已经取得了做官的资格，就奉派到湖南做知县。因为他是做幕府出身的，所以当他奉派到湖南做知县的时候，他没有请幕府。就这样一直做到和他的上司闹翻了，才罢官回乡。在家园中又过了几十年，才与世长辞。他的这部《病榻梦痕录》与《梦痕余录》，写的就是他做幕府与做官的那些经历，实在是一部自传。因为他生在清朝乾嘉时代，受了做官判案的影响，所以他以幕府判案的方法和整理档案的方法，来整理学问的材料。他所著的那部《史姓韵编》，可以说是中国《二十四史》的第一部人名索引。他讲政治的书籍，连《梦痕余录》在内，后人编印了出来，名叫《汪龙庄遗书》。这一部书后来成为销行最广的“做官教科书”，凡是做知县的人，都要用到这部书，因为这部书里头，尽是关于法律、判案、做官及做幕府的东西。我名为“做官教科书”，是名副其实的。

汪辉祖的自传，在现代眼光看来，当然嫌它简略。但是我们如果仔细从头读下去，就可以知道这是一部了不得的书。我们读了以后，不但可以晓得司法制度在当时是怎样实行的，法律在当时是怎样用的，还可以从这部自传中，了解当时的宗教信仰和经济生活，所以后来我的朋友卫挺生要写中国经济史，问我到哪里去找材料，我就以汪辉祖的书告诉他。因为我看了这本书，知道他在每年末了，把这一年中，一块本洋一柱的换多少钱，二柱、三柱的又换多少钱，谷子麦子每石换多少钱，都记载得很清楚。我当时对本洋的一柱、二柱、三柱等名目，还弄不清楚。卫挺生先生对这本书很感兴趣，研究以后向我说：书中所谓一柱、二柱、三柱，就是罗马字的Ⅰ、Ⅱ、Ⅲ，为西班牙皇帝一世、二世、三世的标记。中国当时不认识这种字，所以就叫它一柱、二柱、三柱。

其次讲到当时的宗教信仰。这里所谓宗教信仰，不是讲皇帝找和尚去谈禅学，而是说从这本传记中可以了解当时士大夫所信仰的是什么。因为汪辉祖曾经替人家做过幕府，审问过人民的诉讼案件，我们看他的自传，可以知道他是用道德的标准来负起这个严格的责任的。他说：他每天早晨起来，总是点一支香念一遍“太上感应篇”，然后再审案。这是继续不断，数十年如一日的。“太上感应篇”是专讲因果报应的。我们当然不会去相信它，不过还是值得看一看。汪辉祖天天都要念它一遍，这可以代表一个历史事实，代表他们所谓“生做包龙图，死做阎罗王”的思想。包龙图是一个清官。俗传，他死了以后，就做了第五殿阎罗王。所以他们认为生的时候做官清廉，死了就有做阎罗判官的资格。这原是他的一种理想，也可说是当时一般法律家的一大梦想。由于汪辉祖每天要念“太上感应篇”，所以他到了老年生病发烧发寒的时候，就做起怪梦来，说是有个女人来找他去打官司，为的是汪辉祖曾经因为救了一个人的生命，结果使她没有得到贞节牌坊，所以告他一状，说他救生不救死。汪辉祖当时对这个案子虽然很感困难，但也觉得似乎有点对不起那个女子。但是人家既然告了他的状，他也不得不去对质。对质结果，准他的申诉。这一段写得很可笑。我讲这件事有什么意思呢？就是我们从这里可以看出汪辉祖的宗教观。

其次，讲到《罗壮勇公（思举）年谱》——这也是值得一看的书。罗思举是贫苦出身的。当清嘉庆年间，白莲教作乱，满清官兵不够用了，就用各省的兵。罗思举就是在这个军队中当大兵出身的，后来慢慢晋升，竟做了几省的提督。因为罗思举是当兵出身的，所以他写的自传，都是用的很老实、很浅近的白话。现在，我就举一两个例子，来看看他写的是多么的诚朴。他说：他当小孩子的时候，曾经做个贼，偷过人家的东西；他的叔父怕他长大也不学好，所以就把他打了一顿，然后再拿去活埋；幸而掩埋的泥土盖得不多，所以他能够爬了出来，并跑到军队里头去当兵。这一点，可以说是写得很老实的。至于他写清朝白莲教的情形，也很可注意。他说白莲教原不叫白莲教，而叫“百莲教”，就是一连十、十连百的一种秘密组织。当时剿“白莲教”的军队，据他说都是一些叫化子军队；打起狗来，把狗肉吃了，狗皮就披在身上蔽体。这也是一种赤裸裸的写法。最后，我还要举一个例子：我们常常听到人说，我们是精神文明的国家，我们希望这种人把罗思举的年谱仔仔细细地一读。他说，有一天在打仗的时候，送粮的人没有赶上时间，粮草因此断绝。他怕影响军心，于是他就去报告他的长官：“我们粮草断绝，没有办法，可不可以把几千俘虏杀来吃？”他的长官说：“好。”结果，就把俘虏杀来吃了，留下一些有毛发的部分。第二天，运粮的人仍然没有到，于是又把昨天丢了的那些有毛发的部分捡起来吃。第三天，粮草才运到。这些都是赤裸裸的写实。

我过去对中国传记文学感到很失望，但是偶然得了一些值得看一看的材料，所以特别介绍出来供诸位朋友研究。

新文学运动之意义

鄙人今天到这里来演讲，是很荣幸的一件事；但是我来武汉，这是第一次，武汉之有公开的学术演讲，这回是第一次，所以我今天到这里来演讲，自己心里又喜又怕，喜的是这第一次公开的学术演讲，今天居然开了台；怕的是这第一次演讲，我怕弄不好，以致拆了台。

现在中国外交这种紧迫之时，还能够发起这种学术演讲，所以我在北京南下的时候，一般朋友们都很赞成我南下，我个人自己也是很愿意。

今天的讲题是新文学运动之意义，这个题目，我从来没有讲过，大家在这个时候，以为这个题目，可以说是过去了的。不过现在就不是这样了，在这新文学运动的时期之中，我何以从没有讲过，今天反要向诸位讲的是什么道理呢？因为今年有一般思想很顽固的人，得了很大的势力，他们居然利用他们的势力，起来反抗这种时代之要求、时代之潮流，并摧残这种潮流要求，摧残新文学，到了现在，有几行省公然禁令白话文，学校也不取做白话文的学生，因为这个原故，我们从前提倡白话文学的人，现在实有重提之必要，所谓新文学的运动，简单地讲起来，是活的文学之运动，以前的那些旧文学，是死的、笨的、无生气的，至于新文学可以代表活社会、活国家、活团体。

实在讲起来，文学本没有什么新的旧的分别，不过因为作的人，表现文学，为时代所束缚，依此沿革下来，这种样子的作品就死了，无以名之，名之为旧文学。

我们看文学，要看它的内容，有一种作品，它的形式上改换了，内容还是没有改，这种文学，还是算不得新文学，所以看文学，不能够仅仅从它的形式上、外表上看。这么一说，文学要怎样才能新呢？必定先要解放工具。文学之工具，是语言文字。工具不变，不得谓之新；工具解放了，然后文学的内容，才容易活动起来。

今天这种讲演并不是对那般顽固的人而发，我们也不必同他谈。此外那般对于新文学信仰的人们以及不信仰反对者，持这种态度的人，我们要将此意，对着他们明白地讲出来，务使他们明了新文学之真意义及它的真价值，那么对于自己的作品以及工作才看得起有价值，对外哩，向着他持反对论调者，也可以与之争辩讨论，这就是我今天讲新文学运动之意义的原因。

有一般人以为白话文学是为普及教育的。那般失学的人们以及儿童，看那些文言文不懂，所以要提倡白话，使他们借此可以得着知识，因为如此，所以才用白话文，但是这不过是白话文学最低限度的用途，大家以为我们为普及教育、为读书有兴趣、为容易看懂而提倡白话文学，那就错了，未免太小视白话文学了，这种种并不是新文学运动之真意义。

一般的人，把社会分成两个阶级，一种是愚妇顽童稚子，其他一种是知识阶级，如文人学士、绅士官吏。作白话文是为他们——愚夫愚妇，顽童稚子——可以看而作，至于智识阶级者，仍旧去作古文，这种看法，根本的错误了，并不是共和国家应有的现象。这样一来，那般文人学士是吃肉，愚夫愚妇是吃骨头，他们一定不得甘心的，一定要骂文人学士摆臭架子的。由此看来那般为平民而办的白话报，为平民而办注音字母，这种见解，是把社会分成二段阶级，在事实上、原则上都说不过去。我们要这样想，那般平民以及小孩子，读了几年的白话文，念过了几本平民千字课，而社会上的各种著作，完全是用文言文著述的，他们还不是一样的看不懂吗？社会上既然没有白话文学的环境、白话文学的空气，学白话文学的人们，将来在社会上没有一处可以应用，如果是这种样子，倒不如一直仍旧去念那子曰诗云罢，何必自讨没趣呢？照这样看来，虽然是为平民教育而提倡白话文学，但是学的人到社会里面去，所学无所用，那么，当初又何必要学呢？所以顶要紧的，就是要造一种白话文学的环境，白话文学的空气，这样学的人才有兴趣。

新文学之运动，并不是一人所提倡的，也不是最近八年来提倡的，新文学之运动是历史的，我们少数人，不过是承认此种趋势，替他帮忙使得一般人了解罢了。不明白新文学运动是历史的，以为少数借着新文学出风头的人们，现在听了我这话，也可了解了，新文学运动，绝不是凭空而来的，绝不是少数人造得起的。

明白了我以上所讲的话，现在就继续讲新文学运动历史上的意义。

古文文言，不是我们近年以来说它是死的，它的本身，在二千年以前，早已就死了的，当二千年，汉武帝时候，宰相公孙弘上书给汉武帝，大意是说他那时候上谕法律等文章，做得美固然是美，内含的意思虽然是雄厚，但是一般小吏却看不懂，做小官的人们，尚且看不懂，况小百姓呢？想挽救这种流弊，所以才劝武帝办科举，开科取士，凡能够看得懂古文者，上头就把官给他作，借以维持死的文学。公孙弘想出这种科举方法来，开一条利禄的路，引诱小百姓去走，这种维持死的文学之方法，可以说是尽美尽善矣，这样一来，所以全国小百姓们的家庭里，如果有个把略为聪明的儿童，至少要抄几部书，给他们的小孩子读去，请一个教书的先生，替他们的小孩子讲解，教给他们的小孩子要怎样去读。如此做下去，国家也不用花掉好多钱去办什么学校。没有学校，就没有学生闹风潮，也没有教员向着政府索薪了，国内也不知省了多少事，简了多少钱；而他一方面，死的文学，可以维持，所以死的文学，能够苟延残喘到二千多年的，就是因为如此，在这二千年之中，上等的人，有知识的人，既不反对，下等的人，一般民众，也只得由他们干去，由此下等人学上等人，小人物学大人物，要官做，要利禄，也不得不如此，方法未尝不美，至于谈到了文学那一层，那就不够谈了。文学是人的感情，用文字表达出来。现在有一个人，他有一种情感，要用文字表现出来，而为时代所束缚，换言之作不了古文，这个人想发表他的情感，非用一二十年的苦工，去念那死板板的文字不可，照时间上说起来，未免太长了，要学也恐怕来不及了。因为如此，那般匹夫匹妇，痴男怨女，也顾不得这许多了。他们想歌，就用他们自己的语言歌出来，想唱就用他们自己的语言唱出来。那般民歌、童谣、儿歌、恋歌之类，就是由此产生出来。在这二千年之中，他们——匹夫匹妇，痴男怨女——因为要表现他们的文学情感，唱了许多很好的很有价值的白话文学来。歌唱之不足，他们又要听故事，演故事，所以小说戏剧之文学，亦由此而生。不仅痴男怨女，匹夫匹妇如此，那般和尚们翻译佛教的经典，如果作得太古了，这般民众不说是听不懂，就是看也看不懂，因为如此，所以就用经典上意义，编出一种弹词歌谣来，使他们容易去懂。在敦煌那块，发现出来用弹词歌体所翻出之佛经不少，如是佛曲就变成了白话之文学了。至于和尚们讲学，如果用着古文去讲，大家就不能了解，所以唐朝的禅宗，用白话去讲经，学生们也用白话去记录，写成散文，开了后代一种语录的风气。在这二千年当中，所有一般大文学家，没有一个不受了白话文学之影响。乐府是其一例。今日看一看乐府，尽都是用白话体裁写出，那般创造文学的大文学家，却没有一个不在模仿乐府。唐朝的诗集子，头一部就是乐府。乐府是白话，学乐府就是学白话，其结果所以都近乎白话，唐朝的诗，宋朝的词，所以好懂，所以就很通行。《唐诗三百首》，其中所载，大半是白话或近乎白话。后有以为作诗有一定格律，字句之长短，平仄声均有一定公式，嫌太拘束，故改之为句之长短不定的词，词之作法，也有一定，又生出一种曲来，这种曲子，是教给教坊歌妓们唱的，因为要他们了解，所以用白话，当时的一般文人学士，一方面作古文求功名骗政府，一方面巴结那般好看的女人，结歌妓们欢心，所以又要白话文学。元、明、清五百年中，产出不少的长篇小说来，这时白话文学，真是多极了。上海一处的书店，每年销售的《水浒》《三国演义》《西游记》这三种小说，年在一百万部以上。我们由此一看，五百年来，不是孔、孟、程、朱、《四书》、《五经》的势力，乃是《水浒》《三国演义》《西游记》的势力。

照上面讲的看来，这二千年之中，乐府、诗歌、词曲等的白话文学，占了很不少的势力，并且有很大的部分是有价值的，可以和世界上各种著名文学的作品相抗衡而无愧色。他一方面讲来，古文文学，在二千年中早已死过去了。此种很好的很有价值的文学之产生，是因为有一般文人学士，不受政府的利禄之引诱，要歌就放情地歌，要唱就放情地唱，所以他们就有伟大的成功，有很大的贡献。如果没有这伟大的成功，这很大的贡献，我们无论如何，是提倡不起来的。

有一般人以为古文是雅的，白话文学是民间的、粗俗的、退化的，这一层我们现在也不得不说明一下子。

我们要晓得在二千年之中，那时候的小百姓，我们的老祖宗，就已经把我们的语言改良了不少。我们的语言，照今日的文法理论上讲起来，最简单、最精明，无一点不合文法，无一处不合论理，这是世界上学者所公认的。不是我一个人恭维我们自己。中国的语言，今日在世界上，为进化之最高者，因为在二千年里头，那般文人学士，不去干涉匹夫匹妇的说话。语言改革，与小百姓有最大的关系。那般文人硕士，反是语言改革上最大的障碍物。

古文变化，甚觉讨厌，如“我敬他”为“吾敬之”，“我爱他”为“吾爱之”，至于说没有看见他，又变作“未之见也”。小学生读书作文时，如果写 句“未见之也”，先生一定要勾上来作“未之见也”，问他是什么原因，他也讲不出来，只说古人是这样做的。这般老先生们，不晓得文法，只晓得模仿。那般小百姓，他们只讲实在，求方便，直名之曰，“我打他”“他打我”都可以，至于在文言上“吾打之”则可，如用“之打吾”那就不通了。小百姓把代名词变化取消，主格与目的格废掉，因此方便得许许多多了。

在这二千年中，上等的人以及文人学士，去埋头他们的古文，小百姓就改造他们的语言。语言中有太繁了的，就省简一些，有太简了的就增加一点。在汉以前，我、你、他没有多数，汉以后才有我曹、我等、我辈，尔曹、尔等、尔辈，却没彼曹、彼辈、彼等，后来小百姓们，造出一个“们”字来，我们可以用，你们可以用，他们也可以用，此为代名词之多数。不但代名词如此，名词亦有多数，如先生们、学生们、朋友们之类是也。由此看来，老百姓实在是语言学家、文法学家，当补的他们就补上去，当删的就删去了，把中国语言变成世界进化最高之语言，首功要算小百姓，这是因为那般文人学士没有管的原因。英国文字之不如中国，因为在三百年前，遇着文人学士规定了。中国的小百姓，有二千年自由修改权，把中国的语言，改之为最精明、最简单的。照此看来，白话并不是文言的退化，是文言的进化了。

此就语言方面是如此，至于文学，在二千年中的各种乐府、诗词、歌曲，积下来很多了，我们现在运动，就可拿来作我们的资本。

白话文学的趋势由来很久，何以需要我们运动呢？其原因如下。

科举是维持死文学之唯一方法。以前是拘于科举，后来科举废了，何以没有新文学产生呢？因为自然的变迁是慢的，缓缓地衍化，现在自然变迁不够了，故要人力改造，就是革命。文学方面如仅随着自然而变化是不足的，故必须人力。照此一讲，我们应该作有意义的主张。白话是好文学，有成绩在可以证明。现在我们头一句就要说古文死了二千年了，要哭的哭，要笑的笑。

我们当记着下面那三种意义：

（一）白话文学是起来替古文发丧的，下讣文的。

（二）二千年中之白话文学有许多有价值的作品，什么人也不能否认。

（三）中国将来之一切著作，切应当用白话去作。

白话是活的，用白话去作，成绩一定好，死文字不能产生活文学，要创造活文学，所以就要用白话。

由上看来，新文学之运动，并不是由外国来的，也不是几个人几年来提倡出来的。白话文学之趋势，在二千年来是在继续不断的，我们运动的人，不过是把二千年之趋势，把由自然变化之路，加上了人工，使得快点而已。

这样说来，新文学运动是中国民族的运动，我们对之，应当表示相当的敬爱。

再者那般老百姓们，以方便为标准，去修改语言。语言较之宗教，尤其守旧，所以革新语言，非一朝一夕所能，政府下命令也是无效的。要他们那种清醒的头脑，继续不断地改革。我们对于这种人们，也应该表示相当的敬意。

那般不受利禄束缚的人们，不受死文学引诱的作白话乐府、诗词、歌曲、小说。先生们，我们对于他们，也应当表示相当的敬意。

照此看来，无论军阀的权威如何，教育总长的势力如何，这两三个人决定不能摧残者，也可以抱相当的乐观。

我们总要努力做去，自然可以达到胜利之地位，哪怕顽固者没有服从之一日呢？但是我们却不要轻视了老祖宗的成绩。负创造新文学者，应当表示自己相当负责。

我们更要记着文学之形式解放，要预备得更丰富。文言与白话，并不是难易上的问题，文学要有情感要修养。所谓文学家者，绝不能说是看了几本《蕙的风》《草儿》《胡适文存》之类的书籍就算可以了。所以如果尊重新文学，要努力修养，要有深刻的观察、深刻的经验、高尚的见解，具此种种，去创造新文学，才不致玷辱新文学。

什么是文学
——答钱玄同

我尝说："语言文字都是人类达意表情的工具；达意达的好，表情表的妙，便是文学。"

但是怎样才是"好"与"妙"呢？这就很难说了。我曾用最浅近的话说明如下："文学有三个要件：第一要明白清楚，第二要有力能动人，第三要美。"

因为文学不过是最能尽职的语言文字，因为文学的基本作用（职务）还是"达意表情"，故第一个条件是要把情或意，明白清楚的表出达出，使人懂得，使人容易懂得，使人决不会误解。请看下例：

> 蘖坞芝房，一点中池，生来易惊。笑金钗卜就，先能断决；犀珠镇后，才得和平。楼响登难，房空怯最，三斗除非借酒倾。芳名早，唤狗儿吹笛，伴取歌声。
>
> 沈忧何事牵情？悄不觉人前太息轻。怕残灯枕外，帘旌蝙拂；幽期夜半，窗户鸡鸣。愁髓频寒，回肠易碎，长是心头苦暗并。天边月，纵团圆如镜，难照分明。

这首《沁园春》是从《曝书亭集》卷二十八，页八抄出来的。你是一位大学的国文教授，你可看得懂他“咏”的是什么东西吗？若是你还看不懂，那么，他就通不过这第一场“明白”（“懂得性”）的试验。他是一种玩意儿，连“语言文字”的基本作用都够不上，那配称为“文学”！

懂得还不够。还要人不能不懂得；懂得了，还要人不能不相信，不能不感动。我要他高兴，他不能不高兴；我要他哭，他不能不哭；我要他崇拜我，他不能不崇拜我；我要他爱我，他不能不爱我。这是“有力”。这个，我可以叫他做“逼人性”。

我又举一个例：

《血府》当归生地桃，
红花甘草壳赤芍，
柴胡芎桔牛膝等，
血化下行不作劳。

这是“血府逐瘀汤”的歌诀。这一类的文字，只有“记账”的价值，绝不能“动人”，绝没有“逼人”的力量，故也不能算文学。大多数的中国“旧文学”，如碑版文字，如平铺直叙的史传，都属于这一类。

我读齐镈文，书阙乏左证。独取圣祧字，古谊藉以正。亲殇偁考妣，从女疑非敌。《说文》有杫字，乃训祀司命。此文两皇祧，配祖义相应。幸得三代物，可与汶长诤。……（李慈铭《齐子中姜镈歌》）

这一篇你（大学的国文教授）看了一定大略明白，但他决不能感动你，决不能使你有情感上的感动。

第三是“美”。我说，孤立的美，是没有的。美就是“懂得性”（明白）与“逼人性”（有力）二者加起来自然发生的结果。例如“五月榴花照眼明”一句，何以“美”呢？美在用的是“明”字。我们读这个“明”字不能不发生一树鲜明逼人的榴花的印象。这里面含有两个分子：（1）明白清楚；（2）明白之至，有逼人而来的“力”。

再看《老残游记》的一段：

> 那南面山上，一条白光，映着月色，分外好看，一层一层的山岭，却分辨不清；又有几片白云在里面，所以分不出是云是山。及至定睛看去，方才看出那是云那是山来。虽然云是白的，山也是白的，云有亮光，山也有亮光；只因为月在云上，云在月下，所以云的亮光从背后透过来。那山却不然的：山的亮光由月光照到山上，被那山上的雪反射过来，所以光是两样了。然只稍近的地方如此。那山望东去，越望越远，天也是白的，山也是白的，云也是白的，就分辨不出来。

这一段无论是何等顽固古文家都不能不承认是“美”。美在何处呢？也只是两个分子：第一是明白清楚；第二是明白清楚之至，故有逼人而来的影象。除了这两个分子之外，还有什么孤立的“美”吗？没有了。

你看我这个界说怎样？我不承认什么“纯文”与“杂文”。无论什么文（纯文与杂文，韵文与非韵文）都可分作“文学的”与“非文学的”两项。

中学国文的教授

我是没有中学国文教授的经验的；虽然做过两年中学学生，但是那是十几年前的经验，现在已不适用了。况且当这个学制根本动摇的时代，我们全没有现成的标准可以依据，也没有过去的经验可以参考。我这个完全门外汉居然敢来高谈中学国文的教授，真是不自量力了！

但是门外汉有时也有一点用处。“内行”的教育家，因为专做这一项事业，眼光总注射在他的“本行”，跳不出习惯法的范围。他们筹划的改革，总不免被成见拘束住了，很不容易有根本的改革。门外旁观的人，因为思想比较自由些，也许有时还能供给一点新鲜的意见，意外的参考材料。古人说的“愚者一得”，大概也是这个道理。这就是我这回敢来演说“中学国文的教授”的理由了。

一　中学国文的目的是什么？

我们现在既没有过去的标准可以依据，应该自己先定一个理想的标准。究竟中学的国文应该做到什么地位？究竟我们期望中学毕业生的国文到什么程度？

民国元年的《中学校令施行细则》第三条说：

> 国文要旨在通解普通语言文字，能自由发表思想，并使略解高深文字，涵养文学之兴趣，兼以启发智德。

这一条因为也是理想的，并不曾实行，故现在看来还没有什么大错误。即如“通解普通语言文字”一句，在当初不过是欺人的门面话，实在当时中学的国文与“普通语言”是无有关系的；但是到了现在国语进行的时候，这六个字反更有意义了。又如“并使略解高深文字”一句，当日很难定一个界说，现在把国语和古文分开，把古文来解“高深文字”，这句话便更容易解说了。

元年定的理想标准，照这八年的成绩看来，可算得完全失败。失败的原因并不在理想太高，实在是因为方法大错了。标准定的是“通解普通语言文字”，但是事实上中学校教授的并不是普通的语言文字，乃是少数文人用的文字，语言更用不着了！标准又定“能自由发表思想”，但是事实上中学教员并不许学生自由发表思想，却硬要他们用千百年前的人的文字，学古人的声调文体，说古人的话——只不要自由发表思想！事实上的方法和理想上的标准相差这样远，怪不得要失败了！

我承认元年定的标准不算过高，故斟酌现在情形，暂定一个中学国文的理想标准：

> (1) 人人能用国语（白话）自由发表思想——作文，演说，谈话——都能明白通畅，没有文法上的错误。
>
> (2) 人人能看平易的古文书籍，如《二十四史》、《资治通鉴》之类。

(3) 人人能作文法通顺的古文。

(4) 人人有懂得一点古文文学的机会。

这些要求不算苛求吗？

二 假定的中学国文课程

定了标准，方才可谈中学国文的课程。现行的部定课程是：

第一年：讲读，作文，习字。	共七
第二年：讲读，作文，习字，文字源流。	共七
第三年：讲读，作文，习字，文法要略。	共五
第四年：讲读，作文，文法要略，文学史。	共五

依我们看来，现在中学校各项功课平均每周男校三十四时，女校三十三时，未免太重了。我们主张国文每周至多不能过五时，四周总数应在二十时以下。现在假定每周五时，暂定课程表如下：

年一：国语文一，古文三，文法与作文一。	共五
年二：国语文一，古文三，文法与作文一。	共五
年三：演说一，古文三，文法与作文一。	共五
年四：辩论一，古文三，文法与作文一。	共五

这表里删去的学科是习字，文字源流，文学史，文法要略四项。写字决不是每周一小时的课堂习字能够教得好的，故可删去。现有的《文法要略》、《文字源流》，都是不通文法和不懂文

字学的人编的，读了无益，反有害。（孙中山先生曾指出《文法要路》的大错，如谓鹄与猿为本名字，与诸葛亮、王猛同一类！）文学史更不能存在。不先懂得一点文学，就读文学史，记得许多李益、李颀、老杜、小杜的名字，却不知道他们的著作，有什么用处？

又这表上“国语文”只有两时。我的理由是：

（1）第三四年的演说和辩论都是国语与国语文的实习，故这两年可以不用国语文了。

（2）我假定学生在两级小学时已有了七年的国语，可以够用了。

三　国语文的教材与教授法

先说“国语文”的教材。共分三部：

（1）看小说。看二十部以上，五十部以下的白话小说。例如《水浒》、《红楼梦》、《西游记》、《儒林外史》、《镜花缘》、《七侠五义》、《二十年目睹之怪现状》、《恨海》、《九命奇冤》、《文明小史》、《官场现形记》、《老残游记》、《侠隐记》、《续侠隐记》等等。此外有好的短篇白话小说，也可以选读。

（2）白话的戏剧。此时还不多，将来一定会多的。

（3）长篇的议论文与学术文。因为我假定学生在两级小学已有了七年的白话文，故中学只教长篇的议论文与学术文，如戴季陶的《我的日本观》，如胡汉民的《惯习之打破》，如章太炎的《说六书》之类。

教材一层，最须说明的大概是小说一项。一定有人说《红楼梦》、《水浒传》等书，有许多淫秽的地方，不宜用作课本。我的理由是：（1）这些书是禁不绝的。你们不许学生看，学生还是要偷看。与其偷看，不如当官看，不如有教员指导他们看。举一个极端的例：《金瓶梅》的真本是犯禁的，很不容易得着；但是假的《金瓶梅》——石印的，删去最精采的部分，只留最淫秽的部分——却仍旧在各地火车站公然出卖！列位热心名教的先生们可知道吗？我虽然不主张用《金瓶梅》作中学课本，但是我反对这种“塞住耳朵吃海蜇”的办法！（2）还有一个救弊的办法，就是西洋人所谓“洗净了的版本”（Expurgated edition），把那些淫秽的部分删节去，专作“学校用本”［即如柏拉图的“一夕话”（Symposium）有两译本，一是全本，一是节本］。商务印书馆新出一种《儒林外史》，比齐省堂本少四回，删去的四回是沈琼枝一段事迹，因为有琼花观求子一节，故删去了。这种办法不碍本书的价值，很可以照办。如《水浒》的潘金莲一段尽可删改一点，便可作中学堂用本了。

次说国语文的教授法。

（1）小说与戏剧，先由教员指定分量——自何处起，至何处止——由学生自己阅看。讲堂上止有讨论，不用讲解。

（2）指定分量之法，须用一件事的始末起结作一次的教材。如《水浒》劫“生辰纲”一件事作一次，闹江州又作一次；《儒林外史》严贡生兄弟作一次，杜少卿作一次，娄家弟兄又作一次；又《西游记》前八回作一次。

（3）课堂上讨论，须跟着材料变换，不能一定。例如《镜花缘》上写林之洋在女儿国穿耳缠足一段，是问题小说，教员应该使学生明白作者“设身处地”的意思，借此引起他们研究社会问题的兴趣。又如《西游记》前八回是神话滑稽小说，教员应该使学生懂得作者为什么要写一个庄严的天宫盛会被一个猴子捣乱了。又如《儒林外史》写鲍文卿一段，教员应该使学生把严贡生一段比较着看，使他们知道什么叫做人类平等，什么叫做衣冠禽兽。

(4) 无论是小说，是戏剧，教员应该点出布局，描写的技术，文章的体裁，等等。

(5) 读戏剧时，可选精采的部分令学生分任戏里的人物，高声演读。若能在台上演做，那更好了。

(6) 长篇的议论文与学术文，也由学生自己预备，上课时教员指导学生讨论。讨论应注重：

(甲) 本文的解剖：分段，分小节。

(乙) 本文的材料如何分配使用。

(丙) 本文的论理：看好文章的思想条理，远胜于读一部法式的论理学。

四　演说与辩论

须认明这两项是国语与国语文的实用教法。凡能演说、能辩论的人，没有不会做国语文的。做文章的第一个条件只是思想有条理，有层次。演说辩论最能帮助学生养成有条理系统的思想能力。

(1) 择题。演说题须避太抽象，太笼统的题目。如“宗教”，如“爱国”，如“社会改造”等题，最能养成夸大的心理、笼统的思想。从前小学堂国文题如“富国强兵策”等等，就是犯了这个毛病。中学生演说应该选“肥皂何以能去污垢?”“松柏何以能冬青?”“本村绅士某某人卖选举票的可耻”一类的具体题目。辩论题须选两方面都有理可说的题；如“鸦片宜严禁”只有一方面，是不可用的。

(2) 方法。演说辩论的班次不宜人数太多，太多了，一个人每年轮不着几回；也不宜太少，太少了，演说的人没有趣味。每班可分作小组，每组不可过十六人。演说不宜太长，十分钟尽够了。演说的人须先一星期就选定题目，先作一个大纲，请教员看过，然后每段发挥，作成全篇演说。辩论须先分组，每组两人，或三人。选定主张或反对的方面后，每组自己去搜集材料，商量分配的方法，发言的先后。

辩论分两步。第一步是“立论”，每组的组员按预定的次序发言。第二步是“驳论”，每组反驳对手的理由。预备辩论时，每组须计算反对党大概要提出什么理由来，须先预备反驳的材料。这种预备有两大益处：（1）可以养成敏捷精细的思想能力；（2）可以养成智识上的互助精神。辩论演说时，教员与学生各备铅笔，记录可批评的论点与姿势，下次上课时，大家提出讨论。

五　古文的教材与教授法

先说中学古文的教材。

（1）第一学年。第一年专读近人的文章。例如梁任公、康长素、严几道、章行严、章太炎等人的散文，都可选读。此外还应该多看小说。林琴南早年译的小说，如《茶花女遗事》、《战血余腥记》、《撒克逊劫后英雄略》、《十字军英雄记》，朱树人的《穑者传》等书，都可以看。还有著作不多的学者，如蔡孑民《答林琴南书》，吴稚晖《上下古今谈序》，又如我的朋友李守常、李剑农、高一涵做的古文，都可以选读。平心而论，章行严一派的古文，李守常、李剑农、高一涵等在内——最没有流弊，文法很精密，论理也好，最适宜于中学模范近古文之用。

（2）第二、三、四学年。后三年应该多读古人的古文。我主张分两种教材：

（甲）选本。不分种类，但依时代的先后，选两三百篇文理通畅，内容可取的文章。从《老子》、《论语》、《檀弓》、《左传》，一直到姚鼐、曾国藩，每一个时代文体上的重要变迁，都应该有代表。这就是最切实的中国文学史，此外中学堂用不着什么中国文学史了。

（乙）自修的古文书。最重要的还是学生自己看的书。一个中学堂的毕业生应该看过下列的几部书：

（a）史书：《资治通鉴》或《四史》（或《通鉴纪事本末》）。

（b）子书：《孟子》、《墨子》、《荀子》、《韩非子》、《淮南子》、《论衡》等等。

（c）文学书：《诗经》是不可不看的。此外可随学生性之所近，选习两三部专集，如陶潜、杜甫、王安石、陈同甫……之类。

我拟的中学国文课程中最容易引起反对的，大概就在古文教材的范围与分量。一定有人说："从前中学国文只用四本薄薄的古文读本，还教不出什么成绩来。现在你定的功课竟比从前增多了十倍！这不是做梦吗？"我的回答是：

（第一）从前的中学国文所以没有成效，正因为中学堂用的书只有那几本薄薄的古文读本。我们试回头想想，我们自己做古文是怎样学的？是单靠八九十篇古文得来的呢？还是靠看小说看古文书得来的？我自己从来背不出一篇古文，但是因为我自小就爱看小说，看史书，看杂书，所以我还懂得一点古文的文法。古文的选本都是零碎的，没头没脑的，不成系统的，没有趣味的。因此，读古文选本是最没有趣味的事。因为没有趣味，所以没有成效。我可以武断现在中学毕业生能通中文的，都是自己看小说看杂志看书得来的，决不是靠课堂上几本古文选本得来的。我因此主张用"看书"来代替"讲读"。与其读王安石的《读孟尝君传》，不如看《史记》的《四公子列传》；与其读苏轼的《范增论》，不如看《史记》的《项羽本纪》；与其读林琴南的一部《古文读本》，不如看他译的一本《茶花女》。

（第二）请大家不要把中学生当小孩子看待。现在学制的大弊就是把学生求知识的能力看得太低了。现在各级学堂的课程，都是为下下的低能儿定的，所以没有成绩。现在要谈学制革命，第一步就该根本推翻这种为下下的低能儿定的课程学科！

（第三）我这个计划是假定两级小学都已采用国语做教科书了。国语代替文言以后，若不能于七年之内，使高小毕业生能做通顺的国语文，那便是国语教育的大失败。学生既通国语，又在中学第一年有了国语文法（见下），再来学古文，应该更容易好几倍；成绩应该加快好几倍。譬如已通一国文字的人，再学第二国文字时，成绩要快得多。这是我深信不疑的。所以我觉得我拟的中学古文课程并不是梦想，是可以用实地试验来决定的。

再说古文的教授法。上文说的用看书来代讲读，便是教授法的要点。每周三小时，每年至多不过四十周，合起来不过一百二十点钟，若全靠课堂上的讲读，一年能讲得几篇文章？所以我主张：学校但规定学科内容的范围与程度，教员自己分配每一课的分量，学生自己去预备本日指定的功课。学生须自己翻查字典，自己加句读，自己分章、分节。上课时，只有三件可做：

（1）学生质问疑难，请教员帮助解释；教员可先问本班学生有能解释的没有；如没有人能解释，教员方可替他们解释。

（2）大家讨论所读的书的内容。教员提出论点，引起大家讨论；教员不当把一点钟的时间自己占据去，教员的职务在于指点出讨论的错误或不相干的讨论。

（3）教员可以随时加入一些参考材料。例如读章行严的文章时，教员应该讲民国三四年的政治形势，使学生知道他当时为什么主张调和，为什么主张联邦。

此外的方法，上文第三章已讲过，可以参用，不必重说了。

六　文法与作文

从前教作文的人大概都不懂文法，他们改文章全无标准，只靠机械的读下去，读得顺口便是，不顺口便不是，总讲不出为什么要这样做，为什么不可那样做。以后中学堂的国文教员应该有文法学的知识，不懂文法的，决不配做国文教员。所以我把文法与作文并归一个人教授。

先讲文法。

第一年，专讲国语的文法。要在一年之内，把白话文法的要旨都讲完。为什么先讲国语的文法呢？（1）因为学生有了七年的国语文，到中学一年的时候，应该把国语文的“所以然”总括起来讲解一遍，作一个国语教育的结束。（2）因为先有了国语的文法作底子，后来讲古文的文法便有了一种参考比较的材料，便更容易懂得了（我现在编一部《国语文法草案》，不久可以成书，此地不能细说国语文法的怎样编法了）。

第二、三、四年，讲古文的文法。

（1）用书。现在还没有好文法书。最好的书自然还要算《马氏文通》。《文通》有一些错误矛盾的地方，不可盲从；《文通》又太繁了，不合中学堂教本之用。但是《文通》究竟是一部空前的奇书，古文文法学的宝库。教员应该把《文通》仔细研究一遍，懂得了，然后可以另编一部更有条理，更简明易晓的文法书。

（2）教授法。讲古文的文法，应该处处同国语的文法对照比较，指出同的地方和不同的地方，何以变了，变的理由何在，变的长处或短处在什么地方。让我举几个例：

（例一）白话说“我骗谁?”古文要说“吾谁欺?”白话说“你爱什么？你能做什么?”古文要说“客何好？客何能?”这是不同的句法。比较的结果得一条通则：“若外动词的止词是一个疑问代名词，这个疑问代名词在白话里须放在外动词之后，在古文里须在外动词之前主词之后。”

（例二）《论语》阳货欲见孔子一章，阳货在路上教训了孔子一顿，孔子答应道：“诺，吾将仕矣。”同类的例如“原将降矣”，“赵将亡矣”。既用表示未来的“将”字，何以又用表示完了的“矣”字呢？再看白话说：“大哥请回，兄弟去了”，“大哥多喝一杯，我要走了。”这是相同的句法。比较起来，可得一条通则：“凡虚拟（Subjunctive）的将来，白话与古文都用过去的动词，古文用‘矣’，白话用‘了’。”分得更细一点，可得两式：

甲式	乙式
虽千万人吾往矣。	赵将亡矣。
我去了。	他要死了。

这种比较的教法功效最大。此外还可用批评法：由教员寻出古文中不合文法的例句，使学生指出错在何处，何以错了。我从前曾举林琴南“而方姚卒不之踣”一句，说“踣”是内动词，不该有“之”字作止词。这种不通的句子古文里极多。前天上海《晶报》上有人举《孟子》“天油然作云，沛然下雨，则苗勃然兴之矣”一句，以为“兴”是内动词，不可有“之”字作止词。这个例很可为林先生解嘲！这一类的例，使学生批评，可以增长文法的兴趣，可以免去文法的错误。

次讲作文。

（1）应该多做翻译，翻白话作古文，翻古文作白话文。翻译的用处最大：（一）练习文法的应用。例如讲动词的止词时，可令学生翻译“己所不欲，勿施于人”，“无所不能”，“他什么都不懂”……等句，使他们懂得止词的位置有种种不同的变法。（二）译长篇可使学生练习有材料的文字。做文最忌没有话说。翻译现成的长篇，先有材料作底子，再讲究怎样说法，便容易了。

（2）若是出题目做的文章，应注意几点：（一）最好是令学生自己出题目；（二）千万不可出空泛或抽象的题目；（三）题目的要件是：第一要能引起学生的兴味，第二要能引学生去搜集材料，第三要能使学生运用已有的经验学识。

（3）学生平日做的笔记，杂志文章，长篇通信，都可以代替课艺。教员应该极力鼓励学生写长信，作有系统的笔记，自由发表意见。这些著作往往比敷衍的课艺高无数倍；往往有许多学生平日不能做一百字的《汉武帝论》，却能做几千字的白话通信。这种事实应该使做教员的人起一点自责的觉悟！

（4）作文的时间不可多，至多二周一次。作文都该拿下堂去做。

（5）改文章时，应该根据文法。合文法的才是通，不合文法的便是不通。每改一句，须指出根据那一条文法通则。例如有学生做了“而方姚卒不之踣”，我圈去“之”字，须说明“之”字何以不通。又如学生做了“客好何?”我改为“客何好?”或“客好何物?”也须说明古文何以不可说“客好何”。

（6）千万不可整篇涂去，由教员重作。如有内容论理上的错误，可由教员批出，但不可代做。

七　结论

我这篇《中学国文的教授》，完全是理想的。一个人的理想自然是有限的，但我希望现在和将来的中学教育家肯给我一个试验的机会，使我这个理想的计划随时得用试验来证明那一部分可行，那一部分不可行，那一部分应该修正。没有试验的主观批评是不能使我心服的。

我演说之后，有许多人议论我的主张，他们都以为我对于中学生的期望太高了。有人说："若照胡适之的计划，现在高等师范国文部的毕业生还得重进高等小学去读书呢！"这话固然是太过，但我深信我对于中学生的国文程度的希望，并不算太高。从国民学校到中学毕业是整整的十一年。十一年的国文教育，若不能做到我所期望的程度，那便是中国教育的大失败！

九年三月二十四日　北京

《国语讲习所同学录》序

民国九年，教育部命令：从本年秋季始业起，国民学校的一二年级都改用国语。又令："凡照旧制编辑之国民学校国文教科书，其供第一第二两学年用者，一律作废。第三学年用书，准用至民国十年为止。第四学年用书，准用至民国十一年为止。"这就是说：民国十一年以后，国民学校一律都要改用国语了。依这例推下去，到了民国十四年，高等小学的教科书也都已改成国语了。

这个命令是几十年来第一件大事。他的影响和结果，我们现在很难预先计算。但我们可以说：这一道命令把中国教育的革新至少提早了二十年。

现在有许多人很怪教育部太卤莽了，不应该这么早就行这样重要一桩大改革。这些人的意思并不是反对国语，不过他们总觉得教育部应该先定国语的标准和进行的手续，然后可以逐渐推行。例如最近某杂志说：

> 教育部应定个标准，颁布全国。怎样是文，怎样是语，那个是文体绝对不用的，那个是语体绝对不用的：把他区别出来。国语文法，国语语法，国语字典，国语

> 词典，应该怎样编法？发音学是怎样讲？言语学是怎样讲？自己还没有指导人家，空空洞洞登个广告，叫人家把著作物送去审查，凭着极少数人的眼光来批评他，却没有怎样（当作什么）办法发表出来。种种手续没有定妥，就把学校的国文科改掉。这不是“坐在黄鹤楼上看翻船”的主义么？

这种批评，初看了很像有理，其实是错的。国语的标准决不是教育部定得出来的，也决不是少数研究国语的团体定得出来的，更不是在一个短时期内定得出来的。我们如果考察欧洲近世各国国语的历史，我们应该知道没有一种国语是先定了标准才发生的，没有一国不是先有了国语然后有所谓“标准”的。凡是国语的发生，必是先有了一种方言比较的通行最远，比较的产生了最多的活文学，可以采用作国语的中坚分子；这个中坚分子的方言，逐渐推行出去，随时吸收各地方言的特别贡献，同时便逐渐变换各地的土话：这便是国语的成立。有了国语，有了国语的文学，然后有些学者起来研究这种国语的文法、发音法等等，然后有字典、词典、文典、言语学等等出来：这才是国语标准的成立（参观我的《建设的文学革命论》）。

我们现在提倡的国语，也有一个中坚分子。这个中坚分子就是从东三省到四川、云南、贵州，从长城到长江流域，最通行的一种大同小异的普通话。这种普通话在这七八百年中已产生了一些有价值的文学，已成了通俗文学——从《水浒传》、《西游记》直到《老残游记》——的利器。他的势力，借着小说和戏曲的力量，加上官场和商人的需要，早已侵入那些在国语区域以外的许多地方了（我的国语大半是在上海学校里学的，一小半是白话小说教我的。还有一小部分是在上海戏园里听得来的）。现在把这种已很通行又已产生文学的普通话认为国语，推行出去，使他成为全国学校教科书的用语，使他成为全国报纸杂志的文字，使他成为现代和将来的文学用语——这是建立国语的唯一方法。

推行国语就是定国语标准的第一步。古人说，“未有学养子而后嫁者也。”这话初看了，好像很滑稽，其实是很有理的。我们很可以说：“决没有先定了国语标准而后采用国语的。”嫁了自然会养儿子，有了国语，自然会有国语标准。若等到教育部定出了标准的时候方才敢说国语，方才敢做国语文字，不要说十年二十年，只怕等到二三百年后，还没有国语成立的希望哩！

现在那些唱高调的批评家见了一篇“文不文，白不白”的文章，就要皱眉；见了一篇“南不南，北不北”的文章，就要摇头。他们说：“没有标准，那有国语呢？”

我要忠告他们：“请你们不要担忧。你要想学官话，千万不要怕说蓝青官话。你不经过蓝青官话，如何能说纯青官话呢？你要想用国语，千万不要怕南腔北调的国语。你不经过南腔北调的国语，如何能有中华民国的真正国语呢？”

我再进一步，忠告这些唱高调的批评家：“即使教育部今天就能定下一种标准的国语，我可以预料你还是先须经过你的蓝青国语，你还是先须经过你的南腔北调的国语，然后慢慢的学到你的标准国语。总而言之，先定国语，将来自然有国语标准。”

今年四月，教育部召集各省有志研究国语的人，在北京办了一个国语讲习所。我也在这里面讲演了十几次。现在国语讲习所的诸君将要毕业了，他们刻了一本《同学录》，要我做一篇序。我想诸君是第一次传播国语的先锋，这回回各省去，负的责任很大。我们对于诸君的临别赠言，没有别的，只是前面说的这一点意思。总括一句话：“推行国语便是定国语标准的唯一方法；等到定了标准再推行国语，是不可能的事。”

九，五，十七

建设的文学革命论

国语的文学——文学的国语

一

我的《文学改良刍议》发表以来，已有一年多了。这十几个月之中，这个问题居然引起了许多很有价值的讨论，居然受了许多很可使人乐观的响应。我想我们提倡文学革命的人，固然不能不从破坏一方面下手。但是我们仔细看来，现在的旧派文学实在不值得一驳。什么桐城派的古文哪，《文选》派的文学哪，江西派的诗哪，梦窗派的词哪，《聊斋志异》派的小说哪——都没有破坏的价值。他们所以还能存在国中，正因为现在还没有一种真有价值，真有生气，真可算作文学的新文学起来代他们的位置。有了这种“真文学”和“活文学”，那些“假文学”和“死文学”，自然会消灭了。所以我望我们提倡文学革命的人，对于那些腐败文学，个个都该存一个“彼可取而代也”的心理，个个都该从建设一方面用力，要在三五十年内替中国创造出一派新中国的活文学。

我现在做这篇文章的宗旨，在于贡献我对于建设新文学的意见。我且先把我从前所主张破坏的八事引来做参考的资料：

一，不做“言之无物”的文字。

二，不做“无病呻吟”的文字。

三，不用典。

四，不用套语烂调。

五，不重对偶——文须废骈，诗须废律。

六，不做不合文法的文字。

七，不摹仿古人。

八，不避俗话俗字。

这是我的“八不主义”，是单从消极的、破坏的一方面着想的。

自从去年归国以后，我在各处演说文学革命，便把这“八不主义”都改作了肯定的口气，又总括作四条，如下：

一，要有话说，方才说话。这是“不做言之无物的文字”一条的变相。

二，有什么话，说什么话；话怎么说，就怎么说。这是二、三、四、五、六诸条的变相。

三，要说我自己的话，别说别人的话。这是“不摹仿古人”一条的变相。

四，是什么时代的人，说什么时代的话。这是“不避俗话俗字”的变相。

这是一半消极、一半积极的主张。一笔表过，且说正文。

二

我的《建设新文学论》的唯一宗旨只有十个大字："国语的文学，文学的国语。"我们所提倡的文学革命，只是要替中国创造一种国语的文学。有了国语的文学，方才可有文学的国语。有了文学的国语，我们的国语才可算得真正国语。国语没有文学，便没有生命，便没有价值，便不能成立，便不能发达。这是我这一篇文字的大旨。

我曾仔细研究：中国这二千年何以没有真有价值真有生命的"文言的文学"？我自己回答道："这都因为这二千年的文人所做的文学都是死的，都是用已经死了的语言文字做的。死文字决不能产出活文学。所以中国这二千年只有些死文学，只有些没有价值的死文学。"

我们为什么爱读《木兰辞》和《孔雀东南飞》呢？因为这两首诗是用白话做的。为什么爱读陶渊明的诗和李后主的词呢？因为他们的诗词是用白话做的。为什么爱杜甫的《石壕吏》、《兵车行》诸诗呢？因为他们都是用白话做的。为什么不爱韩愈的《南山》呢？因为他用的是死字死话。……简单说来，自从《三百篇》到于今，中国的文学凡是有一些价值有一些儿生命的，都是白话的，或是近于白话的。其余的都是没有生气的古董，都是博物院中的陈列品！

再看近世的文学：何以《水浒传》、《西游记》、《儒林外史》、《红楼梦》可以称为"活文学"呢？因为他们都是用一种活文字做的。若是施耐庵、吴承恩、吴敬梓、曹雪芹都用了文言做书，他们的小说一定不会有这样生命，一定不会有这样价值。

读者不要误会，我并不曾说凡是用白话做的书都是有价值有生命的。我说的是：用死了的文言决不能做出有生命有价值的文学来。这一千多年的文学，凡是有真正文学价值的，没有一种不带有白话的性质，没有一种不靠这个“白话性质”的帮助。换言之：白话能产出有价值的文学，也能产出没有价值的文学；可以产出《儒林外史》，也可以产出《肉蒲团》。但是那已死的文言只能产出没有价值没有生命的文学，决不能产出有价值有生命的文学；只能做几篇《拟韩退之〈原道〉》或《拟陆士衡〈拟古〉》，决不能做出一部《儒林外史》。若有人不信这话，可先读明朝古文大家宋濂的《王冕传》，再读《儒林外史》第一回的《王冕传》，便可知道死文学和活文学的分别了。

为什么死文字不能产生活文学呢？这都由于文学的性质。一切语言文字的作用在于达意表情；达意达得妙，表情表得好，便是文学。那些用死文言的人，有了意思，却须把这意思翻成几千年前的典故；有了感情，却须把这感情译为几千年前的文言。明明是客子思家，他们须说“王粲登楼”、“仲宣作赋”；明明是送别，他们却须说“《阳关》三叠”、“一曲《渭城》”；明明是贺陈宝琛七十岁生日，他们却须说是贺伊尹、周公、傅说。更可笑的：明明是乡下老太婆说话，他们却要叫他打起唐宋八家的古文腔儿；明明是极下流的妓女说话，他们却要他打起胡天游、洪亮吉的骈文调子！……请问这样做文章如何能达意表情呢？既不能达意，既不能表情，那里还有文学呢？即如那《儒林外史》里的王冕，是一个有感情，有血气，能生动，能谈笑的活人。这都因为做书的人能用活言语活文字来描写他的生活神情。那宋濂集子里的王冕，便成了一个没有生气、不能动人的死人。为什么呢？因为宋濂用了二千年前的死文字来写二千年后的活人，所以不能不把这个活人变作二千年前的木偶，才可合那古文家法。古文家法是合了，那王冕也真“作古”了！

因此我说，“死文言决不能产出活文学。”中国若想有活文学，必须用白话，必须用国语，必须做国语的文学。

三

上节所说，是从文学一方面着想，若要活文学，必须用国语。如今且说从国语一方面着想，国语的文学有何等重要。

有些人说：“若要用国语做文学，总须先有国语。如今没有标准的国语，如何能有国语的文学呢？”我说这话似乎有理，其实不然。国语不是单靠几位言语学的专门家就能造得成的，也不是单靠几本国语教科书和几部国语字典就能造成的。若要造国语，先须造国语的文学。有了国语的文学，自然有国语。这话初听了似乎不通，但是列位仔细想想便可明白了。天下的人谁肯从国语教科书和国语字典里面学习国语？所以国语教科书和国语字典，虽是很要紧，决不是造国语的利器。真正有功效有势力的国语教科书，便是国语的文学，便是国语的小说、诗文、戏本。国语的小说、诗文、戏本通行之日，便是中国国语成立之时。试问我们今日居然能拿起笔来做几篇白话文章，居然能写得出好几百个白话的字，可是从什么白话教科书上学来的吗？可不是从《水浒传》、《西游记》、《红楼梦》、《儒林外史》……等书学来的吗？这些白话文学的势力，比什么字典教科书都还大几百倍。《字典》说“这”字该读“鱼彦反”，我们偏读他做“者个”的者字。《字典》说“么”字是“细小”，我们偏把他用作“什么”、“那么”的么字。《字典》说“没”字是“沉也”、“尽也”，我们偏用他做“无有”的无字解。《字典》说“的”字有许多意义，我们偏把他用来代文言的“之”字、“者”字、“所”字和“徐徐尔，纵纵尔”的“尔”字。……总而言之，我们今日所用的“标准白话”，都是这几部白话的文学定下来的。我们今日要想重新规定一种“标准国语”，还须先造无数国语的《水浒传》、《西游记》、《儒林外史》、《红楼梦》。

所以我以为我们提倡新文学的人，尽可不必问今日中国有无标准国语。我们尽可努力去做白话的文学。我们可尽量采用《水浒》、《西游记》、《儒林外史》、《红楼梦》的白话；有不合今日的用的，便不用他；有不够用的，使用今日的白话来补助；有不得不用文言的，便用文言来补助。这样做去，决不愁语言文字不够用，也决不用愁没有标准白话。中国将来的新文学用的白话，就是将来中国的标准国语。造中国将来白话文学的人，就是制定标准国语的人。

我这种议论并不是“向壁虚造”的。我这几年来研究欧洲各国国语的历史，没有一种国语不是这样造成的，没有一种国语是教育部的老爷们造成的，没有一种是言语学专门家造成的，没有一种不是文学家造成的。我且举几条例为证：

一，意大利。五百年前，欧洲各国但有方言，没有“国语”。欧洲最早的国语是意大利文。那时欧洲各国的人多用拉丁文著书通信。到了十四世纪的初年，意大利的大文学家但丁（Dante）极力主张用意大利话来代拉丁文。他说拉丁文是已死了的文字，不如他本国俗语的优美。所以他自己的杰作“喜剧”，全用脱斯堪尼（Tuscany）（意大利北部的一邦）的俗话。这部“喜剧”风行一世，人都称他做“神圣喜剧”。那“神圣喜剧”的白话后来便成了意大利的标准国语。后来的文学家包卡嘉（Boccacio，1313—1375）和洛伦查（Lorenzo de Medici）诸人也都用白话作文学。所以不到一百年，意大利的国语便完全成立了。

二，英国。英伦虽只是一个小岛国，却有无数方言。现在通行全世界的“英文”在五百年前还只是伦敦附近一带的方言，叫做“中部土话”。当十四世纪时，各处的方言都有些人用来做书。后来到了十四世纪的末年，出了两位大文学家，一个是赵叟(Chaucer，1340—1400)，一个是威克列夫（Wycliff1320—1384)。赵叟做了许多诗歌、散文，都用这“中部土话”。威克列夫把耶教的《旧约》、《新约》也都译成“中部土话”。有了这两个人的文学，便把这“中部土话”变成英国的标准国语。后来到了十五世纪，印刷术输进英国，所印的书多用这“中部土话”，国语的标准更确定了。到十六、十七两世纪，萧士比亚和“伊里沙白时代”的无数文学大家，都用国语创造文学。从此以后，这一部分的“中部土话”，不但成了英国的标准国语，几乎竟成了全地球的世界语了！

此外，法国、德国及其他各国的国语，大都是这样发生的，大都是靠着文学的力量才能变成标准的国语的。我也不去一一的细说了。

意大利国语成立的历史，最可供我们中国人的研究。为什么呢？因为欧洲西部北部的新国，如英吉利、法兰西、德意志，他们的方言和拉丁文相差太远了，所以他们渐渐的用国语著作文学，还不算希奇。只有意大利是当年罗马帝国的京畿近地，在拉丁文的故乡；各处的方言又和拉丁文最近。在意大利提倡用白话代拉丁文，其正和在中国提倡用白话代汉文，有同样的艰难。所以英、法、德各国语，一经文学发达以后，便不知不觉的成为国语了。在意大利却不然。当时反对的人很多，所以那时的新文学家，一方面努力创造国语的文学，一方面还要做文章鼓吹何以当废古文，何以不可不用白话。有了这种有意的主张【最有力的是但丁（Dante）和阿儿白狄（Alberti）两个人】，又有了那些有价值的文学，才可造出意大利的“文学的国语”。

我常问我自己道：“自从施耐庵以来，很有了些极风行的白话文学，何以中国至今还不曾有一种标准的国语呢?”我想来想去，只有一个答案。这一千年来，中国固然有了一些有价值的白话文学，但是没有一个人出来明目张胆的主张用白话为中国的“文学的国语”。有时陆放翁高兴了，便做一首白话诗；有时柳耆卿高兴了，便做一首白话词；有时朱晦庵高兴了，便写几封白话信，做几条白话札记；有时施耐庵、吴敬梓高兴了，便做一两部白话的小说。这都是不知不觉的自然出产品，并非是有意的主张。因为没有“有意的主张”，所以做白话的只管做白话，做古文的只管做古文，做八股的只管做八股。因为没有“有意的主张”，所以白话文学从不曾和那些“死文学”争那“文学正宗”的位置。白话文学不成为文学正宗，故白话不曾成为标准国语。

我们今日提倡国语的文学，是有意的主张，要使国语成为“文学的国语”。有了文学的国语，方有标准的国语。

四

上文所说“国语的文学，文学的国语”，乃是我们的根本主张。如今且说要实行做到这个根本主张，应该怎样进行。

我以为创造新文学的进行次序，约有三步：（一）工具，（二）方法，（三）创造。前两步是预备，第三步才是实行创造新文学。

（一）工具　古人说得好：“工欲善其事，必先利其器。”写字的要笔好，杀猪的要刀快。我们要创造新文学，也须先预备下创造新文学的“工具”。我们的工具就是白话。我们有志造国语文学的人，应该赶紧筹备这个万不可少的工具。预备的方法，约有两种：

（甲）多读模范的白话文学。例如《水浒传》、《西游记》、

《儒林外史》、《红楼梦》；宋儒语录，白话信札；元人戏曲；明、清传奇的说白。唐、宋的白话诗词，也该选读。

（乙）用白话作各种文学。我们有志造新文学的人，都该发誓不用文言作文：无论通信，做诗，译书，做笔记，做报馆文章，编学堂讲义，替死人作墓志，替活人上条陈……都该用白话来做。我们从小到如今，都是用文言作文，养成了一种文言的习惯，所以虽是活人，只会作死人的文字。若不下一些狠劲，若不用点苦工夫，决不能使用白话圆转如意。若单在《新青年》里面做白话文字，此外还依旧做文言的文字，那真是“一日暴之，十日寒之”的政策，决不能磨练成白话的文学家。

不但我们提倡白话文学的人应该如此做去，就是那些反对白话文学的人，我也奉劝他们用白话来做文字。为什么呢？因为他们若不能做白话文字，便不配反对白话文学。譬如那些不认得中国字的中国人，若主张废汉文，我一定骂他们不配开口。若是我的朋友钱玄同要主张废汉文，我决不敢说他不配开口了。那些不会做白话文字的人来反对白话文学，便和那些不懂汉文的人要废汉文，是一样的荒谬。所以我劝他们多做些白话文字，多做些白话诗歌，试试白话是否有文学的价值。如果试了几年，还觉得白话不如文言，那时再来攻击我们，也还不迟。

还有一层。有些人说，“做白话很不容易，不如做文言的省力。”这是因为中毒太深之过。受病深了，更宜赶紧医治，否则真不可救了。其实做白话并不难。我有一个侄儿，今年才十五岁，一向在徽州不曾出过门，今年他用白话写信来，居然写得极好。我们徽州话和官话差得很远，我的侄儿不过看了一些白话小说，便会做白话文字了。这可见做白话并不是难事，不过人性懒惰的居多数，舍不得抛“高文典册”的死文字罢了。

（二）方法　我以为中国近来文学所以这样腐败，大半虽由于没有适用的“工具”，但是单有“工具”，没有方法，也还不能造新文学。做木匠的人，单有锯凿钻刨，没有规矩师法，决不能造成木器。文学也是如此。若单靠白话便可造新文学，难道把郑孝胥、陈三立的诗翻成了白话，就可算得新文学了吗？难道那些用白话做的《新华春梦记》、《九尾龟》也可算作新文学吗？我以为现在国内新起的一班“文人”，受病最深的所在，只在没有高明的文学方法。我且举小说一门为例。现在的小说（单指中国人自己著的），看来看去，只有两派。一派最下流的，是那些学《聊斋志异》的劄记小说。篇篇都是“某生，某处人，生有异禀，下笔千言……一日于某地遇一女郎……好事多磨……遂为情死”；或是“某地，某生，游某地，眷某妓，情好綦笃，遂订白头之约……而大妇妬甚，不能相容，女抑郁以死……生抚尸一恸几绝”……此类文字，只可抹桌子，固不值一驳。还有那第二派是那些学《儒林外史》或是学《官场现形记》的白话小说。上等的如《广陵潮》，下等的如《九尾龟》。这一派小说，只学了《儒林外史》的坏处，却不曾学得他的好处。《儒林外史》的坏处在于体裁结构太不紧严，全篇是杂凑起来的。例如娄府一群人，自成一段；杜府两公子自成一段；马二先生又成一段；虞博士又成一段；萧云仙、郭孝子又各自成一段。分出来，可成无数劄记小说；接下去，可长至无穷无极。《官场现形记》便是这样。如今的章回小说，大都犯这个没有结构、没有布局的懒病。却不知道《儒林外史》所以能有文学价值者，全靠一副写人物的画工本领。我十年不曾读这书了，但是我闭了眼睛，还觉得书中的人物，如严贡生，如马二先生，如杜少卿，如权勿用……个个都是活的人物。正如读《水浒》的人，过了二三十年，还不会忘记鲁智深、李逵、武松、石秀……一班人。请问列位读过《广陵潮》和《九尾龟》的人，过了两三个月，心目中除了一个“文武全才”的章秋谷之外，还记得几个活灵活现的书中人物？——所以我说，现在的“新小说”，全是不懂得文学方法的：既不知布局，又不知结构，又不知描写人物，只做成了许多又长又臭的文字；只配与报纸的第二张充篇幅，却不配在新文学上占一个位置。——小说在中国近年，比较的说来，要算文学中最发达的一门了。小说尚且如此，别种文学，如诗歌戏曲，更不用说了。

如今且说什么叫做“文学的方法”呢？这个问题不容易回答，况且又不是这篇文章的本题，我且约略说几句。

大凡文学的方法可分三类：

（1）收集材料的方法。中国的“文学”，大病在于缺少材料。那些古文家，除了墓志、寿序、家传之外，几乎没有一毫材料。因此，他们不得不做那些极无聊的“汉高帝斩丁公论”、“汉文帝、唐太宗优劣论”。至于近人的诗词，更没有什么材料可说了。近人的小说材料，只有三种：一种是官场，一种是妓女，一种是不官而官、非妓而妓的中等社会（留学生、女学生之可作小说材料者，亦附此类），除此之外，别无材料。最下流的，竟至登告白征求这种材料。做小说竟须登告白征求材料，便是宣告文学家破产的铁证。我以为将来的文学家收集材料的方法，约如下：

（甲）推广材料的区域。官场、妓院与龌龊社会三个区域，决不够采用。即如今日的贫民社会，如工厂之男女工人，人力车夫，内地农家，各处大负贩及小店铺，一切痛苦情形，都不曾在文学上占一位置。并且今日新旧文明相接触，一切家庭惨变，婚姻苦痛，女子之位置，教育之不适宜……种种问题，都可供文学的材料。

（乙）注重实地的观察和个人的经验。现今文人的材料大都是关了门虚造出来的，或是间接又间接的得来的，因此我们读这种小说，总觉得浮泛敷衍，不痛不痒的，没有一毫精采。真正文学家的材料大概都有“实地的观察和个人自己的经验”做个根底。不能作实地的观察，便不能做文学家；全没有个人的经验，也不能做文学家。

（丙）要用周密的理想作观察经验的补助。实地的观察和个人的经验，固是极重要，但是也不能全靠这两件。例如施耐庵若单靠观察和经验，决不能做出一部《水浒传》。个人所经验的，所观察的，究竟有限。所以必须有活泼精细的理想（Imagination），把观察经验的材料，一一的体会出来，一一的整理如式，一一的组织完全：从已知的推想到未知的，从经验过的推想到不曾经验过的，从可观察的推想到不可观察的。这才是文学家的本领。

（2）结构的方法。有了材料，第二步须要讲究结构。结构是个总名词，内中所包甚广，简单说来，可分剪裁和布局两步：

（甲）剪裁。有了材料，先要剪裁。譬如做衣服，先要看那块料可做袍子，那块料可做背心。估计定了，方可下剪。文学家的材料也要如此办理。先须看这些材料该用做小诗呢？还是做长歌呢？该用做章回小说呢？还是做短篇小说呢？该用做小说呢？还是做戏本呢？筹画定了，方才可以剪下那些可用的材料，去掉那些不中用的材料；方才可以决定做什么体裁的文字。

（乙）布局。体裁定了，再可讲布局。有剪裁，方可决定“做什么”；有布局，方可决定“怎样做”。材料剪定了，须要筹算怎样做去始能把这材料用得最得当又最有效力。例如唐朝天宝时代的兵祸，百姓的痛苦，都是材料。这些材料，到了杜甫的手里，便成了诗料。如今且举他的《石壕吏》一篇，作布局的例。这首诗只写一个过路的客人一晚上在一个人家内偷听得的事情；只用一百二十个字，却不但把那一家祖孙三代的历史都写出来，并且把那时代兵祸之惨，壮丁死亡之多，差役之横行，小民之苦痛，都写得逼真活现，使人读了生无限的感慨。这是上品的布局工夫。又如古诗“上山采蘼芜，下山逢故夫”一篇，写一家夫妇的惨剧，却不从“某人娶妻甚贤，后别有所欢，遂出妻再娶”说起，只挑出那前妻山上下来遇着故夫的时候下笔，却也能把那一家的家庭情形写得充分满意。这也是上品的布局工夫。近来的文人全不讲求布局：只顾凑足多少字可卖几块钱，全不问材料用的得当不得当，动人不动人。他们今日做上回的文章，还不知道下一回的材料在何处！这样的文人怎样造得出有价值的新文学呢！

（3）描写的方法。局已布定了，方才可讲描写的方法。描写的方法，千头万绪，大要不出四条：

（一）写人。

（二）写境。

（三）写事。

（四）写情。

写人要举动、口气、身分、才性……都要有个性的区别：件件都是林黛玉，决不是薛宝钗；件件都是武松，决不是李逵。写境要一喧、一静、一石、一山、一云、一鸟……也都要有个性的区别：《老残游记》的大明湖，决不是西湖，也决不是洞庭湖；《红楼梦》里的家庭，决不是《金瓶梅》里的家庭。写事要线索分明，头绪清楚，近情近理，亦正亦奇。写情要真，要精，要细腻婉转，要淋漓尽致。——有时须用境写人，用情写人，用事写人；有时须用人写境，用事写境，用情写境……这里面的千变万化，一言难尽。

如今且回到本文。我上文说的：创造新文学的第一步是工具，第二步是方法。方法的大致，我刚才说了。如今且问，怎样预备方才可得着一些高明的文学方法？我仔细想来，只有一条法子：就是赶紧多多的翻译西洋的文学名著做我们的模范。我这个主张，有两层理由：

第一，中国文学的方法实在不完备，不够作我们的模范。即以体裁而论，散文只有短篇，没有布置周密、论理精严、首尾不懈的长篇；韵文只有抒情诗，绝少纪事诗，长篇诗更不曾有过；戏本更在幼稚时代，但略能纪事掉文，全不懂结构；小说好的，只不过三四部，这三四部之中，还有许多疵病；至于最精采的"短篇小说"、"独幕戏"，更没有了。若从材料一方面看来，中国文学更没有做模范的价值。才子佳人，封王挂帅的小说；风花雪月，涂脂抹粉的诗；不能说理，不能言情的"古文"；学这个，学那个的一切文学：这些文字，简直无一毫材料可说。至于布局一方面，除了几首实在好的诗之外，几乎没有一篇东西当得"布局"两个字！——所以我说，从文学方法一方面看去，中国的文学实在不够给我们做模范。

第二，西洋的文学方法，比我们的文学，实在完备得多，高明得多，不可不取例。即以散文而论，我们的古文家至多比得上英国的倍根（Bacon）和法国的孟太恩（Montaigne），至于像柏拉图（Plato）的"主客体"，赫胥黎（Huxley）等的科学文字，包士威尔（Boswell）和莫烈（Morley）等的长篇传记，弥儿（Mill）、弗林克令（Franklin）、吉朋（Gibbon）等的"自传"，太恩（Taine）和白克儿（Buckle）等的史论……都是中国从不曾梦见过的体裁。更以戏剧而论，二千五百年前的希腊戏曲，一切结构的工夫，描写的工夫，高出元曲何止十倍。近代的萧士比亚（Shakespeare）和莫逆尔（Molière）更不用说了。最近六十年来，欧洲的散文戏本，千变万化，远胜古代，体裁也更发达了，最重要的，如"问题戏"，专研究社会的种种重要问题；"象征戏"（Symbolie Drama），专以美术的手段作的"意在言外"的戏本；"心理戏"，专描写种种复杂的心境，作极精密的解剖；"讽刺戏”，用嬉笑怒骂的文章，达愤世救世的苦心——我写到这里，忽然想起今天梅兰芳正在唱新编的《天女散花》，上海的人还正在等着看新排的《多尔滚》呢！我也不往下数了。——更以小说而论，那材料之精确，体裁之完备，命意之高超，描写之工切，心理解剖之细密，社会问题讨论之透切……真是美不胜收。至于近百年新创的“短篇小说”，真如芥子里面藏着大千世界；真如百炼的精金，曲折委婉，无所不可；真可说是开千古未有的创局，掘百世不竭的宝藏。——以上所说，大旨只在约略表示西洋文学方法的完备。因为西洋文学真有许多可给我们作模范的好处，所以我说：我们如果真要研究文学的方法，不可不赶紧翻译西洋的文学名著做我们的模范。

现在中国所译的西洋文学书，大概都不得其法，所以收效甚少。我且拟几条翻译西洋文学名著的办法如下：

（1）只译名家著作，不译第二流以下的著作。我以为国内真懂得西洋文学的学者应该开一会议，公共选定若干种不可不译的第一流文学名著，约数如一百种长篇小说，五百篇短篇小说，三百种戏剧，五十家散文，为第一部“西洋文学丛书”，期五年译完，再选第二部。译成之稿，由这几位学者审查，并一一为作长序及著者略传，然后付印；其第二流以下，如哈葛得之流，一概不选。诗歌一类，不易翻译，只可从缓。

（2）全用白话韵文之戏曲，也都译为白话散文。用古文译书，必失原文的好处，如林琴南的“其女珠，其母下之”，早成笑柄，且不必论。前天看见一部侦探小说《圆室案》中，写一位侦探“勃然大怒，拂袖而起”。不知道这位侦探穿的是不是康桥大学的广袖制服！——这样译书，不如不译。又如林琴南把萧士比亚的戏曲，译成了记叙体的古文！这真是萧士比亚的大罪人，罪在《圆室案》译者之上！

（三）创造　上面所说工具与方法两项，都只是创造新文学的预备。工具用得纯熟自然了，方法也懂了，方才可以创造中国的新文学。至于创造新文学是怎样一回事，我可不配开口了。我以为现在的中国，还没有做到实行预备创造新文学的地步，尽可不必空谈创造的方法和创造的手段，我们现在且先去努力做那第一第二两步预备的工夫罢！

民国七年四月

一个问题

我到北京不到两个月。这一天我在中央公园里吃冰，几位同来的朋友先散了；我独自坐着，翻开几张报纸看看，只见满纸都是讨伐西南和召集新国会的话。我懒得看那些疯话，丢开报纸，抬起头来，看见前面来了一男一女，男的抱着一个小孩子，女的手里牵着一个三四岁的孩子。我觉得那男的好生面善，仔细打量他，见他穿一件很旧的官纱长衫，面上很有老态，背脊微有点弯，因为抱着孩子，更显出曲背的样子。他看见我，也仔细打量。我不敢招呼，他们就过去了。走过去几步，他把小孩子交给那女的，他重又回来，问我道："你不是小山吗？"我说："正是。你不是朱子平吗？我几乎不敢认你了！"他说："我是子平，我们八九年不见，你还是壮年。我竟成了老人了，怪不得你不敢招呼我。"

我招呼他坐下，他不肯坐，说他一家人都在后面坐久了，要回去预备晚饭了。我说："你现在是儿女满前的福人了。怪不得要自称老人了。"他叹口气，说："你看我狼狈到这个样子，还要取笑我？我上个月见着伯安、仲实弟兄们，才知道你今年回国。你是学哲学的人，我有个问题要来请教你，我问过多少人，他们都说我有神经病，不大理会我。你把住址告诉我，我明天来看你。今天来不及谈了。”

我把住址告诉了他，他匆匆的赶上他的妻子，接过小孩子，一同出去了。

我望着他们出去，心里想道：朱子平当初在我们同学里面，要算一个很有豪气的人，怎么现在弄得这样潦倒？看他见了一个多年不见的老同学，一开口就有什么问题请教，怪不得人说他有神经病。但不知他因为潦倒了才有神经病呢？还是因为有了神经病所以潦倒呢？……

第二天一大早，他果然来了。他比我只大得一岁，今年三十岁。但是他头上已有许多白发了。外面人看来，他至少要比我大十几岁。

他还没有坐定，就说，“小山，我要请教你一个问题。”

我问他什么问题。他说，“我这几年以来，差不多没有一天不问自己道：人生在世，究竟是为什么的？我想了几年，越想越想不通，朋友之中也没有人能回答这个问题。起先他们给我一个‘哲学家’的绰号，后来他们竟叫我做朱疯子了！小山，你是见多识广的人，请你告诉我，人生在世，究竟是为什么的？”

我说：“子平，这个问题是没有答案的。现在的人最怕的是有人问他这个问题。得意的人听着这个问题就要扫兴，不得意的人想着这个问题就要发狂。他们是聪明人，不愿意扫兴，更不愿意发狂，所以给你一个疯子的绰号，就算完了。——我要问你，你为什么想到这个问题上去呢？”

他说：“这话说来很长，只怕你不爱听。”

我说我最爱听。他叹了一口气，点着一根纸烟，慢慢的说。以下都是他的话。

我们离开高等学堂那一年，你到英国去了，我回到家乡，生了一场大病，足足的病了十八个月。病好了，便是辛亥革命，把我家在汉口的店业就光复掉了。家里生计渐渐困难，我不能不出来谋事。那时伯安、石生一班老同学都在北京，我写信给他们，托他们寻点事做。后来他们写信给我，说从前高等学堂的老师陈老先生答应要我去教他的孙子。我到了北京，就住在陈家。陈老先生在大学堂教书，又担任女子师范的国文，一个月拿得钱很多，但是他的两个儿子都不成器，老头子气得很，发愤要教育他几个孙子成人。但是他一个人教两处书，那有工夫教小孩子？你知道我同伯安都是他的得意学生，所以他叫我去，给我二十块钱一个月，住的房子，吃的饭，都是他的，总算他老先生的一番好意。

过了半年，他对我说，要替我做媒。说的是他一位同年的女儿，现在女子师范读书，快要毕业了。那女子我也见过一两次，人倒很朴素稳重。但是我一个月拿人家二十块钱，如何养得起家小？我把这个意思回复他，谢他的好意。老先生有点不高兴，当时也没说什么。过了几天，他请了伯安、仲实弟兄到他家，要他们劝我就这门亲事。他说：“子平的家事，我是晓得的。他家三代单传，嗣续的事不能再缓了。二十多岁的少年，那里怕没有事做？还怕养不活老婆吗？我替他做媒的这头亲事是再好也没有的。女的今年就毕业，毕业后还可在本京蒙养院教书，我已经替他介绍好了。蒙养院的钱虽不多，也可以贴补一点家用。他再要怕不够时，我把女学堂的三十块钱让他去教。我老了，大学堂一处也够我忙了。你们看我这个媒人总可算是竭力报效了。”

伯安弟兄把这番话对我说，你想我如何能再推辞。

我只好写信告诉家母。家母回信，也说了许多“三代单传，不孝有三，无后为大”的话。又说，“陈老师这番好意，你稍有人心，应该感激图报，岂可不识抬举?”

我看了信，晓得家母这几年因为我不肯娶亲，心里很不高兴，这一次不过是借题发点牢骚。我仔细一想，觉得做了中国人，老婆是不能不讨的，只好将就点罢。

我去找到伯安、仲实，说我答应订定这头亲事，但是我现在没有积蓄，须过一两年再结婚。

他们去见老先生，老先生说：“女孩子今年二十三岁了，他父亲很想早点嫁了女儿，好替他小儿子娶媳妇。你们去对子平说，叫他等女的毕业了就结婚。仪节简单一点，不费什么钱。他要用木器家具，我这里有用不着的，他可以搬去用。我们再替他邀一个公份，也就可以够用了。”

他们来对我说，我没有话可驳回，只好答应了。过了三个月，我租了一所小屋，预备成亲。老先生果然送了一些破烂家具，我自己添置了一点。伯安、石生一些人发起一个公份，送了我六十多块钱的贺仪，只够我替女家做了两套衣服，就完了。结婚的时候，我还借了好几十块钱，才勉强把婚事办了。

结婚的生活，你还不曾经过。我老实对你说，新婚的第一年，的确是很有乐趣的生活。我的内人，人极温和，他晓得我的艰苦，我们从不肯乱花一个钱。我们只用一个老妈，白天我上陈家教书，下午到女师范教书，他到蒙养院教书。晚上回家，我们自己做两样家乡小菜，吃了晚饭，闲谈一会，我改我的卷子，他陪我坐着做点针线。我有时做点文字卖给报馆，有时写到夜深才睡。他怕我身体过劳，每晚到了十二点钟，他把我的墨盒纸笔都收了去，吹灭了灯，不许我再写了。

小山，这种生活，确有一种乐趣。但是不到七八个月，我的内人就病了，呕吐得很利害。我们猜是喜信，请医生来看，医生说八成是有喜。我连忙写信回家，好叫家母欢喜。老人家果然欢喜得很，托人写信来说了许多孕妇保重身体的法子，还做了许多小孩的衣服小帽寄来。

产期将近了。他不能上课，请了一位同学代他。我添雇了一个老妈子，还要准备许多临产的需要品。好容易生下一个男孩子来。产后内人身体不好，乳水不够，不能不雇奶妈。一家平空减少了每月十几块钱的进账，倒添上了几口人吃饭拿工钱。家庭的担负就很不容易了。

过了几个月，内人身体复原了，依旧去上课，但是记挂着小孩子，觉得很不方便。看十几块钱的面上，只得忍着心肠做去。

不料陈老先生忽然得了中风的病，一起病就不能说话，不久就死了。他那两个宝贝儿子，把老头子的一点存款都瓜分了，还要赶回家去分田产，把我的三个小学生都带回去了。

我少了二十块钱的进款，正想寻事做，忽然女学堂的校长又换了人，第二年开学时，他不曾送聘书来，我托熟人去说，他说我的议论太偏僻了，不便在女学堂教书。我生了气，也不曾再去求他了。

伯安那时做众议院的议员，在国会里颇出点风头。我托他设法。他托陈老先生的朋友把我荐到大学堂去当一个事务员，一个月拿三十块钱。

我们只好自己刻苦一点，把奶妈和那添雇的老妈子辞了。每月只吃三四次肉，有人请我吃酒，我都辞了不去，因为吃了人的，不能不回请。戏园里是四年多不曾去过了。

但是无论我们怎样节省，总是不够用。过了一年又添了一个孩子。这回我的内人自己给他奶吃，不雇奶妈了。但是自己的乳水不够，我们用开成公司的豆腐浆代他，小孩子不肯吃，不到一岁就殇掉了。内人哭的什么似的。我想起孩子之死全系因为雇不起奶妈，内人又过于省俭，不肯吃点滋养的东西，所以乳水更不够。我看见内人伤心，我心里实在难过。

后来时局一年坏似一年，我的光景也一年更紧似一年。内人因为身体不好，辍课太多，蒙养院的当局颇说嫌话，内人也有点拗性，索性辞职出来。想找别的事做，一时竟寻不着。北京这个地方，你想寻一个三百五百的阔差使，反不费力。要是你想寻二三十块钱一个月的小事，那就比登天还难。到了中、交两行停止兑现的时候，我那每月三十块钱的票子更不够用了。票子的价值越缩下去，我的大孩子吃饭的本事越大起来。去年冬天，又生了一个女孩子，就是昨天你看见我抱着的。我托了伯安去见大学校长，请他加我的薪水，校长晓得我做事认真，加了我十块钱票子，共是四十块，打个七折，四七二十八，你替我算算，房租每月六块，伙食十五块，老妈工钱两块，已是二十三块钱了。剩下五块大钱，每天只派着一角六分大洋做零用钱。做衣服的钱都没有，不要说看报买书了。大学图书馆里虽然有书有报，但是我一天忙到晚，公事一完，又要赶回家来帮内人照应小孩子，那里有工夫看书阅报？晚上我腾出一点工夫做点小说，想赚几个钱。我的内人向来不许我写过十二点钟的，于今也不来管我了。他晓得我们现在所处的境地，非寻两个外快钱不能过日子，所以只好由我写到两三点钟才睡。但是现在卖文的人多了，我又没有工夫看书，全靠绞脑子，挖心血，没有接济思想的来源，做的东西又都是百忙里偷闲潦草做的，那里会有好东西？所以往往卖不起价钱，有时原稿退回，我又修改一点，寄给别家。前天好容易卖了一篇小说，拿着五块钱，所以昨天全家去逛中央公园，去年我们竟不曾去过。

我每天五点钟起来——冬天六点半起来——午饭后靠着桌子偷睡半个钟头，一直忙到夜深半夜后。忙的是什么呢？我要吃饭，老婆要吃饭，还要喂小孩子吃饭——所忙的不过为了这一件事！

我每天上大学去，从大学回来，都是步行。这就是我的体操，不但可以省钱，还可给我一点用思想的时间，使我可以想小说的布局，可以想到人生的问题。有一天，我的内人的姊夫从南边来，我想请他上一回馆子，家里恰没有钱，我去问同事借，那几位同事也都是和我不相上下的穷鬼，那有钱借人？我空着手走回家，路上自思自想，忽然想到一个大问题，就是“人生在世，究竟是为什么的？”……我一头想，一头走，想入了迷，就站在北河沿一棵柳树下，望着水里的树影子，足足站了两个钟头。等到我醒过来走回家时，天已黑了，客人已走了半天了！

自从那一天到现在，几乎没有一天我不想到这个问题。有时候，我从睡梦里喊着“人生在世，究竟是为什么的?”

小山，你是学哲学的人。像我这样养老婆，喂小孩子，就算做了一世的人吗？……

民国八年

十七年的回顾

我于前清光绪三十年的二月间从徽州到上海求那当时所谓“新学”。我进梅溪学堂后不到两个月，《时报》便出版了。那时正当日俄战争初起的时候，全国的人心大震动。但是当时的几家老报纸仍旧做那长篇的古文论说，仍旧保守那遗传下来的老格式与老办法，故不能供给当时的需要。就是那比较稍新的《中外日报》也不能满足许多人的期望。《时报》应此时势而产生。他的内容与办法也确然能够打破上海报界的许多老习惯，能够开辟许多新法门，能够引起许多新兴趣。因此《时报》出世之后不久就成了中国智识阶级的一个宠儿。几年之后《时报》与学校几乎成了不可分离的伴侣了。

我那年只有十四岁，求知的欲望正盛，又颇有一点文学的兴趣，因此我当时对于《时报》的感情比对于别报都更好些。我在上海住了六年，几乎没有一天不看《时报》的。我记得有一次《时报》征求报上登的一部小说的全份，似乎是《火里罪人》，我也是送去应征的许多人中的一个。我当时把《时报》上的许多小说诗话笔记长篇的专著都剪下来分粘成小册子，若有一天的报遗失了，我心里便不快乐，总想设法把他补起来。

我现在回想当时我们那些少年人何以这样爱恋《时报》呢？

我想有两个大原因：

第一，《时报》的短评在当日是一种创体，做的人也聚精会神的大胆说话，故能引起许多人的注意，故能在读者脑筋里发生有力的影响。我记得《时报》产生的第一年里有几件大案子：一件是周生有案，一件是大闹会审公堂案。《时报》对于这几件事都有很明决的主张，每日不但有“冷”的短评，有时还有几个人的签名短评，同时登出。这种短评在现在已成了日报的常套了，在当时却是一种文体的革新。用简短的词句，用冷隽明利的口吻，几乎逐句分段，使读者一目了然，不消费工夫去点句分段，不消费工夫去寻思考索。当日看报人的程度还在幼稚时代，这种明快冷刻的短评正合当时的需要。我还记得当周生有案快结束的时候，我受了《时报》短评的影响，痛恨上海道袁树勋的丧失国权，曾和两个同学写了一封长信去痛骂他。这也可见《时报》当日对于一般少年人的影响之大。这确是《时报》的一大贡献。我们试看这种短评，在这十七年来，逐渐变成了中国报界的公用文体，这就可见他们的用处与他们的魔力了。

第二，《时报》在当日确能引起一般少年人的文学兴趣。中国报纸登载小说大概最早的要算徐家汇的《汇报》。那时我还没有出世呢。但《汇报》登的小说一大部分后来汇刻为《兰苕馆外史》，都是《聊斋》式的怪异小说，没有什么影响。戊戌以后，杂志里时时有译著的小说出现。专提倡小说的杂志也有了几种，例如《新小说》及《绣像小说》（商务）。日报之中只有《繁华报》（一种“花报”），逐日登载李伯元的小说。那些“大报”好像还不屑做这种事业。（这一点我不敢断定，我那时年纪太小了，看的报又不多，不知《时报》以前的“大报”有没有登小说的。）那时的几个大报大概都是很干燥枯寂的，他们至多不过能做一两篇合于古文义法的长篇论说罢了。《时报》出世以后每日登载“冷”或“笑”译著的小说，有时每日有两种冷血先生的白话小说，在当时译界中确要算很好的译笔。他有时自己也做一两篇短篇小说，如福尔摩斯来华侦探案等，也是中国人做新体短篇小说最早的一段历史。《时报》登的许多小说之中，《双泪碑》最风行。但依我看来，还应该推那些白话译本为最好。这些译本如《销金窟》之类，用很畅达的文笔，作很自由的翻译，在当时最为适用。倘《几道山恩仇记》（Count of Monte Cristo）全书都能像《销金窟》（此乃《恩仇记》的一部分）这样的译出，这部名著在中国一定也会成了一部“家喻户晓”的小说了。《时报》当日还有《平等阁诗话》一栏，对于现代诗人的绍介，选择很精。诗话虽不如小说之风行，也很能引起许多人的文学兴趣。我关于现代中国诗的知识差不多都是先从这部诗话里引起的。

我们可以说《时报》的第二个大贡献是为中国日报界开辟一种带文学兴趣的“附张”。自从《时报》出世以来，这种文学附张的需要也渐渐的成为日报界公认的了。

这两件都是比较最大的贡献。此外如专电及要闻，分别轻重，参用大小字，如专电的加多等等，在当日都是日报界的革新事业，在今日也都成为习惯，不觉得新鲜了。我们若回头去研究这许多习惯的由来，自不能不承认《时报》在中国日报史上的大功劳。简单说来，《时报》的贡献是在十七年前发起了几件重要的新改革。这几件新改革因为适合时代的需要，故后来的报纸也不能不尽量采用，就渐渐的变成中国日报不可少的制度了。

我是同《时报》做了六年好朋友的人，庚戌去国以后，虽然不能有从前的亲密，但也时常相见；现在看见《时报》长大成了一个十七岁的少年，我自然很欢喜。我回想我从前十四岁到十九岁的六年之中——一个人最重要最容易感化的时期——受了《时报》的许多好影响，故很高兴的把我少年时对于《时报》的关系写出来，指出他对于当时读者和对于中国报界的贡献，作为《时报》的一段小史，并且表示我感谢他祝贺他的微意。

但是我们当此庆贺的纪念，与其追念过去的成功，远不如悬想将来的进步。过去的成绩只应该鼓励现在的人努力造一个更大更好的将来，这是“时”字的教训。倘若过去的光荣只使后来的人增加自满的心，不再求进步，那就像一个辛苦积钱的人成了家私之后天天捧着元宝玩弄，岂不成了一个守钱虏了吗？

我们都知道时代是常常变迁的，往往前一时代的需要，到了后一时代便不适用了。《时报》当日应时势的需要，为日报界开了许多法门，但当日所谓“新”的，现在已成旧习惯了，当日所谓“时”的，现在早已过时了。《时报》在当日是报界的先锋，但十七年来旧报都改新了，新报也出了不少了，当日的先锋在今日竟同着大队按步徐行了。大队今日之赶上先锋，自然未必不是先锋的功劳，但做先锋的人还应该努力向前争这个“先锋”的位置。我今年在上海时曾和《时报》的一位先生谈话，他说：“日报不当做先锋，因为日报是要给大多数人看的。”这位先生也是当日做先锋的人，这句话未免使我大失望。我以为日报因为是给大多数人看的，故最应该做先锋，故最适宜于做先锋。何以最适宜呢？因为日报能普及许多人，又可用“旦旦而伐之”的死工夫，故日报的势力最难抵抗，最易发生效果。何以最应该呢？因为日报既是这样有力的一种社会工具，若不肯做先锋，若自甘随着大队同行，岂不是放弃了一种大责任？岂不是错过了一个好机会？岂不是辜负了一种大委托吗？

即如《时报》早年的历史，便是一个明显的例。《时报》在当日为什么不跟着大家做长篇的古文论说呢？为什么要改作短评呢？为什么要加添文学的附录呢？《时报》倡出这种种制度之后，十几年之中，全国的日报都跟着变了，全国的看报人也不知不觉的变了。那几十万的读者，十几年来，从没有一个人出来反对某报某报体例的变更的。这就可见那大多数看报的人虽然不免有点天然的惰性，究竟抵不住“旦旦而伐之”的提倡力。假使《申报》今天忽然大变政策，大谈社会主义，难道那看《申报》的人明天就会不看《申报》了吗？又假使《新闻报》明天忽然大变政策，一律改用白话，难道那看《新闻报》的人后天就会不看《新闻报》了吗？我可以说：“决不会的”。看报人的守旧性乃是主笔先生的疑心暗鬼。主笔先生自己丧失了“先锋”的锐气，故觉得社会上多数人都不愿他努力向前。譬如戴绿眼镜的人看着一切东西都变绿了，如果他要知道荷花是红的，金子是黄的，他须得把这副绿眼镜除下来试试看。今天是《时报》新屋落成的纪念，也是他除旧布新的一个转机，我这个同《时报》一块长大的小时朋友，对他的祝词，只是：“《时报》是做个先锋的，是一个立过大功的先锋，我希望他不必抛弃了先锋的地位，我希望他发愤向前努力替社会开先路，正如他在十七年前替中国报界开了许多先路！”

十，十，三北京